图书馆学基础简明教程

（修订本）

蒋永福 主编

陈汝南 刘晓莹 副主编

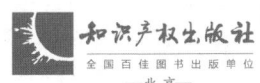

图书在版编目（CIP）数据

图书馆学基础简明教程/蒋永福主编；陈汝南，刘晓莹副主编. —修订本. —北京：知识产权出版社，2022.3

ISBN 978-7-5130-8086-6

Ⅰ.①图… Ⅱ.①蒋… ②陈… ③刘… Ⅲ.①图书馆学-教材 Ⅳ.①G250.1

中国版本图书馆 CIP 数据核字（2022）第 042617 号

内容提要

本书以图书馆基本理念为核心内容，主要包括图书馆与图书馆学的概念、中外图书馆发展史、中外图书馆思想史、图书馆类型、读者权利与图书馆权利、图书馆基本理念等内容。与其他同类教材相比，本书具有两个特点：一是在各部分内容中较多地加入了中国古代图书馆发展史和思想史资源，旨在使学生形成古今贯通的视野；二是以图书馆基本理念的阐释和论证为基本旨趣和重点内容。

本书可作为我国全日制高等学校图书馆学专业本科生和研究生教学用书，也可作为图书馆从业人员培训教材或参考用书。

责任编辑：许　波　　　　　　　　责任印制：孙婷婷

图书馆学基础简明教程（修订本）
TUSHUGUANXUE JICHU JIANMING JIAOCHENG（XIUDINGBEN）

蒋永福　主编　　　陈汝南　刘晓莹　副主编

出版发行	知识产权出版社有限责任公司	网　　址	http://www.ipph.cn	
电　话	010-82004826		http://www.laichushu.com	
社　址	北京市海淀区气象路50号院	邮　编	100081	
责编电话	010-82000860 转 8763	责编邮箱	xubo@cnipr.com	
发行电话	010-82000860 转 8101	发行传真	010-82000893	
印　刷	北京中献拓方科技发展有限公司	经　销	新华书店、各大网上书店及相关专业书店	
开　本	720mm×1000mm　1/16	印　张	18.5	
版　次	2022年3月第1版	印　次	2022年3月第1次印刷	
字　数	306千字	定　价	78.00元	

ISBN 978-7-5130-8086-6

出版权专有　侵权必究
如有印装质量问题，本社负责调换。

修订说明

本书初版于2012年。初版至今，已过十年时间。虽然十年时间不算长，但这期间我们所处的国际和国内形势发生了巨大变化，图书馆实践与理论也发生了很大变化。作为社会科学学科之一的图书馆学，其相关教材在内容安排和观点表述上，必然需要与时俱进，及时作出调整和更新。

2012年，我国尚未制定和颁布《中华人民共和国公共文化服务保障法》《中华人民共和国公共图书馆法》和《中华人民共和国个人信息保护法》，所以那时在写该教程时，在有关内容的"法理依据"或"法律依据"表述方面明显感到"捉襟见肘"。当前，有关法律已颁布和施行，社会主义核心价值观也已得到全面践行，这为该教程的本次修订提供了法律背景和价值观基础，也是修订本教程的时代背景所在。

国际图书馆协会与机构联合会（International Federation of Library Associations and Institutions, IFLA, 以下简称"国际图联"）/联合国教育、科学及文化组织（United Nations Educational Scientific and Cultural Organization, UNESCO, 以下简称"联合国教科文组织"）发布的《公共图书馆宣言》中指出，公共图书馆服务的核心应该与信息、扫盲、教育和文化密切相关。这说明，图书馆职业和图书馆学理论，应该以信息提供、社会教育、文化传承为基本视野和立脚点。也就是说，图书馆学理论应该以"信息提供—社会教育—文化传承"三维结构为框架范围，为其作出理论阐释。本书的结构体例和内容安排，就是按照这种框架范围来设计的。不过，这种三维框架结构，在本书体例安排中表现为隐形结构，因为在章节安排上并没有按照"信息提供""社会教育""文化传承"来截然划分,而是把这三方面的内容融贯于全书"血脉"之中。

本书初版,共设五章,依次分别是:图书馆与图书馆学、图书馆类型、图书馆工作的组织原理、读者权利与图书馆权利、现代图书馆基本理念。本次修订时,取消了其中的"图书馆工作的组织原理"一章。之所以取消这一章,主要出于以下考虑:一是图书馆工作的组织原理中所应包含的文献分类与标引、信息资源建设、数字图书馆、图书馆管理等内容,在目前各高校图书馆学专业课程体系中大多独立开设课程讲授,因此作为图书馆学基础教程不必"越俎代庖"而去挤占其他相关独立课程的内容领地。二是我国高校图书馆学专业课程体系中大多独立开设有信息管理概论、信息检索、文献计量学或信息计量学、科学研究方法(研究生课程)等课程,故本书在内容选择上也基本不涉及由这些课程所应讲授的内容。

与初版相比,本次修订,在相关章节中较多地补充了中国图书馆史、中国图书馆思想史等内容。这是为了使学生形成"中西合璧"的视野而作出的一种努力。中国是世界上最早的图书馆发源地之一,中国有着独特的图书馆发展历史和丰富的图书馆思想资源。作为"国产"的图书馆学基础教程,应该较充分地反映"国产"的图书馆历史及其思想资源,这本身就是重视文化传承的表现。

当然,作为修订本,本次修订对初版中的个别用词、段落、章节及观点表述,作了较多的增删、调整和修改。

在此,笔者想重点说明的是,本次修订最大的变化如下:一是在内容上作出最大改变的是"现代图书馆基本理念"一章。本次修订,对现代图书馆基本理念做了更加规范化、体系化、逻辑化的处理,把现代图书馆基本理念范畴体系概括为"3+1范畴结构",即"社会记忆理念""社会教育理念""促进阅读理念"这三个功能性范畴,加上"职业责任理念"这一保障性范畴构成的范畴体系。二是在内容阐述上,本次修订以图书馆基本理念为重点内容加以全面阐述,所以其篇幅所占比例也最大。可以说,本书是以图书馆基本理念为立意取向和内容重点的教程。

韩愈说:"师者,所以传道授业解惑也。"在我看来,作为图书馆学基础教程,应该以"传道"为核心内容和旨趣;"授业"应是由其他相关独立课程讲授的任务;而"解惑"则可以贯穿整个教学过程。这就是本书以传授图书馆基本理念(传道)为立意取向和内容重点的缘由所在。

目录

第一章 图书馆与图书馆学 1

第一节 图书馆概述 3
一、图书馆发展史 3
二、图书馆定义 34
三、图书馆是什么 36
四、图书馆的明天 40

第二节 图书馆学概述 42
一、图书馆思想史概览 42
二、图书馆学定义 73
三、图书馆学的研究对象 74

第二章 图书馆类型 77

第一节 公共图书馆 79
一、公共图书馆的特点 79
二、公共图书馆的职能 80
三、公共图书馆的服务 80
四、公共图书馆的普遍均等服务 82

第二节 高等学校图书馆 89

一、高等学校图书馆的主要功能 ·· 89
　　二、高等学校图书馆的服务 ·· 89
第三节　科学与专业图书馆 ·· 90
第四节　国家图书馆 ·· 91
　　一、国家图书馆的管理体制 ·· 92
　　二、国家图书馆的职能 ·· 92

第三章　读者权利与图书馆权利 ·· 93

第一节　读者权利 ·· 95
　　一、平等获取知识和信息的权利 ·· 95
　　二、免费享受图书馆基本服务的权利 ··· 104
　　三、自主选择知识和信息而不受干涉的权利 ································ 108
　　四、对图书馆服务进行批评、建议和监督的权利 ·························· 114
　　五、个人信息受到保护的权利 ·· 119
第二节　图书馆权利 ·· 126
　　一、ALA 的《图书馆权利法案》 ·· 126
　　二、"图书馆权利" 概念 ·· 128

第四章　现代图书馆基本理念 ·· 131

第一节　社会记忆理念 ·· 134
　　一、记忆与社会记忆 ·· 134
　　二、文字和文献：社会记忆的主要手段 ····································· 139
　　三、图书馆是社会记忆之器 ··· 143
　　四、树立和践行社会记忆理念的意义 ·· 150
第二节　社会教育理念 ·· 151
　　一、英美人对图书馆社会教育功能的认知 ································· 153
　　二、中国人对图书馆社会教育功能的认知 ································· 159
　　三、走向信息素养教育 ··· 179
　　四、树立和践行社会教育理念的意义 ·· 185

第三节　促进阅读理念 ··· 186
一、阅读与个人成长 ··· 187
二、阅读与社会发展 ··· 201
三、图书馆与阅读 ··· 208
四、树立和践行促进阅读理念的意义 ··························· 214

第四节　职业责任理念 ··· 215
一、平等服务理念 ··· 216
二、社会包容理念 ··· 220
三、开放共享理念 ··· 226
四、社会责任理念 ··· 245
五、树立和践行职业责任理念的意义 ··························· 253

附　录 ··· 255
附录一　中华人民共和国公共图书馆法 ························· 255
附录二　全民阅读促进条例（征求意见稿） ····················· 263
附录三　国际图联和联合国教科文组织
　　　　《公共图书馆宣言》（1994） ··························· 270
附录四　IFLA 图书馆与知识自由声明（1999） ·················· 273
附录五　IFLA 图书馆、信息服务机构与知识自由
　　　　格拉斯哥宣言（2002） ································· 275
附录六　IFLA 图书馆与可持续发展声明（2002） ················ 276
附录七　IFLA 因特网宣言（2002） ····························· 278
附录八　IIFLA 图书馆员及其他信息工作者的
　　　　伦理准则（2012） ····································· 281

后　记 ··· 286

第一章 图书馆与图书馆学

第一章 图书馆与图书馆学

第一节 图书馆概述

一、图书馆发展史

人类历史上的图书馆起源于何时何地,是一个难以准确考证的问题。不过,人们能够回答"图书馆为何产生"的问题。对此,美国著名图书馆学家谢拉(Shera)说,"图书馆正是社会的这样一种新生事物:当人类积累的知识大量增加以至于超过了人类大脑记忆的限度时,当口头流传无法将这些知识保留下来时,图书馆便应运而生了。"[1] 图书馆的历史源远流长,全面记述图书馆的发展历史,是图书馆史专著或专门课程的任务。本书以"大事记"方式粗略地记述图书馆发展过程,再结合本节所讲的"图书馆定义""图书馆是什么""图书馆的明天"等内容,使初学者对图书馆的"我是谁,我从哪里来,我往哪里去"问题有一个初步的认识。

1. 国外图书馆发展史概略

◆前30世纪上半叶的图书馆遗迹。在伊拉克巴格达南部尼普尔的一个寺庙废墟附近,考古学家发现了许多刻有楔形文字的泥板文献,上面刻有祈祷文、神话等,这是迄今人们所知道的最早的图书馆历史遗迹之一。

◆古埃及图书馆。古埃及第十九王朝的拉美西斯二世在首都底比斯建立了一所图书馆,该馆的入口处有一块石碑,上面刻有"拯救灵魂之处"。把图书馆喻为"拯救灵魂之处",说明图书馆具有检视人类灵魂的过去、思考现在的自我灵魂、展望并提升未来灵魂境界的作用。

◆尼尼微图书馆的问世。前7世纪,亚述王国的国王亚述巴尼拔在首都尼尼微(位于底格里斯河上游)建立了一所皇家图书馆,所藏泥板文献约有2.5万块之多,它们按不同的主题排列,在收藏室的入口处和附近的墙壁上还有这些泥板文献的目录。尼尼微图书馆是古代两河流域巴比伦文明的重要象征。

◆亚历山大图书馆的建造及其宏伟理想。希腊北部的马其顿国王亚历

---

[1] 谢拉. 图书馆学引论[M]. 张沙丽, 译. 兰州:兰州大学出版社, 1986:1.

山大征服埃及之后，在尼罗河三角洲的地中海沿岸建立了亚历山大城，托勒密时期该城成为整个地中海地区的最大城市和地中海地区与东方各国的经济和文化交流中心。通过托勒密一世祖孙三代的努力，亚历山大图书馆于前288年建成，它曾经是古代最大的图书馆，其藏书一度达90万卷。遗憾的是该馆后来被战火烧毁。亚历山大图书馆的建设者们有一个"图书馆梦想"：收集全世界的学术文献，为全世界的研究者们提供全面的查询与获取服务。为此，他们所做的工作主要包括两大方面：一是利用各种方式和手段收集全世界的学术文献，二是着手建立馆藏文献的目录体系。其中的馆藏目录体系是由兼任亚历山大图书馆馆员的诗人卡利马科斯（Callimachus）负责编制的，称作《各科著名学者及其著作目录》。这套目录共有120卷，它将亚历山大图书馆的馆藏粗略分为修辞、法律、史诗、悲剧、喜剧、抒情诗、历史、医学、数学、自然科学和杂类共11个大类，大类之下再按作者编排，首先详细记录每位作者的生平，然后记录其著作和每部著作的摘要。卡利马科斯也因此被誉为"图书馆科学之父"❶。

◆帕加马图书馆的建造。前2世纪，在小亚细亚（今土耳其）建立的帕加马图书馆，是与亚历山大图书馆相媲美的另一个著名图书馆。

◆中世纪的图书馆。5世纪后期到15世纪中期，被称为"欧洲的中世纪"。这一时期的欧洲社会虽然处于黑暗时期，但修道院藏书为图书馆的发展和文化传播作出了历史性贡献。修道院对藏书的重视，可用诺曼底一所修道院副院长的话来概括："没有图书馆的修道院，就像没有武器的城堡。"❷修道院不仅重视书籍的收集和制作，而且非常重视管理，所有藏书按照学科进行分类，指派专人负责管理，"没有适当而充分的保证，任何人不得借阅图书，图书借阅必须登记在册"❸。

◆大学图书馆的兴起。中世纪图书馆发展的亮点之一是大学图书馆的兴起。中世纪较著名的大学有大约建于1150年的法国巴黎大学、1163年建

---

❶ 于良芝，樊振佳. 卡利马科斯的穿越与图书馆学内涵的悬置：19—20世纪上半叶图书馆学内涵反思［J］. 图书馆杂志，2020（12）：4-13.

❷ 格莱夫斯. 中世纪教育史［M］. 吴康，译. 上海：华东师范大学出版社，2005：15.

❸ 杨威理. 西方图书馆史［M］. 北京：商务印书馆，1988：107.

立的英国牛津大学、1366年建立的德国的查理学院等。❶ 这些大学在发展过程中逐步设立图书馆,向各类学者开放利用。大学图书馆建立的初期,只供馆内阅读的图书大多用锁链牵在书桌上,叫作"锁藏图书"。

◆"图书馆是大学的心脏"观念的确立。自从大学产生以来,大学图书馆一直被认为是大学不可或缺的重要组成部分。1737年建立的德国哥廷根大学声望卓著,其图书馆也可谓早期大学图书馆的楷模。著名的文献学家、目录学家格斯纳（Gesner）曾担任过该馆的"实际上的馆长"。该馆经费充裕,设施先进,馆藏丰富;开馆时间长（每天开馆10小时）,借阅方便,做到了可以"自由地、不使人为难地使用馆藏"。大文豪歌德（Goethe）参观该馆后留下这样的话:"我们仿佛站在巨大的资本面前,它静悄悄地把数不胜数的利钱捐赠给我们。"❷

19世纪中后期起,美国的大学图书馆得到了迅速发展。1873年,哈佛大学法学院院长克里斯多佛·哥伦布·兰戴尔（Christopher Columbus Langder）在给校长伊里亚德（Eliot）的一封信中提到:"学校里的很多事物都是可以替代甚至可以省却的,但没有图书馆,学校就会失去它最重要的特征,实际上也就失去了学校的个性。"三年以后,伊里亚德校长在年度报告中说:"图书馆是大学的心脏,……如果缺乏足够的资金,要维持大学的正常运转是比较容易的;而若缺乏文献资源或学习设施,维持其正常运转则会是非常困难。"❸

◆文艺复兴时期的图书馆代表——美第奇·洛伦佐图书馆。文艺复兴运动的兴起,极大地推动了图书馆事业的发展。文艺复兴时期最著名的图书馆要数1571年在意大利佛罗伦萨建成开放的美第奇·洛伦佐图书馆。该

---

❶ 其中的牛津大学图书馆在英国图书馆史上具有独特意义。1488年格洛斯特公爵汉弗利（Humphrey）把自己的藏书赠给牛津大学,成立了汉弗利公爵图书馆,成为该校图书馆早期的重要藏书资源。后来托马斯·博德利（Thomas Bodley）在汉弗利公爵图书馆基础上,于1602年建成了2500册藏书的博德利图书馆。至1620年博德利图书馆藏书达到1.6万册,是当时欧洲最大的图书馆之一,至今它仍然是牛津大学的中心图书馆。在不列颠博物馆建立之前,博德利图书馆实际上起了国家图书馆的作用。参见：杨威理. 西方图书馆史［M］. 北京：商务印书馆,1988：75、135-136.

❷ 杨威理. 西方图书馆史［M］. 北京：商务印书馆,1988：144.

❸ 王子舟. 图书馆产生特点与演进路径［J］. 图书馆论坛,2007（6）：29-34.

馆建成时藏书 3000 种，其馆舍由艺术大师米开朗琪罗（Michelangelo Buonarro）设计，成为当时建筑艺术珍品。该馆建筑至今仍存。

◆**英国国家图书馆建设正式起步**。1753 年 6 月 7 日，英国国会通过了建立不列颠博物馆（British Museum）的法令。❶ 这个博物馆中的图书馆就是英国的国家图书馆，它的宗旨是成为国内外学者进行学术研究的中心。1973 年，该图书馆从博物馆独立出来，并与其他几所全国性图书情报机构合并为今天的英国国家图书馆，即不列颠图书馆（British Library）。该馆现馆藏文献逾 1.5 亿册（件），工作人员 2400 多人。所辖参考部藏有马克思的《资本论》手稿、最早的印本《圣经》及中国 9 世纪雕印的《金刚经》等珍贵文献。

◆**会员制图书馆出现**。18 世纪至 19 世纪中期，在英国和美国，诸如教区图书馆、租借图书馆、机械工人学校图书馆、会员制图书馆大量出现。其中会员制图书馆（subscription library）最具典型意义，因为它是近代公共图书馆产生的先声。

◆**美国国会图书馆的创建与壮大**。美国国会图书馆创建于 1800 年。1814 年，美国第三任总统托马斯·杰斐逊（Jefferson）把自己的私人藏书赠给国会图书馆。1870 年，当时的馆长斯伯福特（Spofford）促成新的版权法，使国会图书馆成为美国版本托存图书馆。杰斐逊和斯伯福特的努力，为国会图书馆奠定了馆藏基础。而 1899—1939 年普特南馆长在任职期间为国会图书馆奠定了分类、编目、参考咨询等业务工作基础。美国国会图书馆既是国会的专业研究图书馆，为国会提供信息咨询服务，也是美国的国家图书馆，对所有公众开放，同时在美国图书馆界发挥专业指导作用。1886 年，斯伯福特说服国会批准建造新的馆舍，命名为"杰斐逊大楼"，选址在国会大厦对面。1938 年和 1981 年，又相继建造了亚当斯大楼和麦迪逊大楼，总建筑面积 32 万平方米，现有馆藏超过 1.3 亿册（件），工作人员 4100 多人，可谓世界巨无霸。投入经费巨大，服务效益显著，如 1999 年度总预算达 99 亿美元，2000 年读者及访问者近 200 万人。1990 年开始实施"美国记忆"数字化工作，将馆藏中涉及美国历史的文献、照片和音像资料

---

❶ 不列颠博物馆又叫大英博物馆，它与纽约的大都会艺术博物馆、巴黎的卢浮宫同列为世界三大博物馆。

数字化上网。

◆1850年，世界上第一部国家级图书馆法问世。是年8月14日，英国国王签署了《公共图书馆与博物馆法》(Public Library and Museum Act)。这是世界上第一部由国家颁布的图书馆法。这部法律是在当时的利物浦议员尤瓦特（Ewart）及著名图书馆活动家爱德华兹（Edwards）等人的努力下，几经周折最终得到议会通过的。该法规定，人口1万人以上的英格兰和威尔士各城市，有权建立公共图书馆，但某个特定的城市或地区是否要建立公共图书馆，必须先由市议会提议，提交给公民大会投票（纳税人投票），只有在政府召集的公民大会上获得与会者三分之二以上的赞成票后才能制定有关法令，设立公共图书馆。1852年，据此法在曼彻斯特建立了第一个基本具备近代性质的公立公共图书馆，❶爱德华兹亲任馆长。这是近代公共图书馆历史的正式开端。

◆1833年至1848年，美国公共图书馆开始走上立法保障之路。1833年，美国新罕布什尔州的彼得博罗镇议会通过一项决议规定：从州政府拨给的教育经费中抽出一定款额，建立一所向全镇居民免费开放的镇立图书馆。这是美国公共图书馆建设历程的起步。1849年，新罕布什尔州通过了美国第一部州图书馆法。

1848年，马萨诸塞州议会通过了一项法案，决定建立波士顿市公共图书馆（Boston Public Library），这是在美国依法设立的最早的公共图书馆。波士顿公共图书馆的建立，对美国公共图书馆事业来说具有开创、示范的奠基性意义。波士顿市议会曾预言，"在本市建立一所免费的公共图书馆，必定会有许多城市来效法"❷。在此之后，美国大部分州和城市纷纷仿效波士顿着手立法建立公共图书馆，由此拉开了美国公共图书馆走向普及和繁荣的序幕。

波士顿公共图书馆的建立，首创了世界公共图书馆管理方式上的一个著名范例——图书馆理事会制。当时图书馆理事会章程规定，理事会由议会上院、下院议员各1名和市民代表5名组成，理事由两院全体议员选举；

---

❶ 近代性质的公立公共图书馆，须具备三个特点：一是向社会公众免费开放，二是经费来源主要为地方政府的税收，三是图书馆的设立和管理须有法律或政策依据。

❷ 杨威理. 西方图书馆史 [M]. 北京：商务印书馆，1988：199-200.

市议会只保留任命馆长和决定他的薪金的权力（后来这两项权力也移交给理事会），其余权限全部归属理事会，包括监督图书馆的预算、制定图书馆规章制度、任命其他馆员等。波士顿公共图书馆所创立的图书馆理事会制，已被世界上许多国家所效仿，其历史与现实价值理应载入世界公共图书馆史册。

◆《杜威十进分类法》（DDC）问世。1873年，迈威尔·杜威（Melvil Dewey）创编了综合性等级列举式分类法，其详本于1876年问世，取名为《图书馆图书小册子排架及编目适用的分类法和主题索引》，1951年出版第15版时改名为《杜威十进分类法》。所谓"十进分类"，就是把所有图书分别归入10个大类之中，这10个大类是：000 总论；100 哲学；200 宗教；300 社会科学；400 语言学；500 自然科学；600 技术科学；700 美术；800 文学；900 历史、地理。DDC已出版22版，已用30多种文字出版，被135个国家和地区采用，成为世界上历史最久且使用最广的图书分类法。

◆克特推出图书馆目录的基本规则。1876年，美国人克特（Cutter）出版了著名的《字典式印刷目录规则》，1891年第3版修订时更名为《字典式目录规则》。克特认为，图书馆目录应该具有三方面的作用：①能够从作者、书名、主题途径查找图书；②目录应该能够提供如下信息：某位作者的书有哪些、某一主题的书有哪些、某一体裁的书有哪些；③提供图书的版本信息和其他附注信息。克特的《字典式目录规则》及其目录思想，至今仍然是指导图书馆编目工作的理论基础。

◆1876年，美国图书馆协会成立。建立有图书馆行业组织，是图书馆职业化的重要标志，更是使图书馆步入行业化管理的组织基础。1876年，在温泽、普尔和杜威等人的大力倡导和推动下，世界上第一个全国性图书馆专业组织——美国图书馆协会（ALA）在费城成立。温泽被选为协会的第一任理事长，杜威为秘书。1909年起，总部改设在芝加哥。ALA在华盛顿特区设有办事处，负责处理与国会和政府各部的联络事宜。ALA下设11个部门，25个办公室，25个协商会议，21个专门的图书馆协会（如美国法律图书馆协会、研究图书馆协会、医学图书馆协会等）和57个州或地区分会，28个附属组织等机构。自ALA成立后，其他国家纷纷仿效建立各自的图书馆行业组织，如英国（1877年）、日本（1892年）、德国（1900年）、法国（1906年）等国家相继成立了本国的图书馆协会。

◆卡内基慷慨捐建图书馆。被称为"钢铁大王"的卡内基(Carnegie)经营钢铁企业致富后,当他计划将90%的财富用于他称之为"改善人类生活"的事业时,他首先想到了图书馆。1876—1923年,卡内基以"卡内基公司"的名义共捐款5616万美元,在世界各地捐建了2811所图书馆,其中绝大部分是美国的公共图书馆。卡内基捐建图书馆时向当地政府提出的条件是:政府提供建馆用地;图书馆落成后,由政府接管,并为图书馆发展提供立法保障;政府须同意每年拨款相当于他捐助数额的10%用于该图书馆经营。在卡内基公司的支持下,美国的公共图书馆从1876年时的188所,发展到1923年的3873所。从历史的角度看,卡内基为奠定美国近现代图书馆事业的基础作出了不可磨灭的巨大贡献。

◆杜威与图书馆学专业教育。图书馆学教育以1886年齐亚茨哥在德国哥廷根大学创办图书馆学讲座及研讨班为序幕,1891年图书馆学正式列入该校课表。在美国,杜威于1887年在哥伦比亚大学创办图书馆管理学院,这是美国第一个正规的图书馆学教育机构,可惜于1889年被停办。被停办的主要原因是杜威不顾校方的反对执意招收女生,如首届招生20名,其中女生17名。1890年,杜威又在纽约州首府奥尔巴尼建立新的图书馆学教育机构,取名"纽约州立图书馆学院"。从此,纽约州立图书馆学院经久不衰,成为美国图书馆学教育史上著名的正规教育机构,并取得了辉煌的成就。在此后50年中,纽约州立图书馆学院培养了一大批美国杰出的图书馆学家,以至于美国20世纪初的图书馆学家几乎都是杜威的弟子。据统计,截至1951年,纽约州立图书馆学院的毕业生中已有14人担任过ALA主席。不仅如此,纽约州立图书馆学院对中国近代图书馆事业的发展亦产生了十分重大的影响。20世纪初,中国的著名图书馆学家沈祖荣、洪有丰、戴志骞、袁同礼、胡庆生、李小缘、李燕亭等一大批杰出人物都毕业于纽约州立图书馆学院。

◆"威廉森报告"与美国图书馆学研究生教育。1919年,威廉森(Williamson)博士应卡内基基金会之聘对美国图书馆学教育状况进行调研,1923年发表《图书馆服务训练》的报告,这就是著名的"威廉森报告"。其要点是:图书馆员应继续深造;应制订图书馆学院课程标准,并提高其经费及毕业生待遇;图书馆学院应归属于大学而不应设于公共图书馆之内,并建立对其评审的机构。这一报告导致1924年在ALA内成立图书馆教育委员会（后改名图书馆学专业认可委员会）。威廉森的理念在哥伦比亚大学图书馆学院及其他图书馆学院得到实施。1928年，在卡内基基金会的资助下世界上第一个具有博士学位授予权的芝加哥大学图书馆学研究生学院正式开学。直到20世纪40年代后期，该院一直是全美唯一的具有图书馆学博士学位授予权的学院。在美国图书馆学教育史上，纽约州立图书馆学院以其历史悠久享誉全美，而芝加哥大学图书馆学研究生学院则以其最早设置研究生课程而著称于世。在此后的二十年中，该院的很多研究生毕业后成为各大学图书馆学院的院长，或者大型公共图书馆和大学图书馆的馆长。

◆1927年，国际性图书馆行业组织——国际图书馆协会联合会成立。国际图联，原名为"国际图书馆与目录委员会"，1929年改为现名。中国是IFLA的发起国之一。当时代表中华图书馆协会签字的是韦棣华女士。1929年，沈祖荣作为中华图书馆协会的唯一代表参加了在意大利举行的IFLA第一次大会。

IFLA是一个独立的、非政府的、非营利性的国际性组织，代表全世界图书馆、信息服务机构和读者的利益。IFLA的宗旨是：促进图书馆事业所有领域，包括书目、信息服务、人员培训等各方面的国际了解、协作、讨论、研究和发展。IFLA的目标是：促进高标准图书馆和信息服务的提供；促进优质图书馆和信息服务的国际宣传；代表全世界会员的利益。

◆1939年，ALA通过《图书馆权利法案》。众所周知，当今世界，美国是图书馆事业最为发达的国家之一。说到美国现代图书馆的发展成就，一个法案不能不提。那就是美国图书馆协会于1939年通过并于1948年、1961年、1967年、1996年修订的《图书馆权利法案》（*Library Bill of Rights*，也被翻译为《图书馆权利宣言》）。《图书馆权利法案》从一开始就确立的基本原则是图书馆有权利维护每个图书馆利用者的思想自由与表达自由，而不受任何组织或个人的强制与干涉。该法案虽然历经多次修改，但这一基本原则始终未变。❶ 显然，这一法案是以自由主义为价值取向的，迎合了自由主义社会的基本价值观诉求。可以说，这一法案的精神内容为美国图书馆事业发展提供了理念基础。中国是社会主义国家，所以在图书馆权利问题上不可能与美国一致，中国应该有符合自身国情的图书馆权利

---

❶ 1996年修订的《图书馆权利法案》全文见本书第三章第二节。

法案，2008年中国图书馆学会通过的《图书馆服务宣言》，可视为中国的"图书馆权利法案"。❶

◆1940年7月4日，罗斯福总统图书馆建成，开美国总统图书馆之先河。1938年，罗斯福总统向国会提出建设总统图书馆的议案，并得到通过。1940年7月4日，美国历史上第一个总统图书馆——罗斯福总统图书馆建成并开放。此后美国历任总统卸任后都建有总统图书馆。1955年美国国会通过了《总统图书馆法案》。总统图书馆是收藏美国总统在任职期间形成的档案及其他文献资料、文物、礼品、纪念品的专门机构。可见，它既是图书馆也是档案馆，缘此归属于美国国家档案与文件署管辖。

◆1949年，国际图联和联合国教科文组织发布《公共图书馆宣言》。进入现代以来，对世界公共图书馆来说，头等重要的事件之一就是国际图联和联合国教科文组织（IFLA/UNESCO）《公共图书馆宣言》（1949年通过、1972年和1994年两次修订）的问世。《公共图书馆宣言》所确定的公共图书馆的性质、目标、任务、建设原则，以及它所确立的公共图书馆精神与价值取向，已成为各国发展公共图书馆事业所应依据的价值取向与政策指南。《公共图书馆宣言》第一次以国际视野表达了世界公共图书馆界的如下基本立场。

第一，公共图书馆是民主政治的产物，是民主社会的基础性保障设施之一。"民主社会的发展有赖于令人满意的教育和自由无限制地利用知识、思想、文化和信息"，图书馆正是供人们"自由无限制地利用知识、思想、文化和信息"的公共设施平台。

第二，国家应该立法保障公共图书馆事业的发展，持续保障其所需经费。作为一种民享民有的民主化机构/制度，公共图书馆必须在法律规定下建立与管理，完全或主要由政府的公共资金支持。

第三，公共图书馆必须对所有社会成员提供平等的、免费的基本服务。公共图书馆必须"以同样条件对社区的所有成员免费开放，不分职业、信仰、阶层或种族"。

《公共图书馆宣言》的问世，为世界各国发展公共图书馆指明了方向。

---

❶ 中国图书馆学会的《图书馆服务宣言》全文，见本章本节"中国图书馆发展史概略"部分。

可以说，要想判断每个国家公共图书馆事业发展状况及其水平如何，最好的、最根本的、也是最权威的衡量标准就是要看其公共图书馆事业体现《公共图书馆宣言》的基本精神的程度。

◆1950年至1960年，开启图书馆自动化时代。1954年，美国海军兵器中心图书馆使用IBM701型计算机实现了单元词组配检索，成为最早使用计算机的图书馆。能够实现信息资源的共享是计算机的最大用途所在。为此，图书馆使用计算机来实现信息资源共享和管理的自动化，首先需要解决的问题就是馆藏书目数据的统一格式化，以供计算机识别。这种统一格式化的馆藏书目数据就是机读目录（MARC）。1969年，美国国会图书馆正式发行MARC格式机读目录磁带。20世纪70年代，IFLA也开发了国际通用的MARC（UNIMARC）格式，推动了国际书目数据共享。自此，图书馆利用计算机管理的自动化时代全面开启。

◆1967年，OCLC成立。人们都知道，编目、分类、采购图书等工作是每个图书馆都必须进行的重要业务工作，因此，各馆之间的重复采购、重复分类、重复编目等重复劳动问题一直困扰着图书馆界。利用计算机联机平台实现数据共享就能解决这种重复劳动问题。如一种书可以由一个图书馆编目一次，其他图书馆借助联机平台分享这一编目成果（套录），就可以避免重复编目的问题。为此，1967年7月5日，美国俄亥俄州几所大学的校长和馆长们聚会讨论，决定成立俄亥俄大学图书馆中心（Ohio College Library Center, OCLC），这是一个由54所俄亥俄州大学图书馆组成的图书馆联机网络。从1972年起，OCLC扩大至全美乃至全世界，1996年开始中国大陆的一些图书馆加入OCLC。目前，OCLC已经发展成为近100个国家和地区的近5000个不同类型图书馆和信息机构组成的国际性图书馆联机网络系统。

◆大学图书馆学院系的停办与改名风潮。1978年至1994年，美国有14所大学的图书馆情报学（LIS）院系停办，其中包括久负盛名的芝加哥大学图书馆学院（1990年）和哥伦比亚大学图书馆学院（1992年）。这种停办之风并没有持续蔓延开来，从2005年至今，美国没有一所LIS院系停办。不过，继续开办的LIS院系开始了一场改名风潮。改名的趋势主要表现为加入"信息科学"和"信息管理"要素，院系名称中大多有"information school"字样。如美国全部49所被ALA认可的LIS院系中，37所保留有library 字眼，占 75.5%；既有 library 又有 information 字眼的有 36 所，占 73.4%；去掉 library 字眼的有 12 所，占 24.5%。这种倒向 information school 的改名风潮及其变革思潮叫作"iSchool 运动"。"iSchool 运动"有着极端的"去图书馆化"倾向，有着把图书馆职业完全导入信息产业的倾向，有着消解图书馆职业千百年来形成的核心价值、职业精神、职业使命的倾向，忘却了图书馆的公共文化设施属性，忘却了图书馆满足公民的基本文化需求与基本文化权益的"文化基因"特质。总之，"iSchool 运动"无法推卸对图书馆文化的不自信、对图书馆专业独立性的不自信的误识责任。对此我们不能不察。

这种改名风潮也波及中国。在中国，从 20 世纪 90 年代起，大致经历了"图书馆学系—图书情报学系（院）—信息管理学院（系）"的更名过程。在中国的大学学科建制中，有"图书情报与档案管理"一级学科，隶属于管理学大类，该一级学科一般隶属于各大学的信息管理学院（系）；该一级学科下设有图书馆学、情报学、档案学三个二级学科。所以在中国虽然各大学院系名称大多已改为"信息管理"或"信息资源管理"，但图书馆学、情报学、档案学分专业培养人才的格局尚未发生根本性改变。无论将来发生什么样的变化，图书馆学的学科名称、学科版图、专业内容（核心课程）、专业精神将始终存在。

◆1990 年，亚历山大图书馆的重建。1990 年 2 月 12 日，多个国家的首脑和国际知名人士在埃及阿斯旺（Aswan）聚会，签署了具有历史意义的复兴亚历山大图书馆的《阿斯旺宣言》，使该馆成为第一个由世界各国支持和资助建成的大型图书馆。该馆 1995 年 5 月动工兴建，总建筑面积 85 405 平方米，共有 7 层，3500 个读者座位，耗资 1.8 亿美元，2002 年新馆开馆。亚历山大图书馆现已成为世界十大图书馆之一。

◆1996 年，法国国家图书馆新馆落成。屹立于美丽的塞纳河畔的法国国家图书馆新馆总面积达 35 万平方米，耗资 80 亿法郎，于 1996 年开馆。因系前总统密特朗亲自批准筹建，故被命名为"密特朗国家图书馆"。设计师佩拉尔特（Espaillat）将它设计成 4 座 90 度直角形的塔楼，寓意 4 部耸立的翻开巨著，4 部巨著的中间镶嵌着大片的中心花园，并能将自然光引入下沉的阅览室中，可谓世界建筑瑰宝。法国国家图书馆现藏有文献 3557 万册（件）。2005 年 1 月，欧洲数字图书馆的建设工作在法国率先进入实质性阶段。为此法国国家图书馆每年将把不少于1.5万册的图书进行数字化,法国政府每年为此拨款1500万欧元。

◆数字图书馆和智慧图书馆时代的到来。1975年,美国图书馆学家克里斯蒂安(Christian)出版了《电子图书馆:书目数据库:1975—1976》一书,首次使用了"electronic library"(电子图书馆)一词。"电子图书馆"是"数字图书馆"的早期称谓,1992年以前人们多用"电子图书馆"一词,1992—1994年并行使用这两个术语,1994年后"数字图书馆"一词的使用逐渐多了起来。数字图书馆其实是图书馆自动化发展在数字化、网络化时代的自然延伸与进步。20世纪90年代中期起,美国、英国、日本等国家迅速掀起数字图书馆的研发与应用热潮,由此拉开了走向数字图书馆时代的序幕。

如今,数字图书馆融入更先进的数字技术和智能化技术,已进入智慧图书馆时代。可以说,智慧图书馆是数字图书馆进一步发展的结果,而不是数字图书馆的替代形态。所以,现代的人们往往把数字图书馆和智慧图书馆合称为"数智图书馆"。数智图书馆使得图书馆信息资源处理能力得到极大提升,信息服务能力向着更加便利化、集成化、智能化方向迈进了一大步。

2. 中国图书馆发展史概略

20世纪之前,中国图书馆的发展之路,走的是完全不同于西方国家的独特发展之路。大体而言,在20世纪之前,中国未曾存在西方国家那样的公共图书馆和大学图书馆,而只有藏书、馆藏目录的编制及极其有限的借阅服务。1904年,湖南图书馆的建立,开启了中国近代图书馆建设的历史步伐。所以,1904年是中国图书馆史上的一个分界年:1904年之前为藏书楼时期,1904年之后为图书馆时期。

(1)藏书楼时期

中国古代收藏图书的处所,其称谓多种多样,如"府""阁""堂""台""观""殿""室"等。后人将古代藏书之所统称为"藏书楼"。藏书楼是中国古代供藏书和阅览图书用的建筑。中国最早的藏书楼建于宫廷,如汉代的天禄阁、石渠阁、兰台、东观等。宋代以后,随着造纸术的普及和印本书的推广,民间也建造藏书楼,如建于(明)嘉靖四十年(1561年)的浙江宁波天一阁,是中国现存最古老的藏书楼。1847年,法国传教士南格禄在上海创建徐家汇藏书楼，该楼于1956年并入上海市图书馆。清代皇家藏书楼，最著名的就是专门用于收藏《四库全书》的"七阁"——文渊阁、文源阁、文津阁、文溯阁、文汇阁、文宗阁、文澜阁。

①中国古代的藏书体系。中国古代藏书制度起源于周代。元代马端临的《文献通考·经籍考》称："周官外史，掌三皇五帝之书，则国家之所职掌者。"清代周永年在《儒藏说》中说："守藏之吏，见于周官。老子为柱下守藏史，固周人藏书之官也。"1925年中华图书馆协会宣告成立时就称"周官外史，掌三皇五帝之书，达书名于四方，我国之有图书馆，盖已权舆于是"。这说明，中国从周代开始就有藏书机构及其官吏。古代早期的藏书机构是图书馆与档案馆合为一体的建制。

中国古代的藏书体系，由官府藏书、私家藏书、寺观藏书和书院藏书四大部分构成。

周代起始的官府藏书制度一直延续至清代灭亡，只不过各朝代的藏书机构名称、隶属机构名称和掌管官吏名称不同而已（表1-1）。在中国古代，官府藏书是整个社会藏书体系中的主干力量，绝大部分历代典籍靠官府藏书得以保存。

中国古代的私家藏书传统源远流长。春秋战国时期，"士"阶层的出现是私人藏书形成的社会原因。两汉时期的河间献王刘德及蔡邕，魏晋时期的王弼、张华、范平等，南北朝时期的沈约、任昉等，隋唐时期的许善心、魏徵、元行冲、王涯等，宋元时期的江正、宋敏求、王钦若、司马光、李公铎等，明代的宋濂、王世贞、胡应麟、范钦（建有天一阁）、毛晋（建有汲古阁）、祁承爜（建有澹生堂）等，清代的钱谦益（建有绛云楼）、黄宗羲（建有续钞堂）、徐树兰（建有古越藏书楼）、黄丕烈、周锡瓒、顾之逵、袁廷梼（后四人被称为清代四大藏书家）等，都是著名的私人藏书家。钱塘丁氏八千卷楼、常熟瞿氏铁琴铜剑楼、聊城杨氏海源阁、归安陆氏皕宋楼，被称为清末四大藏书楼。私家藏书为典籍的保存和民间流传作出了重要贡献。

寺观藏书也是中国古代藏书系统的重要力量。两晋、南北朝时期寺院林立，寺院中大多有藏书。梁代宫廷中有华林园藏佛典，编有《华林殿众经目录》；定林寺编有《定林寺经藏目录》。道教典籍在逐步积累中也形成专藏。南朝刘宋的崇虚馆通仙台、齐代的兴世馆、梁代的华洋上下馆、北朝北周的玄都观、同道观等都有较多藏书。隋唐时，宗教藏书更趋兴盛。唐时长安有大兴善寺，洛阳有上林园设立译场，翻译佛教经典。玄奘回国带回佛典，在长安大慈恩寺译经。唐太宗采取统一译经、抄写，分送各地寺院收藏的办法，使全国各地寺院大量收藏佛典。道教典籍的积累和收藏在唐代最为丰富，官府组织编纂与抄录，分送各地宫观，逐步形成唐代道教的藏书体系。从宋至清，寺院藏书大体保持原有状态，没有得到扩张性发展。应该说，寺观藏书为保存佛教和道教典籍作出了重要贡献。但是，自唐代以来，佛教和道教多次被朝廷打压和排斥，所以寺观藏书对广大民众的影响是极其有限的。

表1-1　各朝代官府藏书机构建制

事项	朝代							
	周	秦、汉	魏晋南北朝	隋、唐、五代	宋	元	明	清
藏书处所名称	天府、秘府、藏室	明堂、石室、金匮、阿房宫、天禄阁、石渠阁、麒麟阁、兰台、东观等	秘阁、文德殿、华林园、麟趾殿等	观文殿、嘉则殿、弘文馆、集贤院、崇文馆、司经局等朝廷藏书及地方官府和学校藏书	昭文馆、史馆、集贤院（三馆合称"崇文院"）、秘阁、龙图阁等"六阁"等朝廷藏书及地方官府和学校藏书	崇文院、经籍所、奎章阁、艺林库、宏文院、集贤殿等朝廷藏书及地方官府和学校藏书	文渊阁、国子监等朝廷藏书及地方官府藏书	《四库全书》"七阁"、昭仁殿、摛藻堂、味腴书屋、宛委别藏、武英殿、翰林院等朝廷藏书及地方官府和学校藏书
隶属机构			秘书省及地方政府	秘书省及地方政府	崇文院、秘书省及地方政府	秘书省及地方政府	翰林院及地方政府	文渊阁职及地方政府
官吏名称	史官	御史、太史令、兰台令史等	秘书监、秘书丞、秘书令、秘书郎等	秘书监、秘书丞、秘书郎等	秘书监、秘书丞、秘书郎及各类馆职人员	秘书监、秘书丞、秘书郎及各类馆职人员	翰林院"典籍"官及各类馆职人员	领阁事、提举阁事、直阁事、校理、检阅及各类馆职人员

书院藏书是中国古代藏书系统中影响较大的一支力量。中国古代一直没有西方国家那样的大学建制，但不少读书人通过书院藏书阅读到了大量典籍。书院之名始见于唐代。书院是私人或官府所设的聚徒讲授、研究学问的场所。它原由富室、学者自行筹款，于山林僻静之处建学舍，置学田收租，以充经费。宋代有四大书院，分别是江西庐山的白鹿洞书院、湖南长沙的岳麓书院、河南商丘的应天书院、湖南衡阳的石鼓书院。明代以后，各地书院继续发展，全国书院达1300多所，书院由政府控制，其作用由讲学发展至为科考服务的"应试"学堂。清代书院更为发达，书院成为讲学、研究、著述兼备的学术研究和教育、文化机构；藏书来源更为多样，书籍内容广泛，藏书楼有专门管理人员，且制定有管理规则。1901年，清廷诏令各省省城书院改为高等学堂，各府厅书院改设为中学堂，州县书院改设为小学堂，由此书院藏书成为各地中小学校图书馆藏书的重要来源。可以说，在20世纪之前的中国，书院藏书为民间广大读书人（包括寒门子弟）读书治学、科考升迁提供了极其重要的文献保障条件。

②中国古代分类目录的编制活动。由于1904年之前的中国未曾出现近代意义上的图书馆，所以1904年之前一直没有形成科学、全面的图书馆专业管理理论与实践体系。不过，由于藏书活动的长期延续和受重视，为了保存和整理好藏书，分类目录的编制活动长盛不衰。所以，从这个意义上说，中国古代"图书馆"活动的内容主要局限于分类学和目录学理论与实践。下面以"大事记"方式记述中国古代分类目录编制活动的大致过程。

◆《七略》的横空出世。前26年，西汉光禄大夫刘向受命对皇帝诏令收集来的图书进行整理，编出《别录》二十卷。后其子刘歆继承父业，编出我国第一部综合性分类目录——《七略》。"七略"分别为：辑略、六艺略、诸子略、诗赋略、兵书略、术数略、方技略。由于"辑略"属于书前总序，不用来分类图书，所以《七略》实际上是"六略"，即六分法。这是我国图书分类六分法的肇端。

◆《汉书·艺文志》开史志目录先河。东汉史学家班固奉命撰《汉书》，分十二纪、十志、八表、七十列传，是我国第一部纪传体断代史书，《艺文志》是其中的一志。所谓艺文志，就是将历代或当代的图书典籍，汇编成目录的史书体例。《汉书·艺文志》（简称《汉志》）是我国现存第一部史志目录。刘歆的《七略》早已亡佚，但《汉志》记录了《七略》的基本原貌，这是《汉志》的历史功绩之一。不仅如此，《汉志》开创了编制正史艺文志（即史志目录）的先例。此后，《隋书》《旧唐书》《新唐书》《宋史》《明史》乃至《清史稿》中均编有艺文志（有的叫经籍志）。通过正史艺文志，人们可以了解每一朝代的图书与藏书情况。

◆《晋中经簿》开四分法先例。279年，西晋秘书监荀勖编制《晋中经簿》，把《七略》的六分法改为四分法，依次为甲、乙、丙、丁四部。甲部相当于《七略》中的六艺略，乙部相当于《七略》中的诸子、兵书、术数、方技四略，丙部为新设的史书类，丁部相当于《七略》中的诗赋略。

◆李充修订荀勖的四部次序，定四分法顺序。349年，东晋著作郎编《晋元帝四部书目》，调换了荀勖四分法中的乙、丙两部次序，即甲部纪经书、乙部纪史书、丙部纪子书、丁部纪集部书。由此，这种四部顺序成为后人遵循的永制。

◆《七志》与《七录》对《七略》的改编。478年，南齐秘书郎王俭编《七志》；523年，梁人阮孝绪编《七录》。王俭的《七志》在《七略》六分法的基础上增加了"图谱志"，又将道经、佛经作为附志列出，所以《七志》实际上是九分法。阮孝绪的《七录》分内、外两篇，内篇包括经典录、记传录、子兵录、文集录、术技录，外篇包括佛法录、仙道录。可见，《七志》和《七录》是对《七略》六分法进行改编和充实的产物。

◆《隋书·经籍志》定四部之名，成为永制。如果说《七志》和《七录》具有对以往的四分法加以扩充的意向，那么，《隋书·经籍志》则使四分法"恢复名誉"，成为不可更改的永制。629—636年间，唐代魏征等人编出《隋书·经籍志》（简称《隋志》），是我国现存第二部史志目录。《隋志》对李充的甲、乙、丙、丁四部分别取名为经、史、子、集。从此，经、史、子、集四分法成为官府及大部分私人藏书分类定大类名及其次序的永制。

◆《四库全书总目》：中国古代分类目录的集大成者。《四库全书》是（清）乾隆年间朝廷主持下编纂的一部大型丛书。1773年乾隆帝下谕成立"四库全书馆"，开始编纂《四库全书》，于1782年完成。最初抄写四部，分藏于北京故宫内文渊阁、圆明园文源阁、奉天文溯阁、热河文津阁四处，后又抄写三部，分藏于镇江文宗阁、扬州文汇阁、杭州文澜阁三处，这三处允许读书人入阁阅看。《四库全书总目》也叫《四库全书总目提要》，是《四库全书》总纂官纪昀组织人马编撰的《四库全书》收录和未收录的书籍的提要汇编。《四库全书总目》按经、史、子、集四部分类法编排,共著录收录于《四库全书》的古籍3461种及未收录于《四库全书》的存目6793种古籍。可见,《四库全书总目》是中国古代贯彻经、史、子、集四部分类法的集大成者。同时,也可以说,《四库全书总目》是中国古代集分类目录、版本目录、提要目录于一体的集大成者。

◆《西学书目表》:突破四分法的滥觞。大思想家梁启超曾说:"国家欲自强,以多译西书为本,学子欲自立,以多译西书为功。"在这种思想指导下,梁启超编出《西学书目表》,于1896年在《时务报》上刊载,后又出单行本。《西学书目表》分"西学""西政""杂类"三大部类。西学类包括算学、电学、化学、天学、医学等13小类,西政类包括官制、学制、法律、农政、工政等10类,杂类包括游记、报章等5类。由此我们可以看出,《西学书目表》的三大部类,大体对应于自然科学、社会科学和综合性图书三大部类,这已经很接近于现代图书分类法的基本架构。因此可以说,《西学书目表》突破了长期被封建社会视为永制的经、史、子、集四部分类体系,为此后中国图书分类法的现代转型提供了先例,其历史意义当载入史册。1904年徐树兰出版的《古越藏书楼书目》,分学部和政部两大部类,各部又分24类,共48类,每类再分若干子目,共332个子目。虽然48类的类目名称大都因袭旧名(如学部中仍然使用"十三经"里的经书名为类名),但立学、政两大部类的做法,显然是仿《西学书目表》而来。《西学书目表》和《古越藏书楼书目》,为中国引进、编制和推行十进图书分类法开辟了道路。

需要说明的是,至今大部分学者认为,四部分类体系的动摇并非以《西学书目表》的问世为滥觞,而是早有先例。这些学者所列例证如宋代郑樵的《通志·艺文略》,分12类;明代的《文渊阁书目》,分40类;陆深的《江东藏书目》,分13类;钱谦益的《绛云楼书目》,分71类;清代钱曾的《读书敏求记》,分46类等。但是,仔细分析这些书目的类目体系,不难发现,这些所谓非四分法其实是经、史、子、集四分法的扩增变换而已,并没有像《西学书目表》那样从根本上否定经、史、子、集四分结构。因此,第一个真正动摇并突破传统四部分类体系之功,非《西学书目表》莫属。

(2) 图书馆时期

从古代藏书楼转型为近代图书馆,这一过程并非一个突变过程,而是经过了一定时间的酝酿与蜕变过程。这种酝酿与蜕变过程主要表现为:第一,西方传教士在中国境内创建教会图书馆,使国人开始"眼见"西方图书馆的管理样式;第二,鸦片战争后形成的洋务派尤其是有出洋考察经历的洋务派极力宣传和推介西洋图书馆的功用,使得西方图书馆理念在部分开明人士心目中逐渐萌生;第三,20世纪伊始,清政府被迫实施"变法新政"(1901—1905年)和"预备立宪"(1906—1911年),促使洋务派和维新派极力倡导的近代图书馆建制得以落实。

从图书馆本身的演化过程看,1902年徐树兰创办古越藏书楼,可以说是从藏书楼向图书馆转变的标志性事件之一。1902年,乡绅徐树兰自捐"银三万二千九百六十余两",在家乡绍兴创办了古越藏书楼。古越藏书楼名为"藏书楼",但它与其他藏书楼最大的不同是向社会开放。徐树兰自己说创办古越藏书楼的宗旨是"一曰存古,二曰开新"。这一宗旨本身表明了古越藏书楼的建成并开放是从藏书楼向近代图书馆转型的标志性事件。

经过上述酝酿与蜕变过程,1904年湖南图书馆(原名"湖南图书馆兼教育博物馆")的建立,正式宣告了藏书楼向图书馆转型的完成。❶ 正如著名图书馆学家严文郁先生所评论的那样:"该馆(指湖南图书馆)为新式图书馆的先声,亦是我国近代图书馆事业的发端,从此清廷对图书馆的建立,有了积极的支持行动,各类型图书馆次第产生。"❷

下面仍然以"大事记"方式概略记述1904年以后的图书馆发展历程。

◆1904—1910年,大批省级公共图书馆筹建。它们包括:湖南图书馆、湖北图书馆、黑龙江图书馆、安徽图书馆、山东图书馆、山西图书馆、云南图书馆、浙江图书馆、广西图书馆、江南图书馆等。其他省份的图书馆在此之后也陆续兴建。

---

❶ 把湖南图书馆的建立作为藏书楼向图书馆转型的标志,是从公立图书馆角度所做的判断。若考虑私立图书馆,1902年向社会开放的古越藏书楼,也可作为藏书楼向图书馆转型的标志。但是,由于古越藏书楼仍以"藏书楼"命名,且其馆藏组织与管理仍具有较明显的藏书楼痕迹,故本教程以湖南图书馆的建立作为藏书楼向图书馆转型的标志。

❷ 严文郁. 中国图书馆发展史:自清末至抗战胜利 [M]. 台北:枫城出版社,1983:39-40.

◆1902年，京师大学堂藏书楼建立：中国大学图书馆的起航。早在1895年，中国第一个近代大学北洋大学建校（1952年改名为天津大学），该校建校之初就设有图书馆。该馆聘请美国人管理，完全采用美国大学图书馆管理模式。北洋大学图书馆虽为中国近代大学图书馆最先者，但其影响远不如后来的京师大学堂藏书楼。1898年，京师大学堂（北京大学前身）成立时，大学堂章程指出，"学者应读之书甚多，一人之力必不能尽购。……京师大学堂为各省表率，体制尤当崇宏，今设一大藏书楼，广集中西要籍，以供士林浏览而广天下风气"。根据这一章程精神，京师大学堂藏书楼于1902年正式建成，1903年改名为京师大学堂图书馆，1912年更名为北京大学图书馆。1918年1月至1922年12月，李大钊接受北京大学校长蔡元培聘请担任北京大学图书馆主任。1918年9月，毛泽东在北京大学图书馆沙滩红楼第二阅览室当书记员，至1919年2月离职。当初蔡元培致函李大钊，"守常先生大鉴：毛泽东欲在本校谋一半工半读工作，请设法在图书馆安置一个书记的职位，负责整理图书和清扫房间，月薪八元。"毛泽东在此工作期间，阅读了大量马克思主义文献（如《共产党宣言》）和当时进步人士在报刊上发表的论著，而且还拜见了胡适等名望人士，并旁听了胡适等人的课程。

毛泽东与图书馆确实有很深的渊源联系。1912年，毛泽东经常到湖南图书馆看书，当年的一位图书馆管理员曾回忆说，"那时候，我们图书馆每天早上一开门就'欢迎'毛泽东，因为他每天必到，也来得最早，而且在外面等候多时了，每天下午关门，要'欢送'毛泽东，因为他走得最晚，不撵他，他还不走"。毛泽东自己回忆这一段生活时说："那时进了图书馆，就像牛闯进了菜园子，尝到了菜的味道，就拼命地吃。"也是在湖南图书馆，毛泽东第一次看到世界地图，这张地图叫作《世界坤舆大地图》，由此毛泽东才知道中国只是世界的一部分，也由此毛泽东确立了"放眼世界"的远大胸怀。❶

◆1909年，兴建京师图书馆：中国开始有了近代意义上的国家图书馆。1909年，张之洞执掌的清廷学部呈《奏建京师图书馆折》称："图书馆为学

---

❶ 孙宝义，等. 毛泽东的读书人生［M］. 北京：中央文献出版社，2006：291—292.

术之渊薮。京师尤系天下观听，规模必求宏远，搜罗必极精详，庶足以供多士之研求，昭同文之盛治。"1909年9月，学部奏请获批，任命缪荃孙为正监督，负责筹建京师图书馆。1912年8月正式开馆接待读者。1912年5月起，江瀚被任命为馆长，1913年2月，江瀚调任他职，夏曾佑被任命为馆长，在夏曾佑不能莅馆主持馆务的情况下，京师图书馆的管理之责，由教育部社会教育司第一科科长鲁迅担当。1916年京师图书馆开始接受国内出版物呈缴本，标志着京师图书馆履行国家总书库职能。1931年文津阁新馆落成。中华人民共和国成立后，京师图书馆改名为北京图书馆。1998年12月，经国务院批准，北京图书馆更名为中国国家图书馆。

◆1910年，第一部全国性图书馆法规问世。1910年学部颁布《京师图书馆及各省图书馆通行章程》（共十九条）。章程明确规定图书馆的目的是："图书馆之设，所以保存国粹，造就通才，以备硕学专家研究学艺，学生士子检阅考证之用，以广征博采，供人浏览为宗旨。"该章程的颁布具有如下三方面的历史意义。

第一，在中国历史上，第一次以政府文件形式明确了图书馆的宗旨、设立程序、收藏范围、职责和管理制度，从此全国图书馆有了普遍遵循的法则。

第二，在中国历史上，第一次明确规定了图书馆要以"供人浏览为宗旨"，且第一次在政府文件中使用了"图书馆"一词，由此彻底结束了"藏书楼"称谓及其建制。

第三，在中国历史上，开启了立法管理图书馆的先河。作为中国第一部图书馆法规，该章程的出台体现了中国政府依法管理图书馆事务的国家意志，同时向世人宣明了中国政府从法律的高度重视发展图书馆事业的先进理念。

对于该章程的重要意义，著名图书馆学家蒋复璁曾评价说："章程的内容精当周密，入民国后图书馆法规屡经订定修改，但其立法精神不变。"❶严文郁评价该章程"可说是我国图书馆事业重大创举。对于图书馆事业的推动，有极大的贡献"。❷当然，该章程也有明显的时代局限，如第十条、

---

❶ 严文郁. 中国图书馆发展史：自清末至抗战胜利［M］. 台北：枫城出版社，1983：39-40.

❷ 同❶：41.

第十一条对图书馆的收藏作了严格的限制:"惟有近时私家著述,有奉旨禁行,及宗旨悖谬者,一概不得采入";"海外各国图书,凡关系政治学艺偏驳不纯者,不得采入。"这种限制,显然与"兼收并蓄"的现代图书馆馆藏理念有较大差距。当然,我们应该历史地看问题,无论如何,该《章程》的颁布,开启了我国近代图书馆立法的序幕。

◆1915年和1927年,《图书馆规程》《通俗图书馆规程》和《图书馆条例》颁布,规范了图书馆管理的政策措施。

《图书馆规程》(共十一条)于1915年由国民政府教育部颁布。第一条规定:"各省、各特别区域应设图书馆,储集各种图书,供公众之阅览。各县得视地方情形设置之。"第二条规定:"公立、私立各学校,公共团体或私人,依本规程所规定,得设立图书馆。"第三条规定:"各县及各特别区域及各县所设之图书馆,称公立图书馆。公众团体及公私学校所设者,称某团体、某学校附设图书馆。私人所设者,称私立图书馆。"第九条规定:"图书馆得酌收阅览费。"另外,该规程还对图书馆设立与撤废程序、馆长及馆员设置、经费使用、捐赠奖励等事项,作了粗略规定。

《通俗图书馆规程》(共十一条)于1915年由国民政府教育部颁布。通俗图书馆指的是以通俗读物提供文化普及性服务的基层图书馆类型,其特点是以普通民众和少年儿童为主要服务对象。《通俗图书馆规程》依据《图书馆规程》而订立,大部分内容与《图书馆规程》重复。第一条规定:"各省治、县治应设通俗图书馆,储集各种通俗图书,供公共之阅览。私人或公共图书馆、公私学校、工厂,得设立通俗图书馆"。与《图书馆规程》显著不同的是第七条和第九条之规定。第七条规定:"通俗图书馆不征收阅览费。"第九条规定:"通俗图书馆得设公众体操场。"这两条规定都符合近现代图书馆理念。尤其是图书馆"不征收阅览费"的规定,在中国历史上第一次出现在政府政策文本之中,其历史意义可用"史无前例""开天辟地"来形容。

《图书馆条例》(共十五条)于1927年由国民政府大学院颁布。与上述《图书馆规程》和《通俗图书馆规程》相比,《图书馆条例》中的第八条具有显著的进步意义。第八条对图书馆馆长的任职资格做了规定:"一、国内外图书馆专科毕业者;二、在图书馆服务三年以上有成就者;对于图书馆事务有相当学识及经验者。"这一规定制约了地方政府对图书馆馆长人选的行政干预或随意安排，规避了"外行管理内行"，有利于保持图书馆的专业性，也有利于图书馆事业的健康、有序发展。应该说，这种规定对如今的图书馆行业发展仍具有现实意义。

◆韦棣华，从1910年起，美国人韦棣华女士为中国近代图书馆的兴起献出了她毕生精力。民国第三任大总统黎元洪称她为"中国现代图书馆运动之皇后"。韦棣华对中国图书馆事业的贡献主要体现在以下五方面：

①创办文华公书林和巡回文库。1910年，韦棣华在武昌创办文华公书林（Boone Library），1914年又创办巡回文库（Traveling Library），免费为武汉三镇居民提供图书馆服务，既方便了当地居民，又宣传了图书馆服务的平等性和包容性理念。

②输送和培养了中国第一代图书馆学留学生。1914年，韦棣华派沈祖荣赴美国纽约州立图书馆学院（New York Public Library School）留学，开创了中国人赴海外留学攻读图书馆学的先河。1917年沈祖荣学成回国，韦棣华又派胡庆生留学。沈祖荣和胡庆生后来都成为著名的图书馆教育家和活动家。

③创办中国第一所图书馆学高等教育学校。1920年，韦棣华与沈祖荣一起在武昌文华大学创办了图书科，后于1929年8月，经国民政府教育部批准，该图书科正式更名为私立武昌文华图书馆学专科学校，成为中国第一所独立的图书馆学高等教育机构，由此开启了中国图书馆学专业教育的历史。1953年该学校并入武汉大学，成为现今武汉大学信息管理学院的前身。

④为庚子赔款用于图书馆事业竭尽全力并取得成效。在美国退还庚子赔款余额之际，1923年冬韦棣华在华盛顿奔走了半年多的时间，先后拜谒了美国国会的82位参议员和420位众议员，说服美国政府指定将退款的一部分用于中国的教育和文化事业。1924年5月，美国参众两院通过议案并获美国总统批准同意，将总数600多万美元的庚子赔款余额退还中国，用于资助中国的教育与文化事业。为了落实这笔资金，韦棣华又在美国图书馆界奔走呼号，促成ALA决定派遣鲍士伟（Bostwick）作为ALA的代表于1925年4月26日至6月16日来华考察中国图书馆事业，以落实退款中的一部分用于发展中国图书馆事业。

⑤推动中华图书馆协会的成立。韦棣华在中国从事图书馆活动时，一直积极主张尽早成立全国性的图书馆协会。韦棣华促成的 ALA 代表鲍士伟来华考察图书馆事业，确实加速了中华图书馆协会的筹建进程。1925 年 6 月 2 日，中华图书馆协会成立仪式在北京欧美同学会举行，著名的政治活动家梁启超、ALA 代表鲍士伟及韦棣华先后在成立大会上发表讲话。

◆1917 年，沈祖荣、胡庆生合编的《仿杜威书目十类法》由武昌文华公书林出版。这是中国第一部以学科分类为标准的现代图书分类法。该法刊印后，学术界立即掀起了"仿杜""改杜"热潮，先后出现了杜定友的《世界图书分类法》（1925 年改名《图书分类法》，1935 年又改名《杜氏图书分类法》），王云五的《中外图书统一分类法》，刘国钧的《中国图书分类法》，皮高品的《中国十进分类法》，何日章的《中国图书十进分类法》等。如果说 1896 年梁启超的《西学书目表》是从学术分类的角度（侧重于文献的内容）突破了传统的四分法体系，那么沈祖荣、胡庆生的《仿杜威书目十类法》则是从图书分类的角度（侧重于文献内容的学科属性）突破了传统的四分法体例。

◆图书馆学高等教育的艰难启程。除武昌文华图书馆学专科学校之外，国内其他一些大学也陆续开设图书馆学专业教育。1925 年上海国民大学设立图书馆学系，著名图书馆学家杜定友任系主任，1926 年停办。1926 年穆耀枢在四川创办成都图书馆学校，很快停办。1927 年金陵大学成立图书馆学系，著名图书馆学家李小缘任系主任，成为现今南京大学信息管理系的前身。1930 年江苏省立教育学院设民众教育系，内设图书馆组。1941 年国立社会教育学院成立于四川璧山，内设图书馆博物馆学系，汪长炳任系主任，抗战胜利后迁回江苏苏州。1947 年国立北京大学文学院附设图书馆专修科，著名学者王重民任科主任，成为现今北京大学信息管理系的前身。

◆梁启超，中国思想家关心图书馆事业的杰出代表。中华人民共和国成立前，国内有许多开明人士关心图书馆事业，而大思想家梁启超无疑是其中的杰出代表。梁启超对图书馆事业的贡献，可从以下六方面窥见一斑：

①编制《西学书目表》。1896 年，编制《西学书目表》，设学部、政部、杂类三大类，成为突破传统四分法体系的滥觞。

②引进"图书馆"一词有功。1896 年，由梁启超任总撰述的《时务报》多次刊载有关图书馆的文章。1896 年 9 月 27 日，《时务报》上刊登的

一篇翻译日本人写的《古巴岛述略》一文中赫然出现了"图书馆"一词。由此开始了"图书馆"一词在中国的流行。尽管梁启超不是《古巴岛述略》一文的译者，但此文能够在《时务报》上发表，应该说有梁启超的"慧眼"之功。

③宣传西方图书馆思想。变法维新失败导致梁启超漂泊海外。在美国期间，他访问多处图书馆，目睹了美国图书馆的先进之处，这成为他回国后积极宣传西方图书馆理念的经验基础。如他评论卡内基捐建图书馆义举时指出，"卡氏以图书馆为慈善事业之第一，倾全力以助之。余所至各市，无不见有卡氏所立图书馆者。"再如他对美国大学图书馆的开架借阅深有感触，他说："余所见各学校之图书馆，皆不设管理取书人，惟一任学生之自取而已。余颇讶之，至芝加哥大学，询馆主：如此，书籍亦失者否？答云：每年约可失二百册；但以此区区损失之数，而设数人监督之，其所费更大，且使学生不便，故不为也。"

④先进的图书馆思想。早在1896年，在《时务报》创刊号上，梁启超介绍西方培养人才的方法时就写道，"泰西育人才之道计有三事：曰兴学校，曰新文馆，曰书籍馆"。1899年，在日本《请议报》第17期上，刊登了梁启超的《论图书馆与开进文化一大机关》一文，在此文中进一步阐发了他的图书馆思想。文中称图书馆有八点功用："（一）图书馆使现在学校教育之青年学子，得补助其知识之利也；（二）图书馆使凡青年志士，有不受学校教育者，得知识之利也；（三）图书馆储藏宏富，学者欲查故事，得备参考也；（四）图书馆有使阅览者，随意研究事物之利也；（五）图书馆有使阅览者，于顷刻间，得查数事物之利也；（六）图书馆有使人皆得用贵重图书之利也；（七）图书馆有使阅览图书者得速知地球各国近况之利也；（八）图书馆有不知不觉使养成人才之利也。"

⑤创办图书馆，任馆长，亲历图书馆实践。1923年，梁启超在北京创办了松坡图书馆，自任馆长。该馆1949并入北京图书馆。1925年12月，教育部正式聘请梁启超任京师图书馆馆长。1926年，又兼任筹建中的北海公园新馆——北京图书馆馆长，李四光任副馆长、袁同礼任图书部主任。1927年6月，梁启超因病辞去馆长职务。

⑥提出建立"中国的图书馆学"。1925年6月2日，梁启超在中华图书馆协会成立仪式上发表讲话时说道："学问无国界，图书馆学怎么会有'中

国的'呢？不错，图书馆学的原理则是世界共通的，中国诚不能有所立异；但是中国书籍的历史甚长，书籍的性质极复杂，和近世欧美书籍有许多不相同之点。我们应用现代图书馆学的原则去整理它，也要很费心裁，绝不是一件容易的事。从事整理之人，须要对于中国的目录学（广义的）和现代的图书馆学都有充分智识，且能神明变化之，庶几有功。这种学问，非经许多专门家继续的研究不可，研究的结果，一定能在图书馆学里头成为一独立学科无疑。所以我们可以叫它做'中国的图书馆学'。"

梁启超关于建设"中国的图书馆学"的建议，具有重大的理论意义，因为只有建设"中国的图书馆学"，我们才能证明中国也是世界图书馆文化或图书馆文明的重要发源地之一，才能向世界宣明中国人的图书馆学智慧，才能向世界图书馆界更好地发出"中国声音"、贡献出"中国智慧"，才能有助于避免面对中国人自己的丰富的图书馆学遗产反而妄自菲薄、数典忘祖。

以下是中华人民共和国成立后的图书馆大事记。

◆1955年4月25日，文化部颁发了《关于征集图书、杂志样本办法》，这是中华人民共和国成立之后建立呈缴本制度的重要举措。

◆1956年起，图书馆学本科教育建制与研究生教育建制逐步形成。1956年，北京大学、武汉大学的图书馆学专修科改为4年制的图书馆学系。北京大学图书馆学系首任主任为王重民，武汉大学图书馆学系首任主任为徐家麟。1981年，北京大学和武汉大学的硕士学位点正式获批，1990年，北京大学和武汉大学的图书馆学和情报学博士学位点获批，1994年我国培养出首批图书馆学情报学博士。

◆1957年4月30日北京图书馆主办的《图书馆学通讯》创刊，之后由中国图书馆学会和北京图书馆合办，1991年改名为《中国图书馆学报》。

◆1957年6月18日，周恩来总理主持的国务院第57次会议审查批准了《全国图书协调方案》。依据此方案，成立了北京、上海两个全国性的第一、第二中心图书馆和中心图书馆委员会，成立了武汉、沈阳、南京、广州、成都、西安、兰州、天津、哈尔滨9个地区性中心图书馆和中心图书馆委员会，组织图书馆之间开展图书采购、调配、交换、互借、新书通报、书目编制、干部培养等方面的分工合作。《全国图书协调方案》的制定和实施，标志着我国的文献资源共建共享活动迈出了重要一步，其重大意义应写入史册。甚至可以说，《全国图书协调方案》的制定和实施，是1979年中国图书馆学会成立之前中华人民共和国图书馆史上的最具历史意义的事件。

◆1966年至1978年，由于"文化大革命"及其贻害，全国的图书馆事业基本处于凋敝状态。

◆1975年，《中国图书馆图书分类法》（简称《中图法》）正式出版（至今已出第六版，第四版时更名为《中国图书馆分类法》）；1980年，《汉语主题词表》出版；1994年，《中国分类主题词表》出版。至此，文献分类与主题标引的标准化体系形成。

◆1979年7月9日，中国图书馆学会成立。

◆1980年5月26日，中央书记处讨论通过了由国家文物局起草上报的《图书馆工作汇报提纲》。同年6月1日，中央办公厅秘书局发出了《中央会议决定事项通知》，有关图书馆的决定有四项：第一，决定在文化部设图书馆事业管理局，管理全国图书馆事业；第二，将来可考虑把北京图书馆建成一个中心；第三，建成全国性的图书馆网，把图书馆办成社会事业，不一定设行政管理机构；第四，新建北京图书馆列入国家计划，由北京市负责筹建。中央书记处通过的《图书馆工作汇报提纲》，曾经是我国最高级别的关于图书馆的政策文件。

◆1981年5月，恢复了中国图书馆学会作为中华人民共和国在IFLA唯一合法代表的会员国席位。

◆1981年9月，全国高等学校图书馆工作会议在北京召开。会议决定成立"全国高等学校图书馆工作委员会"（简称"高校图工委"），作为教育部主管全国高等学校图书馆工作的机构。1987年"全国高等学校图书馆工作委员会"改名为"全国高等学校图书情报工作委员会"，并制定了《普通高等学校图书馆规程》（2002年和2015年修订）。

◆1982年12月，文化部颁布《省（自治区、市）图书馆工作条例》。

◆1984年，教育部印发《关于在高等学校开设〈文献检索与利用〉课的意见》，使图书馆学的专业课程作为公共课在高校铺开。

◆1989年5月28日至6月3日，根据文化部图书馆司的统一部署，全国县以上公共图书馆举行全国首届图书馆服务宣传周活动。此后，每年的5月最后一周成为固定的图书馆服务宣传周。

◆1991年11月，由文化部立项、由深圳图书馆负责开发的 ILAS 系统通过鉴定，奠定了中国公共图书馆自动化应用软件基础。

◆1992年，北京大学率先把图书馆学情报学系改名为信息管理系。此后，其他大学纷纷效仿。

◆1994年，文化部下发《关于在县以上公共图书馆评估定级的通知》，形成公共图书馆评估制度。2009年和2012年，文化部又发布了《公共图书馆评估标准》，进一步规范和完善了公共图书馆评估制度。

◆1996年8月，全国情报文献工作标准化技术委员会、中国图书馆学会推荐使用的《中国文献编目规则》出版。

◆1996年8月25日，第62届 IFLA 大会在北京举行。

◆1997年，由国家计划和发展委员会立项、北京图书馆承担的"中国试验型数字图书馆"项目正式启动。这标志着中国数字图书馆工程正式启动，开始进入实施阶段。

◆1998年11月，国家计划和发展委员会正式批准的中国高等教育文献保障系统（China Academic Library & Information System，CALIS）正式启动，它是经国务院批准的我国高等教育"211工程"总体建设规划中两个公共服务体系之一。

◆1998年12月22日，江泽民视察北京图书馆，指出社会的发展，人类的进步，都离不开知识；要求在全社会倡导人们多读书，大兴勤奋学习之风。

◆20世纪90年代中后期起，我国的地方图书馆法规和行政规章建设迈出了坚实的一步，极大地推动了我国的图书馆立法进程。已出台的地方性图书馆专门法规有：《深圳经济特区公共图书馆管理条例》（1997）、《内蒙古自治区公共图书馆管理条例》（2000）、《湖北省公共图书馆条例》（2001）、《北京市图书馆条例》（2002）和《广州市公共图书馆条例》（2015）；地方政府规章有：《贵州省县级图书馆工作条例》（1985）、《上海市公共图书馆管理办法》（1996）、《河南省公共图书馆管理办法》（2002）、《广西壮族自治区公共图书馆管理办法》（2002年修订）、《浙江省公共图书馆管理办法》（2003）、《乌鲁木齐市公共图书馆管理办法》（2008）、《山东省公共图书馆管理办法》（2009）、《天津市区、县图书馆工作条例》（1986）、《天津市市、区、县少年儿童图书馆工作条例》（1986）、《江西省公共图书馆服务标准》（2008）、《上海市公共图书馆行业服务标准》(2009)、《图书借阅服务规范》(2008,山东省质量技术监督局)等。2001年台湾颁布"图书馆法"。

◆2002年,中国图书馆学会发布《中国图书馆员职业道德准则(试行)》。全文如下:

1. 确立职业观念,履行社会职责。
2. 适应时代需求,勇于开拓创新。
3. 真诚服务读者,文明热情便捷。
4. 维护读者权益,保守读者秘密。
5. 尊重知识产权,促进信息传播。
6. 爱护文献资源,规范职业行为。
7. 努力钻研业务,提高专业素养。
8. 发扬团队精神,树立职业形象。
9. 实践馆际合作,推进资源共享。
10. 拓展社会协作,共建社会文明。

◆2005年7月8日,"中国大学图书馆馆长论坛"发表《图书馆合作与信息资源共享武汉宣言》。国内60多位馆长或馆长代表签署了这个宣言。该宣言"对于推动我国大学图书馆之间、大学图书馆与其他类型图书馆之间的合作,实现信息资源共享,进而对于促进我国经济和社会的全面和可持续发展,消除信息鸿沟,构建和谐社会,都具有重要意义"。

◆2006年,《国家"十一五"时期文化发展规划纲要》发布,之后连续发布"十二五""十三五""十四五"发展规划纲要。这种与国家的五年规划同步的发展规划的制定,表明国家对图书馆事业发展的重视,也表明我国的图书馆事业走上了独立规划、有序发展的轨道。

◆2008年,《公共图书馆建设标准》和《公共图书馆建设用地指标》编制完成并公布。这两个标准的编制,就是《国家"十一五"时期文化发展规划纲要》中"编制图书馆设施建设的国家标准"要求的产物。在《建设标准》中,对公共图书馆的规模分级,馆舍选址,总建筑面积与分项面积,总体布局,建筑设备等作出了规定;在《用地指标》中,对大、中、小型馆的用地构成,公共图书馆的服务半径,大、中、小型馆的服务人口、藏书量、用地面积等,作出了控制性指标规定。这两个标准的编制和公布实施,为各级政府安排公共图书馆设施建设提供了标准依据,对公共图书馆设施建设的规范化具有重大意义。

◆2008年10月28日,中国图书馆学会发布《图书馆服务宣言》。全文如下:

> 图书馆是通向知识之门,它通过系统收集、保存与组织文献信息,实现传播知识、传承文明的社会功能。现代图书馆秉承对全社会开放的理念,承担实现和保障公民文化权利、缩小社会信息鸿沟的使命。中国图书馆人经过不懈的追求与努力,逐步确立了对社会普遍开放、平等服务、以人为本的基本原则。我们的目标是:
>
> ①图书馆是一个开放的知识与信息中心。图书馆以公益性服务为基本原则,以实现和保障公民基本阅读权利为天职,以读者需求为一切工作的出发点。
>
> ②图书馆向读者提供平等服务。各级各类图书馆共同构成图书馆体系,保障全体社会成员普遍均等地享有图书馆服务。
>
> ③图书馆在服务与管理中体现人文关怀。图书馆致力于消除弱势群体利用图书馆的困难,为全体读者提供人性化、便利化的服务。
>
> ④图书馆提供优质、高效、专业的服务。图书馆充分利用现代信息技术,提高数字资源提供能力和使用效率,以服务创新应对信息时代的挑战。
>
> ⑤图书馆开展信息资源共建共享。各地区、各类型图书馆加强协调与合作,促进全社会信息资源的有效利用。
>
> ⑥图书馆努力促进全民阅读。图书馆为公民终身学习提供保障,促进学习型社会的建设。
>
> ⑦图书馆与一切关心图书馆事业的组织和个人真诚合作。图书馆欢迎社会各界通过资助、捐赠、媒体宣传、志愿者活动等各种方式,参与图书馆建设。

图书馆服务宣言,是图书馆职业集团向全社会宣明的对自身所承担的社会责任、所秉持的职业理念、所坚持的职业立场、所履行的服务职责的誓约式表达。通过图书馆服务宣言，人们能够最明了、最集中地意会到图书馆的核心价值所在。从中国图书馆学会发布的《图书馆服务宣言》的内容看，文化权利、平等服务、普遍均等、人文关怀、优质服务、资源共享、终身学习、社会合作等，无一不是图书馆核心价值的体现。中国图书馆学会发布《图书馆服务宣言》的历史意义如下：

①时代意义。在中国图书馆发展史上，《图书馆服务宣言》首次以职业集团的名义表达了当代中国图书馆人的职业理念，它表现了当代中国图书馆人对职业理想的不懈追求和为之奋斗的崇高愿景。

②宣传意义。《图书馆服务宣言》的发布，不仅向社会宣明了中国图书馆人的职业信念，同时以最简洁的语言向社会阐明了图书馆的核心价值。这对社会公众了解图书馆价值进而支持图书馆事业，必将产生重要的推动作用。

③示范意义。中国图书馆学会作为中国图书馆界的最高学术组织，集中全国图书馆界的理论与实践骨干力量所促成的此《图书馆服务宣言》，必然具有相当的权威性和号召性，不仅对其他行业具有一定的示范效应，而且对图书馆行业内的各系统、各类型图书馆制定各自的服务宣言，必将起到原则性和方向性示范作用。

④理论指导意义。《图书馆服务宣言》所阐明的图书馆职业理念和职业使命，必将对图书馆的管理实践和业务实践产生持续的、有效的理论指导作用。

⑤国际交流意义。在本《图书馆服务宣言》发布之前，我国长期缺失像 ALA 的《图书馆权利法案》、日本图书馆协会的《图书馆自由宣言》那样的行业集团誓约文本，这种情况容易在国际交流中造成"中国声音"的缺失，所以，《图书馆服务宣言》的发布必将有利于我国图书馆人在国际交流中形成共同声音，进而有利于增强中国图书馆人在国际交流中的话语力量。

◆2010年5月，《公共图书馆服务规范》得到文化部、国家质量监督检验检疫总局、国家标准化管理委员会批准，从2011年起实施。这一规范的制定和实施，对规范全国公共图书馆服务行为产生重要的指导作用，并对以后的图书馆评估活动产生重要的规范和指导作用。

◆2011年2月10日，文化部、财政部出台《关于推进全国美术馆公共图书馆文化馆（站）免费开放工作的意见》，正式形成公共图书馆免费开放制度。该意见指出，2011年底之前国家级、省级美术馆全部向公众免费开放；全国所有公共图书馆、文化馆（站）实现无障碍、零门槛进入，公共空间设施场地全部免费开放，所提供的基本服务项目全部免费；按照"增加投入、转换机制、增强活力、改善服务"的原则，建立免费开放经费保障机制。自此，IFLA/UNESCO《公共图书馆宣言》中要求的公共图书馆服务"原则上免费"的规定，得以在我国落实。

◆2016年12月25日，全国人大常委会通过《中华人民共和国公共文化服务保障法》，自2017年3月1日起施行。该法"总则"指出：为了加强公共文化服务体系建设，丰富人民群众精神文化生活，传承中华优秀传统文化，弘扬社会主义核心价值观，增强文化自信，促进中国特色社会主义文化繁荣发展，提高全民族文明素质，制定本法；本法所称公共文化服务，是指由政府主导、社会力量参与，以满足公民基本文化需求为主要目的而提供的公共文化设施、文化产品、文化活动以及其他相关服务。此法的出台，标志着我国文化立法取得重大进步。《公共文化服务保障法》可视为图书馆法的上位法，必然为图书馆法的制定产生重要的指导作用。

◆2017年11月4日，全国人大常委会通过《中华人民共和国公共图书馆法》，自2018年1月1日起施行。该法共有六章，分别是：第一章总则，第二章设立，第三章运行，第四章服务，第五章法律责任，第六章附则。该法在总则中指出：为了促进公共图书馆事业发展，发挥公共图书馆功能，保障公民基本文化权益，提高公民科学文化素质和社会文明程度，传承人类文明，坚定文化自信，制定本法；本法所称公共图书馆，是指向社会公众免费开放，收集、整理、保存文献信息并提供查询、借阅及相关服务，开展社会教育的公共文化设施。

《中华人民共和国公共图书馆法》的制定和施行，是中华人民共和国图书馆发展史上的一件大事，标志着几代中国图书馆人的立法之梦终于实现，从此我国的公共图书馆步入有法可依的法治征程；从此我国的图书馆建设步入了"后立法"时代，走进高质量发展的新时代。

二、图书馆定义

图书馆,其英文对应词为 Library。Library 一词源于拉丁文 Librarium,其意为藏书之所。然而,如今的图书馆早已不仅仅是藏书之所,它的功能突破了藏书之所的界限。"图书的集合不是图书馆,同时,图书馆也不仅仅是保存图书的地方"。所以,"藏书之所"已不能概括图书馆的本质与功能。"图书馆是不断生长着的有机体",其存在样态、技术方法、用户需求等始终处于变化之中,加之人们对图书馆现象的认识角度的各异,"横看成岭侧成峰",人们对它的认识和定义将始终处在不断"生成"的过程之中,所以,那种一成不变、一劳永逸的图书馆定义将不存在。

迄今为止,关于图书馆的定义不计其数,如:

杜定友:"图书馆的功用,就是社会上的一切人的记忆,实际就是社会上一切人的公共脑子。"

巴特勒(Buttler):"图书馆是将人类记忆的东西移植于现在人们的意识之中的一个社会装置。"

谢拉:"图书馆是这样一个社会机关,它用书面记录的形式积累知识,并通过图书馆员将知识传递给团体和个人,进行书面交流。因此,图书馆是社会中文化交流体系的重要机关。"

卡尔斯泰特(Karsted):"图书是客观精神的容器,图书馆是把客观精神传递给个人的场所。图书馆就是使文化的创造和继承成为可能的社会机关。"

俞爽迷:"图书馆是收集有益的图书,随着大众的知识欲望,用最经济的时间,自由使用的地方。"

刘国钧:"图书馆乃是以搜集人类一切思想与活动之记载为目的,用最科学最经济的方法保存它们,整理它们,以便社会上一切人使用的机关。"

黄宗忠:"图书馆是对信息、知识的物质载体进行收集、加工、整理、积聚、存贮、选择、控制、转化和传递,供给一定社会读者使用的信息系统。"

吴慰慈、董焱:"图书馆是社会记忆(通常表现为书面记录信息)的外存和选择传递机制。换句话说,图书馆是社会知识、信息、文化的记忆装置、扩散装置。"

克劳福德（Grawford）和戈曼（Gorman）："图书馆是保存、传播、利用记录在各种媒体上的知识的场所，是为人们获取广而深的知识服务的""图书馆还是一个学习的场所，是用户认知发生变化的地方。"

切尼克（Chernik）：1982年在其《图书馆服务导论》一书中说，图书馆是"为利用而组织起来的信息集合"。

顾敏："图书馆是一个运输知识的通道，图书馆是一个供应知识的单位，图书馆是一个分享知识的场所。"

胡述兆："图书馆是为资讯建立检索点，并为使用者提供服务的机构。"

叶鹰："图书馆是有序化信息相对集中的时空。"

王子舟："图书馆是对知识进行存贮、优控、检索，为公民平等、自由获取知识提供服务的机构。"

若从公共物品角度考察图书馆，对图书馆可作如下定义：图书馆是为了满足人们平等地获取和共享知识或信息的需要，而对知识或信息进行集中存储、序化、传播并提供相关服务的一种公共物品。这一定义可称为关于图书馆的公共物品定义。这一定义的内涵，可从以下几方面理解：

第一，图书馆是一种公共物品（准确地说是准公共物品）。❶ 这一命题的内涵包括：一是图书馆是一种满足众人需要的公共物品，因此设立图书馆的目的在于为公众利用，这就是图书馆的公共性所在。从这个意义上说，仅供创办者个人使用的"图书馆"不应称其为"图书馆"，而应称其为私人藏书，尽管其创办者可以将其私人藏书命名为"图书馆"，但这种"图书馆"不具有公共性，因而不属于社会意义上的图书馆范畴。二是作为公共物品，图书馆既可以由政府提供，也可以由营利组织、非营利组织或私人提供（如民营图书馆）。这就是图书馆服务提供方式上的多元性。但是，图书馆既然是满足公众需要的公共物品（而非私人物品），政府应该是向社会公众提供图书馆这一公共物品的主要责任主体。三是作为公共物品，图书馆服务必须具有一定范围内的共享性，保证最大限度的非排他性和非竞争性，

---

❶ 公共物品又称公共产品，是与私人物品相对应的概念，指供人们共同消费的物品，具有非排他性和非竞争性特征。私人物品是供个人独自消费的物品，具有排他性和竞争性特征。关于公共物品的更详细内容，参见本书第四章第三节"开放共享理念"部分。

以此体现公共物品的本质特征。四是把图书馆界定为公共物品，符合我国当前把公共图书馆纳入公共文化设施范畴的有关政策法规规定，因而能够顺理成章地与有关政策法规相容，因为公共文化设施就是公共物品。图书馆作为公共文化设施，其根本表现就是：它是供人们阅读的公共文化设施。由此，我们又可以把图书馆定义为：图书馆是供人们阅读的公共文化服务设施。

第二，满足人们平等地获取和共享知识或信息的需要是图书馆的基本使命。图书馆的所有其他具体职能，都是这一基本使命的派生表现。社会上，能够满足人们获取和共享知识或信息需要的部门不仅有图书馆，还有学校、博物馆、纪念馆、科技馆等，但是，图书馆以其独特的资源、独特的环境、独特的服务有别于其他部门，承担着独特的社会使命。

第三，对知识和信息进行集中存储、序化、传播并提供相关服务是图书馆实现自身社会使命的基本手段。这表明，图书馆职业是面向知识和信息的职业；图书馆长期从事对知识和信息进行集中存储、序化、传播活动所形成的职业理念和专业知识，是图书馆职业的核心能力的主要表现，是图书馆职业的立业之本。

三、图书馆是什么

上面的图书馆定义，其实是在回答"图书馆是什么"的问题。但定义只是从逻辑学角度揭示事物的本质，若想了解和把握事物的多方面属性，仅靠定义手段是不够全面的。我们应该知道"横看成岭侧成峰"的道理，从而学会从多个角度、多个侧面去把握事物全貌的本领，进而避免"盲人摸象"或"一叶障目"的误识。如果从"图书馆与社会""图书馆与人""图书馆与社会教育""图书馆与社会阅读""图书馆与知识或信息的获取""图书馆与文化传承""图书馆与生活情趣"等多种角度去理解和把握"图书馆是什么"问题，就能更加全面地了解和把握图书馆的多方面属性及功能表现。在这方面，ALA 于 1995 年发表的《美国图书馆事业发展的十二条宣言》已经很好地作出了回答。下面是这十二条宣言的内容：❶

---

❶ 吴建中. 21 世纪图书馆新论 [M]. 2 版. 上海：上海科学技术文献出版社，2003：22-25.

(1) 图书馆向市民提供信息的机会

全美图书馆与情报科学委员会在一份有关国家信息政策的报告中，强调市民是社会信息的所有者。图书馆具有提供社会信息的义务，而地方政府具有公开社会信息的义务。

(2) 图书馆应消除社会的障碍

世上有阻挡人们的视野、妨碍人际交流和自我教育能力的障碍，图书馆就是要消除这一障碍，给阅读力较低的人、文盲或者不懂英语的外来移民提供识字的条件。在美国的一些州，如得克萨斯、俄克拉荷马及新墨西哥等，推广农村家庭识字计划，鼓励和推广家庭读书活动。

(3) 图书馆是改变社会不公平现象的基地

在美国，随着经济收入上贫富差别的扩大，信息获取方面的贫富差别也有扩大的趋势。由于电子信息的发展，有些图书馆对一些电子服务开始收费，有些图书馆减少了开放时间，使得信息贫者（the information poor）有被进一步剥夺基本权利的危险。面对这种情况，图书馆应该不论贫富和等级，向社区所有的人平等提供资料。

(4) 图书馆尊重个人的价值

图书馆要向每一个人、每一种思维方式大开方便之门。图书馆不应该被功利主义的花言巧语所迷惑，应配备各种历史的、文化的、政治的资料，为具有探索精神和向权威挑战的人提供服务。

(5) 图书馆培育创造精神

每一个人都有像儿童那样的好奇心理。好奇心是创造性和想象力之母，无论是一般图书馆，还是专业图书馆，都具有刺激这种好奇心的社会功能。图书馆保存着成为历史的过去的思想，但是今天人们在追求新思想的时候，在交流不同思想的时候，过去的思想也将成为人们释疑和解题的原料。

(6) 图书馆为儿童打开心灵的窗户

公共图书馆应提供从给学前儿童讲故事到为高中生进行就业选择的服务。儿童图书馆员有责任根据不同年龄儿童的不同需求，提供各种层次的阅读辅导活动。儿童通过拥有自己的借阅证，开始理解作为独立的个人的责任,将自己融入所选择的图书、录音带、录像资料及玩具等新的世界中。

(7) 图书馆的服务会得到社会应有的回报

图书馆培养出无数的董事长和总经理,同时也得到大量来自他们的捐赠和回报。因此,图书馆服务的效益不少是间接的、潜在的。图书馆员要放眼未来,因为他们的劳动必然会在未来的某一时刻得到回报。

(8) 图书馆构建社会群体

所谓构建社会群体,就是图书馆通过信息将各种群体结合起来的意思。图书馆重视每一个人的存在,并通过各个群体的活动,将人类生活全面地记录并保存下来。

(9) 图书馆系紧家族的纽带

在暴力、赌博、离婚及虐待老人等社会现象日益严重的今天,图书馆成了美国家庭最好的朋友。在不少图书馆里,有为家庭学习中心、家庭识字教育、幼儿故事会、暑假阅读活动以及健康咨询等提供服务的各种丰富多彩的项目和活动。

(10) 图书馆激励每一个人

图书馆不仅是教育性的,也应该是挑战性的。图书馆并不指望把所有的资料原封不动地提供给所有的人,而是将特定的资料提供给特定的人。

(11) 图书馆提供心灵的圣地

当人们走进教堂的时候,会感到心灵上的平和与安静。图书馆是令人肃然起敬的地方,人们到图书馆并不一定要看什么特定的资料,而是去感受一下这种氛围。

(12) 图书馆保存历史记录

图书馆是保存人类文明记录的地方。为了让现在及未来的人们发扬历史的精华,吸取历史的教训,各图书馆应把保存最能反映人类文明轨迹的地方史资源作为自己的重要职责。

毋庸置疑,ALA从上述十二个方面,较全面地概括了图书馆的多方面功能属性。从表面上看，图书馆只是藏书、读书、管书的地方，或者是信息查询与获取的地方，其实它还是文化的象征与传承纽带、安抚人类心灵的港湾、启发儿童好奇心的知识殿堂、培育创新思维的空间、提供平等学习机会的社会设施、尊重每一个人的个性特征和激励每一个人向善的天堂。正因如此，阿根廷著名诗人和作家博尔赫斯（Borges）说"天堂应该是图书馆的模样"。

上述 ALA 的十二条宣言，是面向所有的图书馆类型而言的。如果考虑不同类型的图书馆，在回答"图书馆是什么"问题时，必然会有些许的区别。如针对"公共图书馆是什么"问题，国际图联/联合国教科文组织《公共图书馆宣言》在"公共图书馆的使命"部分，以列举使命的方式回答了"公共图书馆是什么"问题，内容❶如下。

> 公共图书馆服务的核心应该与信息、扫盲、教育和文化密切相关，主要使命为：
> ①尽早培育并加强儿童的阅读习惯。
> ②既支持各级正规教育，也支持个人和自学教育。
> ③提供个人创造力发展的机会。
> ④激发儿童和青年的想象力和创造力。
> ⑤加强文化遗产意识，提高对艺术文化、科技成就与创新的鉴赏力。
> ⑥提供接触各种表演艺术文化展示的机会。
> ⑦促进不同文化之间的对话，支持文化多样性。
> ⑧支持口述传统文化。
> ⑨保证公民获取各种社区信息。
> ⑩为地方企业、社团和兴趣团体提供充足的信息服务。
> ⑪促进信息的发展和计算机应用能力的提高。

---

❶ 菲利普吉尔领导的工作小组代表公共图书馆专业委员会. 公共图书馆服务发展指南［M］. 林祖藻，译. 上海：上海科学技术文献出版社，2002：98-99. 在开头语中指出公共图书馆服务的核心应该与信息、扫盲、教育和文化密切相关，其中有"扫盲"一词，这是因为《公共图书馆宣言》是以全世界为背景的，迄今仍有一些贫困国家面临扫盲任务，这些国家的图书馆应为扫盲作出贡献。

⑫支持并参与各年龄群体的扫盲活动和计划,并根据需要组织此类活动。

上述十二个方面的公共图书馆使命陈述,实际上是在回答"公共图书馆是什么"这一问题。

四、图书馆的明天

"图书馆的明天"这一语句,很容易让人联想起"图书馆的未来"一语。"图书馆的未来"是一个很复杂的问题,涉及方方面面的影响因素。而"图书馆的明天"一语,一般情况下指的是"图书馆发展的下一步会怎样"这样一个可及时间域。"未来"遥不可及,"明天"指日可待。

图书馆的未来什么样?这一问题应该提给预测学家们去推测、去想象。我们这里关注的是,以后的图书馆服务向着什么方向发展,以后的图书馆形态向着什么方向变化,诸如此类的较具体的发展变化问题。这就是我们这里所说的"图书馆的明天"问题。

关于图书馆的明天,1997年7月,英国文化、媒体与体育部图书馆信息委员会发表的《新图书馆:人民的网络》(*New Library: People's Network*)研究报告,作了较具体的描述❶。

> 明天的新图书馆将成为使各年龄层次的人都能够在信息社会获得成功的重要基础:帮助他们获得就业所需的新技能,活用信息并改善生活质量。图书馆将在产业大学(university for industry)、终身教育计划及支持个人自我发展的活动中扮演重要的角色。
>
> 明天的新图书馆将成为新的国民教育体系中的一个有机组成部分:配合全国学习网络(national grid for learning)计划,与学校并肩合作,发展家庭作业俱乐部,培养阅读能力,帮助儿童和学生获取全球学习资源。
>
> 明天的新图书馆将继续无条件地向任何人开放包括印刷品资源和联机电子资源在内的任何资源。图书馆将成为满足所有信息需求的第

---

❶ 吴建中. 21世纪图书馆新论(第2版)[M]. 上海:上海科学技术文献出版社,2003:21-22.

一求助（first aid）对象。

　　明天的新图书馆将继续向大众提供各种日常生活信息，并广泛地提供有价值的休闲和文化机会。图书馆也将像其他不断采用新技术的机构和服务部门一样，始终处于发展的前沿并保持自己在社区的中心地位。

　　明天的新图书馆将使人们更充分地参与民主进程。通过信息和通信技术的应用，人们将获得地方、中央政府乃至欧共体的各种信息和服务，并能够与政府官员、地区首脑及当地选区的议员进行接触和交谈。这些用新技术武装起来的联网的图书馆将给予民众更多的机会去参与影响他们生活的决策过程。

显然，《新图书馆：人民的网络》中所描述的图书馆的未来，主要限于图书馆服务的发展变化趋向（也就是人们对以后图书馆发展的期待），其以英国社会为背景，不宜直接套用其他国家。当然，它所描述的发展变化趋向中，也有一些是大多数国家图书馆事业共同追求的趋向，如向所有人提供联网服务、培育儿童的阅读能力、提供社区文化休闲活动服务、向民众提供社区信息和政府信息等。

从目前呈现出的图书馆发展走向看，对图书馆的未来，我们可做如下预期。

①未来的图书馆服务将越来越突出以阅读推广为核心的趋向。在图书馆服务的整体趋向上，将越来越突显人性化、智能化、便捷化的"以读者为本"取向。

②在知识和信息的收集、加工、查询、传递、共享方面。未来的图书馆将越来越充分发挥数字化、智能化的技术手段优势，即数字图书馆、智慧图书馆将得到持续发展。

③在整体发展趋势方面，将越来越强调高质量发展，包括信息资源建设高质量、体制机制建设高质量、信息服务高质量等。无论将来图书馆的形态发生什么样的变化，高质量发展是其不变的基本趋势。

④在图书馆形态的发展变化趋势方面。复合图书馆（hybrid library）模

式将长期存在,❶ 也就是说,在可预期的将来,图书馆将以"复合图书馆"形态长期发展。"复合图书馆"不仅重视信息查询和获取的数字化、智能化手段建设,而且还重视"作为场所的图书馆"建设,即重视为人们提供平等、包容、民主的活动空间和社会交流服务。

第二节 图书馆学概述

一、图书馆思想史概览

自图书馆诞生以来,人们对它的认识源远流长,流派纷呈,各成其说。下面选其要,作一概述。

1. 外国图书馆思想史概览

(1) 诺德的图书馆思想

法国学者诺德(Naude)是在西方国家对图书馆作出深刻理解和较系统论述的第一人,被誉为"图书馆学的开山鼻祖"。1627年,诺德发表了《关于创办图书馆的建议书》,较系统地论述了自己的图书馆思想:

①图书馆应当对公众(主要是学者)开放。

②图书馆不能仅限于收藏古代善本,更为重要的是收藏当今的作品。

③馆藏不应当有倾向性和排他性,对宗教书籍与一般图书要一视同仁。

④必须科学地管理藏书。

⑤要慎重地选择图书馆员,并给予相应的待遇和称号。

⑥要为藏书配备分类目录和主题目录,以便利馆员和读者。

⑦允许读者入库选书和外借图书。

(2) 莱布尼茨的图书馆思想

德国数学家和哲学家莱布尼茨(Leibniz)则是诺德之后17世纪西方最有创见的图书馆活动家。他从事图书馆工作长达40余年,其中26年任图书

---

❶ "复合图书馆"一词最早由英国图书馆学专家苏顿(Stton)于1996年提出。他将图书馆分为连续发展的四种形态,即传统图书馆、自动化图书馆、复合图书馆与数字图书馆。他认为在复合图书馆阶段,可以实现传统馆藏与数字馆藏的并存。我们这里理解的复合图书馆,是指物理形态或实体形态图书馆与数字图书馆、智慧图书馆形态的复合兼容形态。

馆馆长。莱布尼茨的图书馆思想散见于各种书信和建议书中，概括地讲，主要包括以下几方面：

①图书馆应当是用文字表述的人类全部思想的宝库，通俗地讲，是人类的"百科全书"，是"和一切时代的伟大人物相互对话的场所"。

②评价藏书的标准应以质量为主。

③图书馆必须有固定的经费，以保证图书馆的持续发展。

④图书馆头等重要的任务是想方设法让读者利用馆藏，为此必须配置完备的目录，包括全国性的联合目录。

⑤图书馆要尽可能延长开馆时间，允许读者自由外借，并为读者利用藏书提供便利的设施。

（3）帕尼兹的图书馆思想

帕尼兹（Panizzi）曾在不列颠博物馆图书馆供职35年并担任过馆长。由于他的杰出贡献，人们称他为"图书馆员的拿破仑"，英国政府也为此授予他贵族称号。帕尼兹的图书馆思想概括起来主要有以下几点：

①国家图书馆要与该国的国际地位相适应，"不列颠博物馆应当收藏世界上一切语种的有用的珍贵图书"。

②图书馆必须有充足的经费作保证。

③要严格执行呈缴本制度，要善于利用法律手段维护图书馆的利益。

④要坚持标准化和科学化的管理。帕尼兹为此制订了被誉为世界目录学史上的"大宪章"、现代编目法开端的《91条编目规则》（1841年）。

⑤注重图书馆建筑研究。为此他亲自参与设计和建造了著名的圆顶阅览室和铁制书架。

⑥注重改善图书馆员工的待遇，调动他们的工作积极性。

（4）杜威的图书馆思想

美国的杜威（Dewey）一生创立了许多图书馆领域的世界之最：1876年，杜威等人发起成立了世界上第一个图书馆协会——美国图书馆协会；创办了第一份图书馆学刊物——《图书馆杂志》；出版了世界上第一部十进制分类法——《杜威十进分类法》。1887年，杜威又成立了世界上第一个正规的图书馆学教育机构——哥伦比亚大学图书馆学院；杜威还开办了图书馆用品公司并主持公司业务长达28年之久。杜威是衔接19世纪和20世纪的图书馆学大家，他的图书馆学思想集中体现在以下几个方面：

①图书馆是最好的教育场所,是"民众大学"。

②图书馆工作是一种专门职业,必须对图书馆工作人员进行培训。

③读者需要高于一切,图书馆员不仅要为读者提供借阅服务,也要回答读者提出的各类问题,乃至于为读者演唱歌曲和讲故事。

④图书馆的目标是"以最低的成本、最好的图书,为最多的读者服务"(三最原则)。

(5) 阮冈纳赞的图书馆思想

印度图书馆学家阮冈纳赞(Ranganatha),因提出"图书馆学五定律"(The Five Laws of Library Science)而享誉全球。这五定律是:

①书是为了用的(books are for use)。

②每个读者有其书(every reader his or her book)。

③每本书有其读者(every books has its reader)。

④节省读者的时间(save the time of the reader)。

⑤图书馆是一个生长着的有机体(the library is a growing organism)。

阮冈纳赞提出的"图书馆学五定律",所揭示的实际上是图书馆活动应该遵循的五个法则或五个基本原则。这五定律,充分反映了阮冈纳赞图书馆学思想中的致用精神(书是为了用的,每本书有其读者)、平等精神(每个读者有其书)、人文关怀精神(节省读者的时间)和发展精神(图书馆是生长着的有机体)。在这简约朴实的法则中,包含了阮冈纳赞对图书馆使命、图书馆价值观、图书馆职业道德、图书馆发展机理等的博大精深的理解,是图书馆职业哲学的最精练的表述。这五个法则充分表现了阮冈纳赞的理想主义、民主主义和人文主义精神,所以几乎被所有派别的图书馆学者所接受和推崇,对世界各国图书馆职业产生了非常深远的影响。❶ 美国著名图书馆学和情报学家兰卡斯特(Lancaster)在20世纪80年代指出:"这五个定律表面上看起来很通俗,但实际内容却非常深刻。它们从根本上阐明了图书馆应该为之努力的目标,在今天仍像50年以前一样适用。"❷

(6) 巴特勒的图书馆学思想

巴特勒,美国著名图书馆学家,他的代表作是1933年出版的《图书馆

---

❶ 于良芝. 图书馆学导论 [M]. 北京:科学出版社,2003:177.

❷ 阮冈纳赞. 图书馆学五定律 [M]. 夏云,王先林,等译. 北京:书目文献出版社,1988:403.

学导论》。谢拉评论这本书是"图书馆思想发展的真正里程碑"。巴特勒的图书馆学思想主要表现在以下六方面。

①提出了图书馆功用的"记忆移植说"。"图书是保存人类记忆的社会机制,而图书馆则是将人类记忆移植于现在人们的意识中去的社会装置"。

②强调理论对实践的指导作用。他认为,图书馆员只有掌握一定的理论知识才能胜任他的实践工作。为此他曾指出:"一些图书馆员不喜欢也不相信理论,他们只知道社会需要有效的图书馆服务,而不清楚社会也需要理论观点。他们担心对专业理论的探索会导致对实际工作的忽视。另外一些图书馆员则认为,图书馆的全部工作,应接受理论分析的指导,这种分析将揭示基本规律和原则。他们相信一套完美的图书馆学理论是可以在不损害实际工作效率的情况下向前发展的,甚至还相信,必须在建立了这套完美的理论之后,图书馆员才能在他们的实际活动范围内胜任他们的工作。"他在《图书馆学导论》一书中严厉批评了忽视理论知识的人们:"与社会活动的其他领域的人们不同,图书馆人对自己的职业的理论方面的忽视是不可思议的。在其他领域,只要是当代人,都抱有一种好奇心,想方设法使自己的工作与人类社会的主流合拍,但图书馆人似乎对这种做法抱超然态度。图书馆人明显束缚在自己朴素的实用主义的框架里。也就是说,使直接的技术过程合理化,仅以此满足对知识的关心。其实,企图使这种合理化普及以形成专业的理论的尝试本身大概是结不出果实来的,我想甚至是危险的。"❶

③注重社会学、历史学、心理学分析方法的应用。社会学方法的应用主要体现在利用社会调查方法研究图书馆对社会的功能作用;历史学分析方法的应用主要体现在通过分析图书的历史、知识的历史、科学的历史、学术的历史来论证图书馆的记忆移植作用;心理学分析方法的应用主要体现在通过分析人们的阅读行为、阅读动机、阅读类型、阅读效果等心理学问题来把握图书馆读者的需求规律。

④对图书馆的保守性提出了批评。图书馆的保守性,指的是这样一种思想倾向:图书馆应该以优秀的书籍净化人们的心灵。这种保守性的悖谬

---

❶ 袁咏秋,李家乔. 外国图书馆学名著选读 [M]. 北京:北京大学出版社,1988:346-347.

在于无法客观地界定"什么是优秀的书籍""优秀书籍能否净化心灵"等问题。巴特勒在议论图书馆保守性时指出:"图书馆在许多方面也是十分保守的。图书馆若想适应当代社会的实际需要,必须进行改革。……例如,如果公共图书馆委员会的委员们发现读者已经不喜欢阅读维多利亚时代的诗歌,那么就不再去购买此类图书了,省出资金购买化学专著,因为大家认为化学书籍是实用而入时的。图书馆服务效率的唯一标准是适应读者的需要,就像学校选定课程一样。"但巴特勒对图书馆保守性的批判并不彻底,他认为图书馆还应发挥教化作用,图书馆员可以在一定程度上对图书的内容进行审查(censorship)。

⑤提出图书馆人应该忠诚于真理、公正和美的观点。巴特勒指出:"图书馆学若要形成一个名副其实的哲学基础,它就必须不仅根据人性和人在宇宙中的地位解释图书和图书馆,而且要论证图书馆员对真理、公正和美的根深蒂固的忠诚。"

(7) 芝加哥学派

芝加哥学派的形成,以1928年在芝加哥大学创办世界上第一个具有博士学位授予权的图书馆学院(GLS)为起点。GLS成立后,该校师生致力于发展具有高度理性的图书馆学知识体系,结束以往师傅带徒弟式的经验主义的人才培养模式。他们从历史、文化和社会的角度思考图书馆活动的哲学问题,同时也以社会科学中流行的实证方法或思辨方法研究图书馆问题,试图将图书馆学从经验图书馆学转变为"作为科学的图书馆学"。这一具有鲜明学术特色的学术群体,被后人称为"芝加哥学派"。芝加哥学派的代表人物主要有韦普尔斯(Waples)、伯埃尔森(Berelson)、巴特勒(Butler)等。

芝加哥学派有三个主要特点:①在人员构成上,以社会科学(尤其是社会学)知识背景的人为主,而不局限于图书馆学专业人才;②在学术和教育观念上,以"图书馆-社会"为核心范畴。他们认为图书馆是一种"社会机构",因此图书馆学应重点研究图书馆与社会环境之间的关系问题;③在研究方法上,极力提倡社会调查方法,倡导社会科学的实证研究风气。

(8) 谢拉的图书馆学思想

谢拉,美国著名图书馆学家,1944年获美国芝加哥大学图书馆学院博士学位。他的图书馆学思想主要体现在以下几方面。

①提出有"社会认识论"。1952年,谢拉与伊根(Egan)合作发表了《书目理论的基础》一文(谢拉是第二作者),在此文中他们第一次提出了"社会认识论"(social epistemology)这一独创术语。谢拉认为,"社会认识论"可以成为图书馆学的理论基础。他说"在我看来,社会认识论对图书馆员有着重要意义,因为它能给我们提供一种有效的、合理的参考框架"。❶不过,在谢拉的有生之年始终没有对"社会认识论"作出具体的展开论述,这对他的学术生涯来说是一种"遗憾"。

②重视图书馆的交流功能。他认为,"交流一词的含义就是共享","交流使文化成为一种聚合的整体,……文化通过交流传播系统将我们作为人类这一物种进行着塑造,同样它也塑造着个人";交流是"图书馆学研究的核心内容",图书馆"是交流传播网络中的重要组成部分"。❷

③概括出了图书馆内部活动的三大环节。他认为,现代图书馆是一个由三大互相联系、互相依存的部分组成的综合系统,这三大部分就是:获取、组织和服务。谢拉的这一概括,似乎是受到信息论中的信息系统结构原理的启发而来,即信息系统一般由三大环节构成:"输入—加工—输出"。

④主张图书馆具有民主功能。谢拉曾经说过这样两段话:"公共图书馆运动的领导人清楚地认识到他们正在完成人类进程中的一项最伟大的组织变革——试图使全体人民有能力参与管理他们生活在其中的政治和经济体系";"图书馆并不仅仅因为读者众多就算是一个大众传播机构,……图书馆,特别是公共图书馆和高等院校图书馆,在民主道德方面承担着义务。这种义务所提出的问题交叉贯穿在图书馆的一切方针和程序之中。……在民主社会中,图书馆的作用是什么?……它应对检查部门的职责做何反应?"❸

⑤认为图书馆事业是"人文主义的事业"。谢拉指出,"尽管图书馆学在逐渐利用各门科学的研究成果,同社会科学紧密联系,但其实质依然是人文主义的";图书馆事业"主要还是人文主义性质的事业。……图书馆学在其技术和服务方面日益向社会科学和自然科学靠得更近了,但是我们最

---

❶ 谢拉. 图书馆学引论[M]. 张沙丽,译. 兰州:兰州大学出版社,1986:71
❷ 同❶:65-66.
❸ 同❶:59,69.

好还是提醒自己记住，图书馆学始于人文主义"。"图书馆就是书和人。在这个意义上，它是人文主义的事业。"❶

(9) 兰卡斯特的图书馆思想

兰卡斯特（Lancaster，国内又译为"兰开斯特"）是一位著名的美国图书馆学情报学专家。他的研究领域包括三个方面：情报检索系统、图书馆评估和图书馆未来研究。他的图书馆未来研究代表作是《走向无纸化的情报系统》（1978）和《电子时代的图书馆和图书馆员》（1982）。他的图书馆未来思想由"图书馆消亡论"和"反图书馆消亡论"两个对立面构成。这是由于他的早期思想和后期思想发生转变所致。

①图书馆消亡论观点。兰卡斯特在《走向无纸化的情报系统》中认为，"随着电子资源的日益重要和纸资源的日益减少，随着计算机终端在办公室和家庭日渐普及，……图书馆不可避免地走向衰落"。在《电子时代的图书馆和图书馆员》中他又预言："在下一个时期（1980—2000年），现在的图书馆可能完全消失，只留下几个保存过去的印刷资料的机构。……这些机构将是消极被动的档案室而不是积极主动的信息服务单位"。兰卡斯特预言，电子时代的图书馆员将起到信息顾问、培训师、检索者、信息分析师、用户助手的作用。不过他又认为，图书馆员的这些作用不可能在"实体图书馆的围墙中完成"。显然，早期的兰卡斯特是一个彻底的"图书馆消亡论"者。

兰卡斯特的"图书馆消亡论"，是对信息技术发展前景持过度乐观态度所致，而且他认定消亡的图书馆指的是"实体图书馆"形态，而未预见到实体图书馆作为"发展着的有机体"向着数字图书馆、智慧图书馆形态发展演变的趋势。

②反图书馆消亡论观点。20世纪90年代，兰卡斯特开始矫正他以往过于理想的"技术决定论"观点。1993年他指出，"很少有证据支持这种信念，即具有智能的设备不久将能够胜任现在由受过良好训练和经验丰富的图书馆信息人员执行的许多智力任务，就这个主题而言，许多作者看上去似乎过于乐观了"，"事实是与图书馆职业相关的真正的智力任务——主题

---

❶ 谢拉. 图书馆学引论 [M]. 张沙丽，译. 兰州：兰州大学出版社，1986：前言 Ⅰ-Ⅱ.

分析、信息需求译解、检索策略以及诸如此类的工作——是难于授权给机器去做的。……在可预见的未来,图书馆信息人员的专业技能也不可能被人工智能所取代"。❶ 直到2010年,兰卡斯特针对一些人只重技术而忽视人性关怀的倾向提出了中肯的批评。他指出,"图书馆员们认识不到其职业必须是一项以人为导向的职业","一旦图书馆员迷上了科技,他们很快就对人失去了兴趣","图书馆用户、信息用户已经被诸如元数据、本体论,以及数据管理之类的东西挤到一旁。图书馆专业教育和研究的焦点似乎已经从人和服务转移到数据——数据库本身、数据的典藏与保存,甚至是数据的创建"。他引用他人的话说,"我们希望图书馆员们对人持有一种由衷的人性关怀","改变并非必须,生存无从强制"。他还说出了一句堪称至理名言的话:"改变并不必然等同于进步。"❷

(10) 哈里斯和翰奈的图书馆思想

哈里斯(Harris)和翰奈(Hannah)都是美国当代图书馆学者,是新自由主义图书馆学流派的代表。他们于1993年出版了《走向未来:后工业时代的图书馆信息服务的基础》一书。他们改变了以往只从技术角度探讨图书馆未来问题的思路,而是从经济学和新公共管理理论(NPM)角度重新审视图书馆一直尊奉的"中立性""客观性""信息利用公平性"等价值观念,认为这些价值观念与"市场""效率""竞争"等市场化原则不相融,因而也不切合实际。由此他们提出了"市场决定论"意义上的图书馆发展论。他们认为,"如果图书馆死抱着过去的原则和意识形态而不做相应的变革,幻想在信息生产化的浪潮中保留那一块远离商业化的'净土'的话,最终将会被时代所抛弃。他们主张图书馆导入市场原理,通过有偿、高效率、'精英'服务、电子图书馆化,来提高图书馆的服务水准,参与信息产业和信息市场的竞争"。❸ 哈里斯和翰奈的观点,顺应了西方保守主义或新

---

❶ LANCASTER. Libraries and the Future; essays on the 1ibrary in the 21's century [M]. New York: The Haworth Fress. Inc. 1993.

❷ 兰卡斯特. 生存无从强制 [J]. 王兴, 译. 中国图书馆学报, 2011 (1): 19-23.

❸ 黄纯元. 政治经济学视角中的未来图书馆论——读哈里斯和翰奈的《走向未来:后工业化时代的图书馆情报服务的基础》[G] //黄纯元. 黄纯元图书馆学情报学论文集. 上海: 上海科学技术文献出版社, 2001: 207-212.

自由主义极力推行的公共事业市场化的意图，这为图书馆"有偿服务"提供了理论依据。

(11) 舒茨的"图书馆是市民的第二起居室"思想

荷兰鹿特丹市立公共图书馆馆长舒茨（Schoots）在谈到公共图书馆的功能时指出，"虽然在信息领域，新的技术正在迫使图书馆和读者改变信息处理、传递以及利用的方式，但是公共图书馆作为一个为市民服务的社会文化机构的性质并没有改变。图书馆向公众提供的服务远远超出了信息的范围，比如说娱乐和教育。我没有见过哪个读者在电脑上看长篇文章。不少读者来到图书馆，并不一定为了看某一特定的东西，而是随便浏览一下，看看有什么值得一看的东西，或者是来会会老朋友，他们把图书馆比作了第二起居室"❶。公共图书馆应该成为贴近市民的亲切而温馨的地方，走进图书馆如同走进自己的家一样；如果说家是第一起居室，那么图书馆就是第二起居室了。

(12) 克劳福德和戈曼的图书馆思想

1995年，克劳福德和戈曼合著的《未来图书馆：梦想、疯狂与现实》出版。此书的亮点之一是，他们在阮冈纳赞"图书馆学五定律"基础上提出了"图书馆学新五律"：

第一定律：图书馆服务于人类文化（libraries seine humanity）；

第二定律：掌握各种知识传播方式（respect all foams by which knowledge communicated）；

第三定律：明智地采用科学技术，提高服务质量（use techralogy intelligently to enhance service）；

第四定律：确保知识的自由存取（protect free access to knowledge）；

第五定律：尊重过去，开创未来（honor the past and create the future）。

关于图书馆的未来，他们指出，"阅读对于个人和社会而言都至关重要，而纸本印刷物是阅读和获取知识的最佳形式"；他们从光线效果、分辨

---

❶ 吴建中. 21世纪图书馆展望［M］. 上海：上海科学技术文献出版社，1996：12.

能力、速度和理解、可利用性、超文本和线性文本等多个角度比较了印刷文本与电子文本,从而证实"印本图书是最好的阅读工具",而计算机设备只不过更适于传输数据和小的信息包;印刷文本不仅不会消亡,而且会与电子文本一争高低;在可预见的未来,将会形成多种媒体共存的时代,而印刷文本无疑是其中的一支主力军。也就是说,未来图书馆意味着印刷文本和电子文本的统一,意味着线性文本和超文本的统一,意味着以图书馆信息人员为中介的存取和直接存取的统一,意味着拥有和存取的统一,意味着建筑与界面的统一。

可以说,克劳福德和戈曼的这一著作的问世,给那些"疯狂"鼓吹电子图书馆、虚拟图书馆、数字图书馆"梦想"的人们以一剂清醒药,有力地矫正了"技术决定论"者们在图书馆未来问题上的偏激与错误言论,极大地增强了人们对图书馆美好未来的信心。而且,克劳福德和戈曼还有一个可取的认识视角,那就是从"阅读=获取知识的最佳形式"的角度认识图书馆的价值和功用,从而坚持和维护了"图书馆是供人们阅读的公共文化服务设施"的立场观点。这一立场观点认为,现代图书馆乃至未来图书馆发生的变化,只是"供人们阅读"的方式方法尤其是技术方法发生变化而已,而"供人们阅读的公共文化服务设施"这一根本性质不会发生改变,由此揭示了图书馆未来发展的"变与不变"的辩证原理。

2. 中国图书馆思想史概览

中国图书馆发展史可分为藏书楼时期和图书馆时期,所以下面分别论述两个时期的图书馆思想。

(1)藏书楼时期的图书馆思想

①"书即道,道即书"思想。南宋学者包恢在《盱山书院记》中指出,"圣贤之书所以明道,书即道,道即书;非道外有书,书外有道,而为二物也"❶。这里的"道",是中国古人常用的本体论概念(事物的本源、本质),如《论语》所言"朝闻道,夕死可矣",它是指事物之所以如此存在、如此发展的根本原因及其规律。包恢提出的"书即道,道即书"这一命题,可从以下两方面理解其意:

其一,圣贤作书是为了明道,即把道记述在书中,以期他人或后人藉

---

❶ 陈谷嘉,邓洪波. 中国书院史资料 [M]. 杭州:浙江教育出版社,1998:182.

此明道，所以说圣贤之道在书中。正因为圣贤之道在书中，而不在他物中，所以读圣贤之书也就等于读圣贤之道、明圣贤之道；如果没有圣贤所作之书，圣贤之道便无以存、无以传、无以明。由此而言，圣贤之书和圣贤之道之间是一种"等价"关系，故曰"书即道，道即书"。

其二，圣贤之道的传承，如果撇开口口相传的共时性传播渠道，那么只能借助特定载体进行历时性传播，这种特定载体主要是书（广义上而言就是文献）。若仅从历时性传播渠道而言，人们只能通过圣贤之书才能了解和把握圣贤之道，别无他径。由此而言，圣贤之书和圣贤之道是合二为一的"一体物"，不可分割，故曰"非道外有书，书外有道，而为二物也"。

包恢所言"书即道，道即书"，是中国古代"文以载道""道器合一"思想逻辑的具体化发挥。"道器合一"中的"器"，指器物性或物质性存在。在中国古代，"文以载道""道器合一"思想源远流长。朱熹说，"古之圣人欲明是道于天下而垂之万世，则其精微曲折之际，非托于文字，亦不能以自传也"❶。朱棣在《性理大全·御制序》中也指出：圣人未出生时，道在天地之中；圣人出生后，道在圣人头脑之中；圣人已故后，则道在六经（书）之中。正因道在书中，所以学者明道须读书，诚如南宋欧阳守道所言"学也者，因圣贤之书，求圣贤之心"。程颢和程颐说"器亦道，道亦器"❷，也就是说，道与器之间也是同体无间的关系——道不能离器而存在，道与器只能合一而存。对圣人已故后的人们而言，圣人之道存在于书中，书是载道之器，道与书同体无间，所以说"书即道，道即书"。

众所周知，要想知道图书馆是什么，首先要知道书是什么。包恢以"书即道，道即书"一语，从本体论高度回答了书是什么的问题。不仅如此，包恢的这一本体论定位，揭示了"道在书中，而书又在图书馆中，因此可以说道亦在图书馆中"的道理，因而为理解图书馆是什么的问题提供了本体论视角——图书馆是藏道、传道之器。

② "藏秘书，处贤才"思想。众所周知，汉初萧何令建的石渠阁、麒麟阁、天禄阁等均为藏书之所，可以视之为古代早期以馆阁或藏书楼形态存在的官府图书馆。中国古代官府图书馆的功能是什么？对此，《汉宫殿

---

❶ 朱熹. 朱熹集［M］. 郭齐，尹波，点校. 成都：四川教育出版社，1996：4066.
❷ 朱熹，吕祖谦. 朱子近思录［M］. 上海：上海古籍出版社，2000：4.

疏》指出，萧何令建石渠阁、麒麟阁、天禄阁等藏书之所的用意在于"藏秘书，处贤才"。❶ 所谓"藏秘书，处贤才"，是指把图书文献收藏于皇宫中，使其成为"秘不示人"的存在（秘书），然后集中当时的贤才于其中饱览其书，成为有识之士，最终为国家所用。从汉代以后的历朝历代的官府图书馆所发挥的实际功能看，官府图书馆的基本功能就是"藏秘书，处贤才"。

在东汉，兰台和东观是国家的主要藏书之所，《通典》卷二十六云兰台、东观"多当时文学之士"，如马融、刘珍、班固、傅毅等名儒就"雠校于其中"。北齐的文林馆亦为硕儒聚集的藏书之所，如薛道衡、颜之推、魏收、祖珽、李德林、诸葛颖等名流学者便就职于此。唐代李世民任秦王时令建文学馆，召集杜如晦、房玄龄、于志宁、苏世长、姚思廉、薛收、褚亮、陆德明、孔颖达、李玄道、李守素、虞世南、蔡允恭、颜相时、许敬宗、薛元敬、盖文达、苏勖为学士，被称为"十八学士"，这些人后来大多兼职于弘文馆，成为馆职人员。（唐）开元时期，唐玄宗命张说、徐坚、贺知章、毋煚、赵冬曦、余钦、冯朝隐、韦述、康子元、侯行果、敬会真、赵玄默、吕向、咸廙业、李子钊、东方颢、陆去泰、孙季良十八人为学士，其中大部分人兼职于集贤院等馆阁之中。北宋"三馆秘阁"（北宋时期的昭文馆、史馆、集贤院、秘阁，统称"三馆秘阁"，这三馆秘阁又合称"崇文院"）聚集了当时大部分天下贤士，如杨亿、宋绶、宋敏求、欧阳修、曾巩、苏轼、"苏门四学士"、王尧臣、程俱等饱学之士都曾入职或兼职于崇文院或者其他馆阁（北宋除崇文院外还有"龙图阁"等六阁，均为藏书之所）。南宋的馆职人员，见于《南宋馆阁录》及其《续录》者有九百六十六人（其中一部分是史职人员），其中绝大部分为进士及第或同进士出身，即绝大部分为饱读诗书者。至于清代的"四库馆臣"，更是群星璀璨，包括纪昀、翁方纲、陆锡熊、姚鼐、程晋芳、戴震、邵晋涵、王念孙、孙希旦、周永年等三百六十名天下名流皆充其中。以上是古代官府图书馆"处贤才"的史实证明。

中国古代官府图书馆为什么要"处贤才"？这与古代中国人对图书馆职能的独特认识直接相关。在古代中国人看来，官府图书馆是一种既具有文

---

❶ 何清谷. 三辅黄图校释［M］. 北京：中华书局，2005：339-340.

教职能又具有资政功用的综合性机构。《新唐书·百官志》所记载的弘文馆的职责是"详正图籍，教授生徒，朝廷制度沿革、礼义轻重皆参议"。宋人范仲淹亦曰："国家开文馆，延天下英才，……以待顾问。"❶ 可见，弘文馆、崇文院等馆阁是一个集文献整理、储养人才和咨询顾问为一体的综合性职能机构。能够胜任这种综合性职能机构的工作任务者，非饱读诗书之文人贤士莫属。曾巩在论及宋初馆阁的藏书建设和人才建设成就时指出：

> 三馆之设，盛于开元之世，而衰于唐室之坏。……宋兴，太祖急于经营，收天下之地，其于文儒之事稍集，然未能备也。太宗始度升龙之右，设置于禁中，收旧府图籍与吴蜀之书，分六库以藏之。又重亡书之购，而间巷山林之藏，稍稍益出，天下图书始复聚，而缙绅之学彬彬矣。悉择当世聪明魁垒之材，处于其中，食于太官，谓之学士。其义非独使之寻文字、窥笔墨也，盖将以观天下之材，而备大臣之选。此天子所以发德音、留圣意也。❷

所谓"藏秘书，处贤才"，它所体现的是古代图书馆的"藏书以育人才"的功能特点。这一功能特点用现在的话来说就是"图书馆是培养人才的地方"。正因如此，古代的图书馆职业备受人们青睐，图书馆职业被人们誉为"第一美职"。

③ "部次流别，申明大道"思想。清代的章学诚在《校雠通义》之《互著》篇中指出："古人著录，不徒为甲乙部次计；……盖部次流别，申明大道，叙列九流百氏之学，使之绳贯珠联，无少缺逸，欲人即类求书，因书究学。"章学诚的这段话是针对文献分类、编目、提要等工作（甲乙部次或部次流别的书目工作）而言的，而分类、编目、提要等工作是图书馆的核心业务工作之一。章学诚认为，"部次流别"的书目工作必须体现"申明大道"的旨意。

章学诚在《校雠通义》一书自序中又说："校雠之义，盖自刘向父子部次条别，将以辨章学术，考镜源流。"所谓"辨章学术，考镜源流"（简称

---

❶ 李焘. 续资治通鉴长编［M］. 上海师大古籍所，华东师大古籍所，点校. 北京：中华书局，2004：3434-3435.

❷ 曾巩. 曾巩集［M］. 陈杏珍，晁继周，点校. 北京：中华书局，1984：675.

"辨考"），是指辨别和解释各类学术流派及其著述，并考证其原委的书目工作（章学诚称为校雠之学）过程❶，也就是"部次流别"的过程。无论称"部次流别"，还是称"辨章学术，考镜源流"，其目的都是为了"申明大道"。章学诚这里所言"大道"，指各学术流派的学术宗旨，即各流派著述中所阐明的核心大义，如儒家著述中所宣扬的纲常伦理思想就是儒家之"大道"，如道家著述中所宣扬的"无为而治"思想就是道家之"大道"，等等。

章学诚提出的"部次流别，申明大道"命题，把图书馆书目工作的意义提升到本体论高度，使中国古代的校雠学或图书馆学具有了"本体之学"的地位，这是章学诚的一大历史功绩和学术贡献。

如果说，章学诚提出的"部次流别，申明大道"命题，主要是针对有序录（大小序）、有提要的"系统目录"而言，那么，南宋的郑樵提出的"类例既分，学术自明"命题❷，则是在"泛释无义论"思想指导下倡导的"简明目录"之理。章学诚主张的是"辨考而知义"，而郑樵主张的是"睹类而知义"；前者重著录，后者重分类；前者主详释，后者主简明；前者求学术性，后者求实用性。相比较而言，章学诚的"部次流别，申明大道"更具本体性，郑樵的"类例既分，学术自明"更具方法性。

在中国古代，校雠工作是图书馆的核心工作之一；古代的校雠学最接近于现代意义上的图书馆学（但不能把两者等同）。章学诚把校雠学的宗旨概括为"部次流别，申明大道"，其对当代图书馆学的启发意义在于：图书馆学是以"申明大道"为宗旨的本体之"学"，而不只是"甲乙部次"、收发读物、提供检索指导的技能之"术"；图书馆学不只是可以"以技观之"的技能之术，它还是可以"以道观之"的理论之学；若缺乏"以道观之"的视角，图书馆学的学术性将无以显现；"以道观之"的图书馆学就是理论图书馆学。

---

❶ 校雠，"一人读书，校其上下，得其谬为校；一人持本，一人读书，若怨家相对，故曰雠也"。用现代的话来说，校雠就是"校书"。不过中国古人往往是在广义上使用"校雠"一词，不仅指校书，还包括分类、编目等治书活动。章学诚所言"校雠之学"就是指这种广义的治书活动而言。这种广义的"校雠学"，实际上就是后来人们所称的目录学。

❷ 郑樵. 通志二十略［M］. 王树民，点校. 北京：中华书局，2009：1806.

④ "爱书须传布"思想。(清)乾嘉时期的张金吾是当时著名的藏书家,其藏书楼名曰"爱日精庐",藏书曾达到十万六千卷。他曾购得包希鲁撰《说文解字补义》十二卷元刊本,视若珍宝,他为此书作解题时指出:"若不公诸同好,广为传布,则虽宝如球璧,什袭而藏,于是书何裨?且予喜藏书,不能令子孙亦喜藏书。聚散无常,世守难必。……一有不慎,遂成断种,则予且为包氏之罪人。用倩善书者录副以赠。予之不敢自秘,正予之宝爱是书也。"❶ 张金吾对自己所爱之书"不敢自秘"而要"广为传布",他认为这样做才是真正"宝爱是书"的表现,这就是张金吾的"爱书须传布"的思想。

其实,"爱书须传布"思想并非张金吾首倡,更非张金吾独有,而是早已有之。从史籍记载看,皇帝将皇家藏书赠予臣僚或并存他国的事迹,早有记载;臣僚借官藏之书而长年不还之事亦早有记载;至于(清)乾隆皇帝置《四库全书》江南三阁允许士人借抄,更是有明确记载。这说明,古代的皇家或官府图书馆的藏书是可以流通传布的。从私家图书馆的情况看,晋代范平的藏书楼"远近来读者恒有百余人";北齐颜之推有"借人典籍,皆须爱护"一语,说明当时"借人典籍"之事已较普遍;北宋宋敏求家富藏书,当时许多士人为了借其书方便而"多居其侧";元代藏书家冯梦周,有人借其书"损坏者不责偿,不归者遂与之";明代藏书家李如一,别人"有所求借,则朝发而夕至"等,说明私家藏书楼之藏书是流通传布的,而非一概"秘不示人"。至于寺观图书馆向信众和来访者开放,书院图书馆向学员和周围人开放,亦为人所皆知之事。这些事实都表明,古代图书馆的所有者和经营者大多具有"爱书须传布"的思想和行动。

明代的姚士粦提出有"以传为藏"的思想,认为图书的"传"本身就是延长"藏"之寿命的最佳办法,即通过不断地传递利用来延长图书的存世时间。明末清初的曹溶提出有"流通古书约"思想,同为明末清初的丁雄飞和黄虞稷签订有《古欢社约》协议,他们都主张私家藏书"有无相易"的流通。清代的宋咸熙著有《借书诗》一首,提出了"愿借与人,与人共之"的藏书流通与共享思想。明代曹学佺提出有"修儒藏以全藏用"的设想(其中的"儒藏"读 rú zàng,下同);明末清初的陆世仪提出有"胜地

---

❶ 张金吾. 爱日精庐藏书志 [M]. 冯惠民,整理. 北京:中华书局,2012:98.

藏书以传万世"的设想；清代的周永年提出有"建儒藏以共读之"的设想并做了初步尝试，但未能成功。可见，在中国古代，"爱书须传布"思想并非个别人的思想，而是一种较为普遍的思想。

以往不少人把古代藏书楼的特征概括为"重藏轻用"，其实这是一种不符合历史事实的误判，因为这些人是以现代图书馆向所有的人开放为"参照物"的，殊不知古代藏书楼的作用方式是"以藏为传""以藏为用"，亦即古代藏书楼是"重藏重传重用"。再者，古代的藏书楼，根本不具有向社会的所有人开放的条件和必要性。把古代藏书楼的特征概括为"重藏轻用"，显然犯了"以今论古"的思想逻辑错误。

在一般意义上，书籍的价值可分为物质载体价值和思想内容价值两方面。具有高物质载体价值的书籍（如具有"文物"价值的书籍），往往使人产生珍藏和不愿借与人的心理，而书籍的思想内容价值的最大化实现，则又要求广泛传布，与他人共享。由此而言，"爱书须传布"的命题，包含着"珍藏"和"传布"两方面意涵，但更侧重于"传布"的一面。把书传布给他人，与他人共享，这种精神符合儒家一贯倡导的"他者伦理"。孔子言"己欲立而立人，己欲达而达人""己所不欲，勿施于人"，这种伦理观就是典型的"他者伦理"（或者叫"为他伦理"）。我爱书，他人亦爱书；我爱书而不愿借与人，他人亦因爱书而不愿借与人，如此循环，则书之价值仅限于我，而无法惠及他人，这显然有悖于"他者伦理"。我需要借书，他人亦需要借书；我心中想着他人借书的需要，他人也会想着我的借书需要，如此互相满足对方的借书需要，这种互借共享之举显然是发扬"他者伦理"的表现。由此可以说，"爱书须传布"的理念具有坚实的伦理基础和实践基础。从历史的眼光看，在封闭的小农经济环境中，能够自觉提出"爱书须传布"的思想，不啻为近现代图书馆开放观念及其实践的历史先声，充分证明了中国古代图书馆人对书籍和图书馆价值的"先知先觉"，这何尝不是古代中国人的图书馆学智慧所在！

⑤国家文献资源建设思想。隋代的牛弘在《请开献书之路表》中说：

> 有国有家者，曷尝不以《诗》《书》而为教，因礼乐而成功也。昔周德既衰，旧经紊弃。孔子以大圣之才，开素王之业，宪章祖述，制《礼》刊《诗》，正五始而修《春秋》，阐《十翼》而弘《易》道。治

国立身，作范垂法。……故知经邦立政，在于典谟矣。为国之本，莫此优先。……若猥发明诏，兼开购赏，则异典必臻，观阁斯积，重道之风，超于前世，不亦善乎！

牛弘在这里点到了《诗》《书》《礼》《易》《春秋》等儒家经典，并把这些经典的作用提高到"经邦立政之本"的高度，所以发诏购赏文献就会"异典必臻"，从而达到"重道之风，超于前世"的效果。可见，"重道"是牛弘建议隋文帝"开献书之路"的真正意图所在。所以我们可以认为，牛弘的"重道"思想是后来包恢提出"书即道，道即书"观点的先声。

明代的丘濬在《图籍之储》一文中亦曰："为学而不本于六经，非正学；立言而不祖于六经，非雅言；施治而不本于六经，非善治"；"书籍之在世，犹天之有日月也，天无日月，天之道废矣；世无书籍，人之事泯矣"；"惟经籍在天地间，为生人之元气，纪往古而示来今，不可一旦无焉者。无之，生人贸贸然如在冥途中行矣，其所关系岂小小哉？"❶ 丘濬在这里把"世无书籍"直接说成是"人之事泯"，并把这种危害比喻为如同"天无日月"，以此来证明"图籍之储"的重要性。

无论是牛弘还是丘濬，之所以把收集文献的重要性提高到如此高度，都是源于文献中记录有"圣人之道"，而依据"圣人之道"治理国家，是"文治"的基本表现及其合法性所在。所以，收集文献也就是收集"圣人之道"，是"文治"的必由之路。这就是朝廷通过图书馆来收藏文献的必要性或目的所在。

还有一点值得指出的是，丘濬把收集和整理文献视为国家应负的历史责任。他是从书籍之失有别于他物之失的角度阐述这一历史责任的，其曰：

惟所谓书籍者，……一有失焉，则不可复，虽复之亦非其真与全矣。是以古先圣王，莫不致谨于斯，……珍藏而爱护之，惟恐其损失也，讲究而校正之，惟恐其讹舛也。既有者恒恐其或失，未有者惟恐其弗得。……伏望圣明为千万年之远图，毋使后世志艺文者，以书籍散失之咎归焉。……人君为治之道非一端，然皆一世一时之事。惟夫

---

❶ 邱濬. 大学衍义补［M］. 林冠群，周济夫，校点. 北京：京华出版社，1997：801、803、805.

所谓经籍图书者,乃万年百世之事焉。盖以前人所以敷遗乎后者,凡历几千百年,而后至于我,而我今日不有以修辑而整比之,使其至我今日而废坠放失焉,后之人推厥所由,岂不归其咎于我之今日哉?是以圣帝明王,所以继天而子民者,任万世世道之则于己,莫不以是为先务焉。❶

丘濬在这里作出了一个历史性判断,即"经籍图书者,乃万年百世之事",所以"古先圣王,莫不致谨于斯""圣帝明王……莫不以是为先务"。也就是说,帝王应该认识到重视文献收集与整理是国家应负的历史责任,因为这是关乎"万年百世之事",因而也是"人君为治之道"的重要内容之一。

丘濬把重视收集和整理文献视为国家应负的历史责任,实际上是在强调重视图书馆建设是国家的责任。这是丘濬为图书馆和图书馆学所作出的伟大的思想贡献。我们知道,国际图联和联合国教科文组织《公共图书馆宣言》(1949年制定,1972年和1994年修订)明确指出,"设立公共图书馆是国家和地方当局的责任,必须制定专门的法规支持公共图书馆,国家和地方政府必须为公共图书馆筹措经费"。这段话实际上就是强调建设公共图书馆是国家或政府的责任,而这种"公共图书馆建设的国家责任论"思想,中国的丘濬在15世纪早已提出。丘濬在《图籍之储》和《访求遗书疏》中论述有一系列关于藏书和图书馆建设的思想观点与方法,所以,称丘濬为中国明代著名的图书馆学家不为过。

乾隆曾作有《四库全书》北四阁记,即《文渊阁记》《文津阁记》《文源阁记》和《文溯阁记》,其中的《文渊阁记》和《文溯阁记》,集中表述有乾隆的国家文献资源建设观:

> 国家荷天庥,承佑命,重熙累洽,同轨同文,所谓礼乐百年而继兴,此其时也。而礼乐之兴,必藉崇儒重道以会其条贯。儒与道,匪文莫阐,故予蒐四库之书,非徒博右文之名,盖如张子所云"为天地立心,为生民立道,为往圣继绝学,为万世开太平",胥于是乎系。故

---

❶ 邱浚. 大学衍义补 [M]. 林冠群, 周济夫, 校点. 北京:京华出版社,1997:804-809.

乃下明诏，敕岳牧，访名山，搜秘简，并出天禄之旧藏，以及世家之独弆，于是浩如渊海，委若邱山，而总名之曰《四库全书》。……官禁之中，不得其地，爰于文华殿后建文渊阁以待之。文渊阁之名，始于胜朝，今则其处，而内阁大学士之兼殿阁衔者，尚存其名，兹以贮书所为，名实适相副。而文华殿居其前，乃岁时经筵讲学所必临，于以枕经葄史，镜己牖民，后世子孙奉以为家法，则予所以继绳祖考觉世之殷心，化育民物返古之深意，庶在斯乎！庶在斯乎！（《文渊阁记》）

权舆二典之赞尧、舜也，一则曰文思，一则曰文明，盖思乃蕴于中，明乃发于外，而胥藉文以显。文在理也，文之所在，天理存焉，文不在斯乎，孔子所以继尧、舜之心传也。世无文，天理泯，而不成为世，夫岂铅椠简编云乎哉？然文固不离铅椠简编以化世，此四库之辑所由亟亟也。……四阁之名，皆冠以文，而若渊、若源、若津、若溯，皆从水以立意者，盖取范氏天一阁之为。……若夫海源也，众水各有源而同归于海，……水之体用如是，文之体用顾独不如是乎？……予不忘祖宗创业之艰，示子孙守文之模，意在斯乎！意在斯乎！（《文溯阁记》）

通过上述两段话，我们至少可以解读出乾隆在如下四方面的文献资源建设观：第一，人类的思想和文明成果记录在文献之中，脱离文献无以继承人类文明成果，也无以认识天下之理，即"世无文，天理泯"，所以必须借助文献才能接收和传承人类的文明成果，这就是文献的价值所在；第二，重视文献资源建设（如修《四库全书》），是兴礼乐、崇儒重道的要求和表现，而不只是为了宣扬右文；第三，《四库全书》北四阁的名称都冠以"文"字，且都有"水"意（后来的南三阁名称之意亦如是），表明修《四库》、建馆阁是为了体现如水有源般的文脉传承渊源有自；第四，之所以重视文献资源建设和皇家馆阁建设，是为了通过所修、所藏文献宣明本朝继承祖先文明遗产，以此告诫子孙不忘祖宗创业之艰难，敬畏祖先，珍惜现世，即告诫全民要认同当朝统治的来之不易及其合法性。

⑥馆职为美职思想。曹魏时期曾任秘书监的王肃，深知馆职的重要性。曹魏时期的文官系统中，掌管图书事业的秘书监隶属于掌管朝廷内务的少府。对此王肃表示不满，认为秘书监应独立于少府，且应与执掌机要的中

书台平起平坐。据《太平御览·秘书监》记载，王肃当时认为，秘书监"司先王之载籍，掌制书之典谟，与中书相亚，宜与中书为官联"；而秘书监隶属于少府这种体制安排简直是"隳朝章而辱国典"。与此同时，王肃又作《论秘书丞郎表》，要求提高秘书监内丞、郎的待遇，其曰："秘书丞、郎俱四百石（读dàn），迁宜比尚书郎，出亦宜为郡，此陛下崇儒术之盛旨也。尚书郎、侍御史皆乘轺车，而秘书丞、郎独乘鹿车，不得朝服，又恐非陛下转台郎以为秘书丞、郎之本意也。"在王肃看来，秘书"司先王之载籍，掌制书之典谟"，其职神圣而重要，若隶属于少府，便有"隳朝章而辱国典"之嫌；因为秘书"掌制书之典谟"，所以其职与掌机要的中书相仿，故秘书与中书可平等对待；秘书丞、秘书郎官秩皆四百石，带出职务亦与郡守相仿，这体现了皇帝"崇儒术之盛旨"，但秘书丞、郎只允许乘坐鹿车，还不如尚书郎、侍御史所乘轺车，且不得朝服，这又与"崇儒术之盛旨"不相符，因此应该提高秘书丞、郎的待遇。

在唐代，馆职人员的物质待遇普遍较高，如弘文馆学士"给以五品珍膳"❶。但是，有些人对此有异议，如玄宗时期的陆坚认为，给集贤殿丽正学士以优厚待遇，"此亦何益国家，空致如此费损"。对此，张说反驳说："圣上崇儒重德，亲自讲论，刊校图书，详延学者。今之丽正，即是圣主礼乐之司，永代规模不易之道，所费者细，所益者大。"❷可见，在张说的思想观念中，馆阁作为"刊校图书，详延学者"之所，表现着国家"崇儒重德"的崇高意志，所以给馆职人员以优厚待遇，不能说是"空致如此费损"，而是"所费者细，所益者大"。用现代的话来说，张说是从"成本"与"收益"的比较角度，论证了馆阁及馆职"物有所值"的重要价值。

自汉代始，馆阁及馆职受到人们的青睐，如东汉时学者们把东观视为"老氏藏室，道家蓬莱山"。❸南北朝时，则有把馆职视为"清官""第一官"之说。《梁书》卷三十三《张率传》和《刘孝绰传》分别记有如下两段话："张率，字士简，……迁秘书丞，引见玉衡殿。高祖曰'秘书丞天下清官，东南胄望未有为之者，今以相处，足为卿誉'。""孝绰幼聪敏，七岁

---

❶ 吴兢. 贞观政要译注[M]. 裴汝诚，等译注. 上海：上海古籍出版社，2006：343.
❷ 刘肃. 大唐新语[M]. 许德楠，李鼎霞，点校. 北京：中华书局，1984：11.
❸ 范晔. 后汉书（简体字本）[M]. 北京：中华书局，1999：548.

能属文。……除秘书丞,高祖谓舍人周捨曰:'第一官当用第一人。'故以孝绰居此职。"

(唐)开元年间,当乾曜问张说"学士与侍郎,何者为美"时,张说回答说:"侍郎自皇朝已来,为衣冠之华选,自非望实具美,无以居之。虽然,终是具员之英,又非往贤所慕。学士者,怀先王之道,为缙绅轨仪,蕴扬、班之词彩,兼游、夏之文学,始可处之无愧。二美之中,此为最矣。"❶ 在张说看来,集贤学士和侍郎都是"美职",但相比而言学士职任"最美"。这就是张说的"馆阁职任最美"之说。无独有偶,唐代杜佑直称馆职为"美职",其曰:"宋、齐秘书郎皆四员,尤为美职。……(校书郎)掌雠校典籍,为文士起家之良选。其弘文、崇文馆,著作、司经局,并有校书之官,皆为美职。"❷

以上,只是从六个方面概述了中国藏书楼时期的图书馆思想,显然只是"冰山一角"。要想更全面地了解古代图书馆思想,应阅读《中国古代图书馆学研究》《中国图书馆学史》等著作。

以下是图书馆时期的图书馆思想。

(1) 孙毓修的图书馆思想

孙毓修的主要成就在儿童文学编译和版本学领域。著名作家茅盾称他为"中国童话的开山祖师"。但是,由于他的《图书馆》一书于1909问世,使得他在中国近代图书馆学史上占有极其重要的位置。孙毓修的《图书馆》对图书馆学的贡献主要体现在以下三方面:

①第一个向国人系统地介绍杜威的"十进分类法"的人。由此国人得以认识"十进分类法"的"庐山真面目"。孙毓修向国人介绍"十进分类法"在时间上比沈祖荣、胡庆生早了八年。

②在中国第一个编制了"仿杜分类法"体系(未出版)。并应用于实践。他根据杜威的"十进分类法"编制出了适合中国国情的二十二大类图书分类体系,并在自己供职的商务印书馆涵芬楼使用。

③在图书馆办馆理念上,率先对当时占主流地位的"保存国粹"观念提出了挑战。他曾尖锐地指出:"今天开图书馆者,大率意在保旧,汲汲皇

---

❶ 刘肃. 大唐新语 [M]. 许德楠,李鼎霞,点校. 北京:中华书局,1984:165.
❷ 杜佑. 通典 [M]. 王文锦,等点校. 北京:中华书局,1988:735-736.

皇，以其竭蹶之经费，广收宋椠旧钞……而新书则不屑一顾。呜呼！误矣！"显然，他对当时官办图书馆因循守旧、排斥新书的陋习极为不满，称这种地方只能称"国粹保存处"，根本不配叫图书馆。

（2）沈祖荣的图书馆思想

沈祖荣是我国近代杰出的图书馆活动家和教育家，被誉为"中国图书馆学教育之父"。沈祖荣是"新图书馆运动"的主要发起者和推动者。1917—1919，他奔赴华中、华东和华北各省，讲演图书馆对振兴国家的重要性，宣传美国图书馆学理论和图书馆新方法新技术，抨击旧式藏书楼的落后与保守，提倡欧美式的新型图书馆，呼吁将图书馆变为民众的社会教育机构。他的新式图书馆宣传"是为西洋图书馆学派流入中国之先声"。❶沈祖荣的图书馆思想主要表现在以下六方面：

①关于图书馆的性质。"盖图书馆为公共求学之所，应持开放主义，不取分文以资提倡，欧美图书馆，无一取资者，日本公共图书馆亦然"，"图书馆之性质，不在培养一二学者，而在教育千万国民；不在考求精深学理，而在普及国民教育"。

②图书馆人不能因政府的不重视而不思进取。"不得因政府对于此事，漠然淡然，而鄙人亦遂灰心丧气，而不思改良之方法"。

③图书馆之间应加强协作。"由于图书馆的人力、物力、财力及现有图书品种数量均极有限，必须开展馆际协作。协作能使工作人员的知能提高，协作能使图书提高利用率，协作能减少经费浪费，协作能使读者多受益"。

④要重视图书馆专业人才的培养。"各国政府或各大图书馆，大都设有图书馆专门学校以培植人才。故其图书馆事业之发展也，管理也，往往举重若轻，由难变易，皆因其有相当之人才，以对付之也。我国图书馆事业，才属萌芽，百端待理。若无专门人才扶持整顿于其中，而望发扬光大，难可与期"。

⑤国家图书馆和一般的公共图书馆的功用应该有别。"我国图书馆今后应取之方针：国立图书馆当以欧洲为法，重专门与保存；公共图书馆当以美国为法，注重应用与普及"。

---

❶ 严文郁. 中国图书馆发展史：自清末至抗战胜利 [M]. 台北：枫城出版社，1983：198.

⑥图书馆人应以"己立立人"、服务社会为己任。沈祖荣指出,"办理图书馆的人,有一件首先要觉得的,就是己立立人。那个意思,就是我们素来造就、熏陶、锻炼、培植所求的学问,所得的学位,不是为自己做招牌,乃是要为社会服务"。"在事业伊始之际,作为一名图书馆员,他就务必劳其心智,苦其筋骨,置身于他人之辛勤劳动与低于他人之微薄收入于度外,牺牲个人荣华享乐,将其毕生之时间和精力贡献于图书馆事业。……由此可见,为祖国服务,图书馆事业胜过一切"。正是基于这种认识,他为文华图书馆专科学校制定的校训是:智慧与服务。

(3) 杨昭悊的图书馆思想

杨昭悊早年毕业于北京大学,1921年留学美国,攻读图书馆学。1923年出版《图书馆学》一书,是我国第一部图书馆学概论性著作,被称为"中国图书馆学的处女作"。蔡元培为该书作序,称此书为"我国今日其最应时势的好书"。

杨昭悊在《图书馆学》中表达了如下重要思想:

①关于图书馆和图书馆学定义。他认为"图书馆"包含两方面含义:一是"要把有益的图书搜集起来,保存在那里";二是"要把所搜集的图书随大众的需要自由活用"。据此,他给图书馆下的定义是:"图书馆是搜集有益的图书,随着大家的知识欲望,用最经济的时间,自由使用的地方。"图书馆学"就是关于图书馆的理论与技术知识的总和"。

②关于图书馆与教育。"图书馆是社会的一个教育机构,是为社会服务而设立的,在社会教育中担负着和学校教育一样举足轻重的作用"。他还提出了"图书馆教育"这样一种专门教育类型概念,认为"图书馆教育是一种独立教育,活动内容广泛,既可以进行通俗教育,又可成研究高深学问的场所,成为学术中心,容纳专门学者"。

③关于图书馆学的理论体系。杨昭悊把图书馆学理论分为"纯正的"和"应用的"两部分。这一划分在国内开启了把图书馆学理论划分为理论图书馆学和应用图书馆学的先河。

(4) 李小缘的图书馆思想

李小缘,1921年赴美留学,获图书馆学学士及社会教育学硕士。李小缘为中国图书馆学留下了许多极具特点的思想遗产。主要包括:

①先进的图书馆理念。李小缘的图书馆理念的核心是"启民智,伸民

权，利民生"。对此李小缘是这样说的：

> 今之图书馆，重在普利民众，流通致用，以普遍为原则，以致用为目的，以提高生活为归宿，皆所以启民智，伸民权，利民生者也。

这种流通致用、伸张权利、改善民生之目的的正义伦理，即使是现代图书馆学也应视其为不可变异的终极价值。

②深刻的图书馆教育观。在李小缘看来，"图书馆即教育""图书馆的根本观念在辅佐教育之不及；并且为未受教育的得到受教育的机会。……要使教育机会均等，唯有广设公共和民众图书馆"。他还对图书馆教育和学校教育进行了比较，认为"学校教育以人生教育之一小阶段，而图书馆教育以人生各阶段之总教育机关，实为根本所在"。李小缘图书馆教育论的深刻之处在于，他是从民众的受教育机会的均等这一"权利平等"意识为导向的。因此，也许可以这样说：在中国，李小缘是最早朦胧地意识到"图书馆权利"的学者。

③图书馆的开放与平等观。这一观点是在藏书楼与图书馆的比较分析中得出的。他曾不无讥讽地指出："吾国向无公共图书馆，旧式藏书楼必建设在人迹稀少的深山里，或静悄悄的花园中。……一年三百六十天还不知道有没有三百六十个读者进大门。书籍一本也不准借出。往往大门口挂着虎头牌：'书籍重地，闲人免进'八个字。……这种藏书楼干什么呢？说起来题目很大，是保存中国文化之结晶。"于是，他对藏书楼和图书馆的区别做了这样的描述：

> 藏书楼——静——贵族式贵保存——设在山林——官府办的——注重学术著作——文化结晶的机关。
>
> 图书馆是——动——平民式贵致用——设在城市——民自动办的——注重精神娱乐——文化宣传的机关。

那么，李小缘所主张的公共图书馆是什么样的呢？他在《全国图书馆计划书》一文中表达了他对于公共图书馆的认识："然其真正革命精神之图书馆，不仅搜集保存而已，主要职志，在能使民众——无论男女老幼，皆得享其利益，或为参考，或为课外研究，或为欣赏消费之资。……苟能一日打破旧式思想之藏书楼,使能公开群众,无论男女老幼,无等弟,无阶级,举凡学生、工人、农夫、行政家、商人、军人等,皆能识字读书,享受图书馆之利益,则方可谓图书馆之真正革命,之真正彻底改造,之真正彻底建设也。"

④图书馆立法保障观。李小缘在《公共图书馆之组织》一文中介绍了美国图书馆立法情况并与中国加以比照,阐明图书馆立法的重要性。他说"公共图书馆之设施,在美国亦如各大公司之组织,首必有法律上之根据,或受法律之许可。关于设立图书馆之规定,多载在各城各省各国之典章宪法。苟宪法未载,得由各城各省或各国多数人民之请求,由众议员之通过,即得成为法律,补载典章,以期永久。""反而考诸吾国之正大光明典章法律,以图书一事无论或城或乡或省或国,皆无法律之根据,纵或有之,亦不过如曹锟提议为国家图书馆一样。西人尝笑吾国为无法律之国家,于此不能不令吾人痛恨,尤可异者,我国平民无人想到图书问题,社会优秀分子更未想到为民请愿,既无法律之认可,又无人提倡。所以无法者终以无法了之。"早在20世纪初,李小缘能够意识到法律保障之于图书馆发展的基础性意义,实乃难能可贵。可以说,在我国,李小缘是最早关注立法保障图书馆发展问题的图书馆学家。

⑤先进的图书馆馆长观。李小缘认为,"图书馆最重要之要素,非建筑,非书籍,乃董事与馆长耳"。"董事制定馆章,对馆长只要求负责,予以行政自由……馆中一切方针大计,全赖馆长一人其中指导"。如:"馆中人选,管理,选购各责任,由馆长自主酌裁"。对于馆长的资格,他认为,"第一要素即其学问,朝夕与书籍往来,苟无学问,选书编目皆不能为也。其第二要素即其办事之方法,应有商人办事精神,无政治及宗教上之偏见,善辞令,能属文,曾受图书馆学校之文凭"。他又进一步提出,馆长应"钟爱书籍,精于目录,对董事善于建议一切进行方针。对读者负教育上指导之责任,循之然善诱人,热心公益,诚实无欺,为地方文化之先驱,为社会教育之总指导"。李小缘对馆长岗位的重要性的认识及对馆长素质的认识,至今仍有现实意义。

⑥精彩无比的民众图书馆观。关注民众图书馆、研究民众图书馆,始终是李小缘的重要致思理路。关于民众图书馆的内涵,他指出,"适于民众程度者称为民众图书馆""民众图书馆者,即促进民众教育图书馆也",民

众图书馆以"传播文化,鼓吹教育,皆以民众为使命"。他概括的民众图书馆的特点是:民享、民智、民助。他所称民众图书馆主要指贴近民众、服务民众的基层图书馆或大中型图书馆/中心图书馆的延伸服务网点。因此,李小缘所称的民众图书馆,与其把它理解为一个个实体性图书馆,不如把它理解为覆盖全社会、惠及全民的一种服务理念、服务方式。在李小缘看来,在民众中设立小型图书馆,或广布服务触角,其意义远大于设立若干大型的图书馆。发达的小图书馆事业,其总和将超过大图书馆。为此,李小缘曾为民众图书馆编过一段精彩的广告词,其中说道:

民众图书馆是万事的问津处
民众图书馆是高尚的娱乐场
要进德修业请到民众图书馆去
要宽裕生计请到民众图书馆去
借阅图书是民众的权利!归还和爱护图书是民众的义务
民众图书馆是最好的消遣场所。

我们应该发自内心地承认,李小缘当年倡导的"民众图书馆精神"——启民智,伸民权,利民生——正是我们当代中国图书馆人曾缺失、曾寻觅且又强烈向往的图书馆精神!真可谓"众里寻他千百度,蓦然回首,那人却在灯火阑珊处"。

(5)杜定友的图书馆思想

杜定友,1918年留学菲律宾大学,1921年回国,获文学士、教育学士、图书馆学士三个学位。杜定友是近代中国图书馆学理论的主要奠基者之一。他的图书馆学思想主要包括:

①关于图书及图书馆的性质。关于图书的性质,杜定友提出了著名的"公器说"。他认为,"夫书籍者,天下之公器也,自当公开,以为世用,俾社会人民,多一进善之途,使国民思想,日益进步,此图书馆所以与社会,有莫大之关系也"。杜定友的书籍"公器说"和图书馆"公共脑子说",显然已经深刻揭示了图书馆的公共性,已经很接近于现代的"公共物品说"。根据图书馆的"公共脑子说",杜定友顺势提出了公共图书馆的性质:一是"市民教养之中心点",二是"市民游乐之中心点",三是"市民之继续学

校",四是"人们的参考咨询机构"。

②关于图书馆的功用。杜定友在《图书馆通论》中用抽象类比方法提出了图书馆功用的"公共脑子说"——"图书馆的功用,就是社会上一切人的记忆,实际上就是社会上一切人的公共脑子。一个人不能完全地记着一切,而图书馆可记忆并解答一切。"杜定友的这一"公共脑子说"与巴特勒的"记忆移植说"可谓具有异曲同工之妙,而杜定友提出"公共脑子说"的时间比巴特勒提出"记忆移植说"早了五年。

③关于图书馆事业的"三位一体说"。1932年,杜定友在《图书馆管理法上之新观点》中指出:"整个图书馆事业,其理论基础实可称'三位一体'。三位者,一为'书',包括图与书等一切文化记载;次为'人',即阅览者;三为'法',图书馆之一切设备及管理方法管理人才是也。"同时,杜定友还认为,"人"应该成为图书馆事业和图书馆管理的核心要素,因此他指出"若以人为目标办图书馆,则事业能生动而切合实际,且有继续进行深潜研究之余地也"。这可以说是图书馆理论与实践中的"以人为本"思想的早期阐发。

④关于图书馆学的研究范围与内容。杜定友认为,图书馆学是一专门科学,而"凡是成为专门科学的学问,有两个最主要的条件,第一是原理,第二是应用。而应用是根据原理而来的,图书馆学,若是只于书籍的如何陈列,目录的如何写法,这不过是机械的事,无研究的价值"。他认为,图书馆学的研究范围非常广泛,大体包括:(a)书目学;(b)专门的科目(关于图书馆内部的处理方法);(c)行政的科目;(d)历史的科目;(e)辅助的科目(相关学科)。

⑤关于图书馆学的学习方法。杜定友指出,"图书馆学的科目,既是这样繁多,研究起来,岂不是很麻烦么,这是当然的。所以正式的图书馆学,要在大学研究四年,方能毕业。不过四年之中,不完全是学图书科的,其中辅助的科学,占了大半"。基于此,他语重心长地指出:"研究图书馆学的入手方法,就是多读书。对于普通各门科学,都要涉猎一点,有广阔的兴趣。读图书馆学者,要有读书的习惯,有读书的兴味和服务的意识。所以在图书馆界的人,学问贵在博而不在精。不过对于自身的学问,是要精益求精的。"杜定友的这一段话,对我们今天学习图书馆学专业的人来说,仍不可不谓谆谆教诲、语重心长、中肯至极!

(6) 刘国钧的图书馆学思想

刘国钧，1920年毕业于金陵大学，旋即出国，在美国威士康星大学哲学系、图书馆专科学校及研究生院留学，获哲学博士学位。他是我国近现代图书馆思想的主要奠基者之一。刘国钧在图书馆学基础理论方面的思想观点主要包括以下几方面：

①关于现代图书馆的宗旨。在《图书馆学要旨》中，刘国钧指出，"现代图书馆是为多数的人而设，不是为了少数'读书人'而设的"。"现代图书馆是自动的而非被动的，使用的而非保存的，民众的而非贵族的，社会化的而非个人的。……以书籍为公有而公用之，此近代图书馆学精神，而亦近代图书馆之所以异于昔日之藏书楼之也。……总之，现代图书馆的目的是使人和书发生有机的关系，要使社会上无不读书的人，馆内无不被读的书"。这里充分表达了图书馆的民享民用之宗旨

②关于近代图书馆的特征、性质和价值。在《近代图书馆之性质及功用》一文中，刘国钧对图书馆的特征、性质和价值进行了科学界定，其"科学性"至今难以有人超越。关于近代图书馆的特征，刘国钧认为，"近代图书馆之特征略述之计有八种：一是公立；二是自由阅览；三是自由出入书库；四是儿童阅览部之特设；五是与学校协作；六是支部与巡回图书馆之设立；七是科学的管理；八是推广之运动"。关于近代图书馆的性质，他概括为三方面：（a）自动，即以积极主动的方法引起社会上人人读书之兴趣；（b）社会化，即将注重对象由书籍而变为其所服务的人，使图书馆成为社会各类人趋往之中心；（c）平民化，即图书馆平等地为所有人服务。关于近代图书馆的价值，他概括为四方面：（a）教育上之价值；（b）修养上之价值（能够给人以思想启发和精神愉悦）；（c）社会之价值（传播知识，促进社会进步）；（d）经济之价值（读者因掌握知识而提高工作效率，得到参考服务而解疑，且能节省购书费）。

③关于图书馆的构成要素。也许是因为在美国留学期间受到了西方结构主义（structuralism）方法论的影响，刘国钧思考图书馆理论问题基本上采取了结构主义方法视角。❶ 刘国钧先是在《图书馆学要旨》中将图书馆的

---

❶ 也许有人认为"要素分析法"应属于系统论方法，而不是结构主义方法。其实，从方法论的渊源看，系统论方法源于结构主义方法。况且，刘国钧留美期间，贝塔朗菲创立的系统科学尚未问世。所以，把刘国钧的方法论归于结构主义方法论可能更符合事实。

构成要素概括为四要素：图书、人员、设备、方法。后来又在《什么是图书馆学》一文中进一步完善为五要素：图书、读者、领导和干部、建筑与设备、工作方法。刘国钧结合他的这一要素分析结果，对图书馆作了如此定义："图书馆学就是关于图书馆的科学。也就是研究图书馆事业的性质和规律及其各个组成要素的性质和规律的科学。"

④关于流通与参考工作的重要性。和李小缘一样，刘国钧也持"流通致用"观。所以，刘国钧非常重视图书馆的流通与参考工作。他说，"图书馆既以使用为目的，出纳和参考便是达到这目的的两条大船"。"一般人对于图书馆的信仰，对于图书馆效力的认识，多由于参考部的努力而来。他们社会上的人，受了参考部的益处，所以相信图书馆确实是一个为社会节省金钱和精力，而谋幸福谋福利的机关"。同时，"出纳是图书馆很重要的任务，图书馆能否在社会上发生影响全在出纳是否得法。在普通情形下，图书馆中阅书的比问讯查考一件事情的为多，所以出纳比参考还重要"。反观现在国内图书馆实践界，普遍存在忽视流通工作、参考工作的现象，所以国内图书馆界有必要对刘国钧的上述观点做进一步省察。

⑤关于"图书馆制度"。在梳理刘国钧图书馆学思想时，细心的人会惊异地发现，早在1921年，刘国钧就已提有"图书馆是一种制度"的说法。在《近代图书馆之性质及功用》一文中有这样三段话，一是"至一八七六年全美图书馆联合会成立后，新式图书馆之发展乃一日千里。其影响不仅及于全美，且波及世界各处，而为研究教育或社会学者所不可忽视之制度矣"；二是"盖一种制度往往可以应付一切人，而非应付团体或阶级"；三是"图书馆既为社会所不可缺之制度，则其能成为一种专门职业固不容疑虑者也"。在《美国公共图书馆之精神》中也有一句话："公共图书馆者，公共教育制度中之一部也。"可以说，在国内，刘国钧是"图书馆是一种制度"一说的最早提出者和阐发者。反观今时，国内仍有不少人对"图书馆制度"之称谓感到不易理解，实乃缺乏制度观使然。

(7) 徐家麟的图书馆学思想

徐家麟，1926年毕业于武昌文华大学图书科，1936年在美国哥伦比亚大学学习图书馆学，翌年获硕士学位，1939年回国。徐家麟的学术观点主要集中在三方面：图书馆学的科学化、图书馆工作的事业化和图书馆工作的学术化。

①关于图书馆学的科学化。徐家麟关于图书馆学科学化的认识，是受巴特勒图书馆学思想的启发而来，主要指的是科学方法的应用。关于科学方法，徐家麟认为有三方面或三层次：第一，"用观察方法收集事实资料，籍重器械的运用及量的计算"；第二，"对此种种事实，作当前的因果关系之理解"；第三，"对所探讨的事实或现象，再作实证式的评量"。可见，徐家麟所理解的科学方法主要指自然科学中常用的实证分析方法。难能可贵的是，徐家麟虽然主张引入科学方法，但看出了科学方法及其定量方法（统计方法）的局限性。他指出，"科学与统计研究，并不是万能，却也是有其限度的。譬如说科学研究并不能包容人世间所有一切物事，科学并不能解答终极的原因，统计分析所能指示的，只是关于某事物的概略，并不能给予极确切不移的答案及其他，所以迷信科学与统计学的方法，也属非是"。基于这种认识，徐家麟把图书馆学的科学化主要限定在图书馆业务中的"知识理智的部分"——用人的理性能够分析其因果关系的对象部分——而"属于情感性灵的部分，却不当强合之于科学的范畴"。可以说，在国内，徐家麟是主张在图书馆学研究中移植其他学科方法的第一人。他希望图书馆学研究"向其他学科之研究，互相借鉴，互换研讨的结果"。

②关于图书馆工作的事业化。徐家麟认为，图书馆必须事业化，而事业化的途径"在以图书馆学术所获得之成绩，所启示之方案，为工作之张本，更以现代图书馆服务、免费、公开等高尚原则为实施之力量，进而尽量与其他事业，谋所以借镜，所以协作者，以达到共存共荣之境地，及其他诸端也"。这里提出的图书馆与其他事业应协作的观点是十分开明的。徐家麟的意思是说，不应把图书馆工作只当作一馆之具体"工作"，而应当作一种社会性"事业"，走开放、协作之路。可以说，徐家麟是国内第一个明确提出"图书馆事业"概念的人。

③关于图书馆工作的学术化。徐家麟认为，谋图书馆之学术化是图书馆学的发展方向。如何实现学术化呢？"一则曰自图书馆自身已有之学术予以整理、累积、系统、实验、发扬之工作；一则曰自图书馆学术以外相关之学术，予以沟通、印证、引用之工作"。这里，他既强调"自图书馆工作本身着手"，又倡导"自图书馆以外学科求材料，以充实图书馆学术事业内容"，后一原则的提出，为打破封闭式图书馆学研究提出了明确思路，有着重要的方法论意义。此外，同巴特勒一样，徐家麟批评图书馆学研究中的

过于技术化的倾向，指出："如图书馆学术事业，只自限于形而下的种种，则图书馆学难以成立，如能致力于形而上的种种，则图书馆学必能成立。"正因为徐家麟对图书馆学研究追求形而上的思路，所以台湾地区学者高锦雪在《图书馆哲学之研究》中称徐家麟为我国从哲学高度研究图书馆学原理的第一人。

20世纪80年代以后，中国的图书馆学研究进入了全面复苏和繁荣的新历史阶段。从此，学者们探讨的各类论题层出不穷，如图书馆学研究对象、图书馆学理论体系、图书馆学分支学科、知识交流论、知识组织论、图书馆（学）史、图书馆未来、图书馆评估、图书馆立法、图书馆精神、图书馆权利、图书馆职业伦理、图书馆核心价值、图书馆社会责任、数字图书馆、智慧图书馆、图书馆阅读推广、图书馆与数字人文、图书馆高质量发展等，可谓百家齐放、百舸争流。这种繁荣局面，若用一句话概括就是：多元化理论格局的形成。

所谓多元化理论格局，指的是在整个学科领域不追求统一的、单一的理论流派或学术观点，而是提倡多个理论流派的共存，就某一问题的探讨也提倡多种学术观点的同时并立。

我们曾经追求过统一学术观点的形成。然而，这种认识在1984年末开始被打破。1984年12月，中国图书馆学会基础理论组在杭州召开了一次基础理论研讨会（简称"杭州会议"），这是中国图书馆学会成立后的第一次全国性基础理论研讨会，也是建国35年来首次全国性的图书馆学基础理论研讨会。在此次会议上，与会代表们仍然围绕图书馆学的研究对象、学科性质等"元问题"发生了激烈争论。当然，这种争论不可能产生统一认识的结果。正是这种认识分歧，使得编写图书馆学基础课统编教材的计划搁浅。分歧的出现，是因为多元学术观点的客观存在；统编教材计划的搁浅，是因为一元认识观的被否弃。这种"一元"与"多元"的正面交锋，正是杭州会议留下的最为令人难忘的历史印记。

杭州会议后，范并思先生发表论文《多元化：选择和归宿》，认为杭州会议的学术分歧表明多元化理论格局的实际形成，"在多元化格局中，统一的图书馆学理论不复存在，希望就研究对象、理论基础取得一致的认识也只是幻想"。多元化理论格局的形成表明：学术观点不能统一，也无法统一，但行为规范要统一（至少在一定群体范围内），以此保证多元化理论格局下的理性秩序。

二、图书馆学定义

图书馆学德文为 bibliothekswissenschaft，这一名称是德国人施莱廷格（Sehrettinger）在1807年最早使用的。关于图书馆学的定义，至今也是众说纷纭。诸如：

◆施莱廷格：图书馆学是"符合图书馆目的的整理方面所必要的一切命题的总和""所谓图书馆学，是在正确原则之下，系统地确立符合图书馆目的的整理所必要的原理"。

◆艾伯特英：图书馆学是"图书馆员执行图书馆工作任务所需要的一切知识和技巧的总和"。

◆ALA：图书馆学就是"为满足用户群体的信息需求，对信息记录进行选择、获取、组织、利用所需要的知识和技能"。

◆李景新："图书馆学是人类学问中的一部分。是以有系统的科学方法，专门研究人类知识学问及一切动态的记载的产生、保存与应用；使它成为教育化，学术化，社会化，科学化的一切科学。简单地说：图书馆学就是以科学方法研究关于图书馆的一切事项的学问。"

◆刘国钧："关于图书馆的科学，也就是研究图书馆事业的性质和规律及其各个组成要素的性质和规律的科学——图书、读者、领导和干部、建筑和设备、工作方法。""图书馆学便是研究图书馆的组织法、管理法和使用法的学科。"

◆周文骏："图书馆学是一门研究各个历史时期的和当前图书馆事业全部活动的科学。"

◆宓浩："图书馆学要研究社会知识交流在图书馆活动中的特殊过程和特殊规律；研究如何搜集、整理、贮存和传递知识载体，以促进社会知识的交流；研究在社会知识交流过程中图书馆与图书馆事业自身变化发展的规律。"

◆倪波、荀昌荣："图书馆学是研究文献信息交流的理论和方法的学科。"

◆1991年，北京大学图书情报学系、武汉大学图书情报学院合编的《图书馆学基础》（修订本）一书认为："图书馆学是研究图书馆在文献交流中的机理、组织形式及运动规律的一门学科。"

◆黄宗忠:"图书馆学就是研究图书馆信息、知识收集、积聚、组织、存贮、选择、控制、转化、建立检索点与一定读者检索、利用信息、知识之矛盾产生与发展规律的科学。简言之,图书馆学就是研究图书馆收藏与利用矛盾产生与发展规律的科学。"

◆吴慰慈:"图书馆学是研究图书馆事业及其相关因素的科学。"

◆王子舟:"图书馆学是研究如何将知识组成知识集合并为人们所使用的一门社会科学。"

◆克雷思特斯（Keresztesi）:图书馆学研究应包括三种成分:a 对图书馆作为一个组织的研究,如它的服务与管理;b 图书馆职业政治学,即对图书馆职业的社会关系和制度方面的研究;c 对书目科学的研究。

◆于良芝:"图书馆学被理解为研究知识与信息的组织整理方法,以及通过图书馆这一机构或服务实现知识与信息传递的学问。"

人们可以从多个角度去界定图书馆学的定义。只要这种定义能够说明图书馆的基本性质和图书馆学的学科特性,就可视为可取。

图书馆学是研究如何满足人们利用图书馆来实现对知识或信息的获取需要的一种学问（定义Ⅰ）,或者说,图书馆学是研究如何保障人们通过利用图书馆来实现其平等获取知识或信息之权利的一种学问（定义Ⅱ）。

我们可以把定义Ⅰ称为关于图书馆学的社会学定义,定义Ⅱ称为关于图书馆学的政治学定义。定义Ⅰ采用的是"满足……需要"句式,定义Ⅱ采用的是"保障……权利"句式。定义Ⅰ和定义Ⅱ在本质上是相通的,两者之间只有表述视角不同之区别。定义Ⅰ和定义Ⅱ都采用了"如何……"句式,这里的"如何"既有方法论意义——如何做,也有认识论意义——如何认识。从方法论角度去研究"如何……",就形成应用图书馆学范畴;从认识论角度去研究"如何……",就形成理论图书馆学范畴。而且,"满足……需要"和"保障……权利"话语体现了现代人必需的一种基本生存方式,因而上述定义还具有本体论意义。

三、图书馆学的研究对象

人们对大部分自然科学学科的研究对象,大都有一个比较明确、一致的认识和认同,但一些人文社会科学学科的研究对象,人们对其认识和表述却往往出现分歧。至今，人们对图书馆学研究对象的认识和表述，就呈现出众说纷纭的局面。纵观人们对图书馆学研究对象的认识过程，我们可以概括出如下一些论说："文献整理说""图书馆管理说""图书馆事业说""信息资源说""知识交流说""知识集合说"等。❶

本书根据布尔迪厄（Bourdieu）的关系主义方法论原理，对图书馆学研究对象作出如下界定：

> 图书馆学研究对象是"知识和信息—图书馆—人"这一关系空间。

这一界定，可以说是关于图书馆学研究对象的"关系空间说"。下面，对这一"关系空间说"做五点说明：

第一，从发生学意义上看，图书馆的产生源于人们对知识和信息的需要，即源于组织、传递、利用知识和信息的需要。正是这种需要"生产"出了"知识和信息—图书馆—人"这样一种独特的结构性关系空间。这一结构性关系空间表明，图书馆不是孤立的存在，它的存在与知识和信息紧密相关，更与人对知识和信息的需要紧密相关。

第二，从性质上说，"知识和信息—图书馆—人"关系空间是一种客观存在（只不过这种客观存在是非实物性存在）。当然，这一客观存在是一种"人造"的客观存在，即人类在长期的发展过程中根据自身发展需要而选择和创造出来的社会性客观存在。只有这种客观存在的东西（如某种实体、行为、关系、规律等）才能成为某一学科的研究对象。这是"知识和信息—图书馆—人"关系空间能够成为图书馆学研究对象的客观基础。

第三，人对知识和信息的需要并非只催生了图书馆这样一种社会平台或设施，还催生了学校、博物馆、档案馆、科技馆等社会平台或设施，但只有以图书馆为中介而形成的关系空间才能成为图书馆学的研究对象。也就是说，"知识和信息—图书馆—人"关系空间是唯图书馆学所独有的研究领域，由此形成了图书馆学与其他学科之间的区分。

第四，图书馆学研究的是"知识和信息—图书馆—人"关系空间，而不单独研究其中的知识和信息或图书馆或人，若只研究其中的知识和信息

---

❶ 王子舟. 图书馆学研究对象的认识过程及范式特征［J］. 江西图书馆学刊，2002（3）：4-8.

或人，那么就无法与其他相关学科（如知识学、信息学、人学、哲学等）相区别。也就是说，只有"知识和信息—图书馆—人"关系空间整体才能成为图书馆学的研究对象，而关系空间中的任何要素都不能独立成为图书馆学的研究对象。

第五，从方法论上说，布尔迪厄的关系主义方法论是"关系空间说"得以提出的方法论基础。"知识和信息—图书馆—人"构成的关系空间类似于布尔迪厄提出的"场域"（field）。❶ 布尔迪厄认为："社会不只是由个人所组成；它还体现着个人在其中发现自己的各种连接和关系的总和。"❷ "场域"作为关系性空间，其意义主要在于阐明"一个系统中的每个单一的要素的价值是在与同一系统中其他的要素的关系中得到界定的"。❸ 图书馆的产生及其存在意义，只能在人对知识和信息的需要关系中得到界定。把图书馆学研究对象界定为"知识和信息—图书馆—人"关系空间，其说服力在于：图书馆的内部运行机理以及图书馆的存在价值完全可以在"知识和信息—图书馆—人"关系空间中得到界定。从理论图书馆学和应用图书馆学的分野而言，理论图书馆学应重点研究知识和信息及图书馆对人所具有的价值意义；而应用图书馆学应重点研究图书馆满足人的知识和信息需要的方法问题。

---

❶ 所谓场域，是以各种社会关系连接起来的、表现形式多样的社会场合或社会领域。用"场域"概念的提出者布尔迪厄自己的话来说，"一个场域可以被定义为在各种位置之间存在的客观关系的一个网络（network），或一个构型（configuration）"。见：布尔迪厄. 实践与反思——反思社会学导论［M］. 华康德，李猛，等译. 北京：中央编译出版社，1998：134.

❷ 包亚明. 布尔迪厄访谈录——文化资本与社会炼金术［M］. 上海：上海人民出版社，1997：16.

❸ 斯沃茨. 文化与权力：布尔迪厄的社会学［M］. 陶东风，译. 上海：上海译文出版社，2006：73.

第二章　图书馆类型

国际标准化组织（ISO）2006年修订的"国际图书馆统计标准"（ISO 2789：2006）将图书馆类型划分为中心图书馆或主图书馆、分图书馆、外部服务点、图书馆、高等学校图书馆、流动图书馆、国家图书馆、公共图书馆、学校图书馆、专业图书馆（政府图书馆、健康服务图书馆或医学图书馆、行业的学术研究机构或行业协会图书馆、工商图书馆、媒体图书馆、区域图书馆、其他专业图书馆）、保存图书馆或存储图书馆。我国图书馆界通常按照图书馆的管理体制，结合图书馆的目标、功能、用户群体等要素，将图书馆划分为国家图书馆、公共图书馆、高等学校图书馆、科学与专业图书馆、学校图书馆、工会图书馆、盲人图书馆、军队图书馆等。在我国图书馆界，一般把公共图书馆、高等学校图书馆、科学与专业图书馆称为"图书馆事业的三大支柱"。

第一节　公共图书馆

一、公共图书馆的特点

公共图书馆，是指主要由地方政府的公共财政支持的，通过开展信息资源的收集、整理、保存、保护等工作，面向社会公众提供文化、信息与知识服务的公益性机构。从这一定义中可以看出，公共图书馆与其他类型图书馆相比，具有如下两方面特点：

一是以地方政府的公共财政拨款为主要经费来源。地方政府是公共图书馆的建设主体，因而地方政府负有发展本地公共图书馆事业的责任。履行这种责任的根本标志之一就是保障公共图书馆发展所需的经费。

二是读者成分的广泛性和包容性。任何一个社会成员，只要自己需要，都可以成为公共图书馆的读者。公共图书馆的读者，从年龄上看，包括从幼儿到老年的所有年龄段；从社会阶层来看，包括各种经济能力和政治地位的成员；从职业来看，包括工人、农民、专业技术人员、政府部门工作人员、学生、离退休及失业人员等各行各业人员；从需求来看，包括寻求科研信息、决策信息、日常生活信息、娱乐信息等的各种需求者。公共图书馆读者成分的广泛性和包容性是它区别于其他社会机构的重要特征，也是公共图书馆存在和发展的巨大政治资本和社会资本。社会越是分化，公共图书馆的这一特征便越是突出和可贵。

二、公共图书馆的职能

按照 IFLA1975 年的认定,公共图书馆的社会职能包括以下四方面:
①保存人类文化遗产。
②开展社会教育。
③传递科学信息。
④开发智力资源。

从社会公众对公共图书馆服务的需求而言,公共图书馆应该发挥如下职能:

1. 满足公众的教育需求

包括满足社会成员在维持基本的阅读写作能力及自学知识或接受学校教育时产生的对图书馆文献资料、服务和空间等的需求。

2. 满足公众的信息需求

包括满足社会成员或组织在职业活动、日常生活、兴趣爱好等方面产生的对各类知识和信息(如科学技术知识、商业经济信息、政府政策信息、本地区设施及服务信息等)及相关服务的需求。

3. 满足公众的研究需求

包括满足社会成员在从事职业性或业余性(如地方史、家史等)研究活动时所产生的对相关知识、信息、文献及服务的需求。

4. 满足公众的文化需求

包括满足公众为提高自己的文学艺术修养、开阔眼界、增长阅历、了解文化遗产等而产生的对各类资料和相关服务(如各种展览、书评、讲座)的需求。

5. 满足公众的交往需求

包括满足社会成员在进行情感交流、图书资料交换、学习研究心得的交换等活动时所产生的对图书馆空间和环境的需求。❶

三、公共图书馆的服务

单个意义上的公共图书馆服务主要包括以下内容。

---

❶ 于良芝. 图书馆学导论 [M]. 北京:科学出版社,2003:89.

1. 文献提供服务

文献提供服务是图书馆的最基本的服务。外借、阅览、送书上门等是文献提供服务的基本表现形式。

2. 参考咨询服务

包括帮助读者指引馆藏资料的位置；帮助读者查找资料；利用参考馆藏和网上资源解答读者提出的问题；对图书馆无法解答的复杂问题，将读者指向能解答其问题的其他机构等。

3. 促进阅读服务

促进阅读服务是以故事会、推荐书目、作家讲座、读书俱乐部、书展等形式向社会成员宣传图书、引导阅读的活动，目的在于培养和推动社会的读书氛围，为建设学习型社会作出应有贡献。

4. 社区活动与社区信息服务

社区活动一般按用户类别组织。为儿童和青少年组织的活动包括故事会、读书俱乐部、有奖读书活动、家教辅导服务、计算机培训服务，甚至各类表演（如木偶表演、动物表演）等。为成人提供的活动包括讲座、培训（手工、体操、摄影等）、读书俱乐部、各类展览等。很多公共图书馆还为社区群众团体（如集邮爱好者、天文爱好者等）的自发活动提供活动场地。这些活动虽然与文献资料的利用无涉，却是公共图书馆满足社区成员文化需求的重要途径。

社区信息服务（community information service）起源于20世纪五六十年代的英国和美国。社区信息服务所提供的信息主要包括与居民生活相关的法律信息、福利政策信息、消费者维权信息、税收信息及有关社区内的政治、经济、文化、教育、娱乐等方面的信息。

5. 特殊服务

所谓特殊服务，就是给那些利用图书馆困难的人群所提供的、不同于常规服务的个别服务。为各类残疾人提供的特殊人性化服务，是特殊服务的重要内容。为残疾人提供的特殊服务包括允许携带盲犬进馆、上门服务、从书架上代取资料、提供盲文资料及其阅读设备、提供特制路标、将资料制成盲文或录成磁带、馆内带路、提供交通等。❶

---

❶ 于良芝. 图书馆学导论［M］. 北京：科学出版社，2003：91-95.

四、公共图书馆的普遍均等服务

前面介绍的公共图书馆的服务,指的是单个图书馆的服务,而这里要讲的是地区性或全国性的公共图书馆服务体系。一个地区乃至一个国家的公共图书馆服务,作为公共文化服务体系的重要组成部分,必须遵循普遍均等的原则,即要提供普遍均等的公共图书馆服务。提供普遍均等的服务,必须首先建立普遍均等的公共图书馆服务体系。普遍均等的公共图书馆服务体系,"是指一个国家或地区的公共图书馆服务体系可以保障居住其中的所有人,无论其经济状况、年龄、性别、身体状况、种族、宗教等区别,都能就近获取其需要的知识、信息、文化资源及其他的图书馆服务"。❶

1. 普遍均等服务的概念

所谓普遍均等服务,就是使图书馆服务覆盖全社会,使所有的人都能无遗漏地、平等地、就近获得图书馆服务,以此保障每个人获得图书馆服务的平等权利。这一概念的内涵可从"覆盖全社会""就近获得服务"和"权利平等"三个方面诠释。

(1)覆盖全社会:普遍均等服务的基本表现

顾名思义,"覆盖全社会"指的是图书馆服务的所及范围,即以全社会所有人群都能得到服务为其范围。具体到每一区域(如省、市、县、乡、社区等)的公共图书馆系统而言,"覆盖全社会"指的是在所辖区域范围内所有居民无遗漏地都能得到图书馆服务。对一个国家而言,每个区域的图书馆服务所覆盖的人口数量之和,就是这个国家的公共图书馆服务"覆盖全社会"的程度。对一个特定的区域而言,实际得到公共图书馆服务的人口数量与该区域应得到公共图书馆服务的人口数量之比,就是该区域公共图书馆服务的覆盖率("覆盖全社会"的程度)。在现实的服务实践中,不存在"服务盲区"——某区域或某部分居民得不到图书馆服务,这是覆盖全社会的基本要求;覆盖率高低是衡量一个地区公共图书馆服务体系是否完善的基本标准之一。所谓普遍均等的公共图书馆服务,首先指的是遍及所有人的服务,而"遍及所有人的服务"必然要求"覆盖全社会"。所以

---

❶ 邱冠华,于良芝,许晓霞. 覆盖全社会的公共图书馆服务体系:模式、技术支撑与方案[M]. 北京:北京图书馆出版社,2008:3.

说，覆盖全社会是普遍均等服务的基本表现。

（2）就近获得服务：普遍均等服务的可及性

为了更好地理解"就近获得服务"的含义，我们可以作这样一个假设：某一个县的面积为5000多平方千米，人口为80万，在县城里建有面积为2000平方米的公共图书馆一座，且未在县城之外设有分馆和流动服务点，即未建成公共图书馆服务体系，但该县政府宣称该图书馆面向全县人民服务，据此又声称该县公共图书馆服务做到了"覆盖全县"。显然，该县所称"覆盖全县"只是一个理论意义上的"应然"，而不是现实意义上的"实然"，因为只建有一座图书馆必然使得该县绝大多数居民处于"服务盲区"（尤其是广大农村地区的居民），其主要原因是该县的图书馆服务对大多数居民来说不具有可及性，即大多数居民无法就近获得图书馆服务，因而事实上得不到图书馆服务。可见，让居民"就近获得服务"也是普遍均等服务的必备条件。

关于就近获得服务的程度，公共图书馆界往往用"服务半径"来衡量，只不过各国对服务半径的要求不尽一致。所谓服务半径，是指图书馆服务所辐射的地理范围，是读者与图书馆之间的物理距离或读者到达图书馆所用的时间。国际图联和联合国教科文组织于2001年修订的《公共图书馆服务发展指南》建议：在城市和近郊，利用私人交通工具到达最近的图书馆的时间不超过15分钟。而英国所确定的"服务半径"则用"在指定距离到达固定图书馆的住户比例"来衡量，其详尽程度令人叹服（表2-1）。美国《威斯康星公共图书馆标准》（2005）确定的服务半径是：在城市内部，驾车15分钟内可以到达；在乡村地区，驾车30分钟可以到达。新加坡人口密集区域服务半径约1~2千米，最大服务半径5~6千米；少儿图书馆位于公寓楼的底层，街区的大多数小孩只需5分钟就能走到。我国的《公共图书馆用地指标》（2008年6月1日起正式施行）提出的公共图书馆服务半径指标为：大型公共图书馆≤9千米；中型公共图书馆≤6.5千米；小型公共图书馆≤2.5千米。❶同时规定，大型馆覆盖的6.5千米服务半径内不应再设

---

❶ 依据我国的《公共图书馆建设标准》，大型馆指服务人口150万以上的馆，中型馆指服务人口20万—150万的馆，小型馆指服务人口20万以下的馆。

置中型馆；大、中型馆覆盖的 2.5 千米服务半径内不应再设置小型馆。❶

表 2-1　在指定距离到达固定图书馆的住户比例

区域类型	范围内的住户比率/%		
	1 英里❷	2 英里	人口稀疏区 2 英里
内伦敦区	100	—	—
外伦敦区	99	—	—
大城市区	95	100	—
自治市镇	88	100	72
郡县	—	85	72

（3）权利平等：普遍均等服务的实质

无论是"覆盖全社会"还是"就近获得服务"，都是为了实现权利平等。权利平等是普遍均等服务的实质和目的。所谓权利平等，主要指的是"当人们得到了相等的机会，拥有了基本的权益——在某种意义上是与他人一样的权益，他们就会感到获得了正义"。❸ 对公共图书馆服务来说，所谓权利平等，指的是人人都具有平等地获得图书馆服务的机会和条件。对此，国际图联和联合国教科文组织《公共图书馆宣言》的描述是："公共图书馆应该在人人享有平等利用权利的基础上，不分年龄、种族、性别、宗教信仰、国籍、语言或社会地位，向所有的人提供服务。公共图书馆必须为那些因各种原因不能利用普通服务的用户，例如小语种民族、伤残人员、住院人员、被监禁人员，提供特殊的服务和资料。"

2. 普遍均等服务的政策与措施

（1）普遍均等服务的政策

在国外的图书馆政策中，非常重视体现普遍均等服务的理念。其重点是为利用图书馆困难的人群给予政策支持。所谓"利用图书馆困难的人群"

---

❶　截至 2010 年年底，我国共有县级以上公共图书馆 2884 所，服务半径约 52.8 千米；每 46.8 万人拥有一座公共图书馆，与国际通行的每 2~5 万人拥有一座公共图书馆标准相比差距甚大；人均藏书量 0.46 册，与国际通行的 1.5~2.5 册标准相比差距甚大。

❷　1 英里＝1.609 344 千米

❸　里普森. 政治学的重大问题［M］. 刘晓，等译. 北京：华夏出版社，2001：42.

主要包括三部分：一是行动受限制的人群，如残疾人、老年人、孕妇、监狱服刑人员等；二是身处偏远地区的人群，如农村地区人群、城市远郊人群、海上作业人群等；三是在生活、交往和技术上存在障碍的人群，如低收入人群、少数语种人群、非主流文化人群（移民、土著人群等）、信息技术能力差的人群等。图书馆的普遍均等服务，必须照顾这些利用图书馆困难的人群。所以，图书馆服务政策必须明确支持利用图书馆困难的人群，以此促动和鼓励图书馆采取切实措施解决这些人群利用图书馆的困难。

1956年美国颁布的《图书馆服务法》明确规定，"本法目的在于向没有公共图书馆服务或图书馆服务不足的农村地区推广图书馆服务。……本法涉及的任何联邦拨款，只能用于在农村地区推广公共图书馆服务"。1982年美国修订的《图书馆服务与建设法》规定，"优先向低收入人群和英语不好人口集中的人群提供图书馆服务"。而且该法还专门列有"老年人图书馆服务"条款，规定：①开展图书馆员培训，使之更好地服务老年人；②为老年人开展特殊的图书馆服务项目；③为老年人购买特殊的图书馆资料；④为在图书馆老年人服务项目中担任助理工作的老年人支付工资；⑤为老年人提供送书上门或其他图书馆服务；⑥建立推广服务中心，使更多老年人了解到可用的图书馆服务；⑦为老年人利用图书馆提供交通工具。2009年美国的《博物馆与图书馆服务法》决定在博物馆与图书馆服务署（Institute of Museum and Library Services）内设立国家博物馆与图书馆服务委员会（National Museum and Library Services Board），规定其成员中不少于1人是图书馆弱势群体服务方面的专家，委员会成员应充分考虑妇女、少数群体、残障人的利益；在"图书馆项目"条款中规定：为多元文化、残障人、缺乏信息技术或读写能力的人群提供图书馆服务，为利用图书馆有困难的人群、落后城市和农村地区，提供图书馆服务。美国加利福尼亚州图书馆法规定：州图书馆一贯为盲人或因身体残疾而无法阅读印刷文献的人购买录音资料；州图书馆员可以为盲人和残疾人士提供免费的电话服务以便他们能直接利用图书馆服务。该法还规定在州政府任命的图书馆服务委员会成员中必须包括3名非业内人士：一位代表残疾人，一位代表英语水平有限的人群，一位代表贫困人群。英国的图书馆与信息专业人员注册协会（CILIP）依据英国《残疾人歧视法》中规定的"取消获取服务的所有物理障碍，以便确保有视觉、听觉、活动和学习障碍的人能享受服务"要求，制定了适应残疾人需求的图书馆建筑标准,建议图书馆书架的高度适合残疾人使用。芬兰1962年《图书馆法》规定,中央政府拨款占乡村地区图书馆总经费的2/3,城镇馆总经费的1/3,在此基础上边远地区可再追加10%~25%。

(2) 普遍均等服务的措施

图书馆提供普遍均等服务的措施,概括地说就是要建立覆盖全社会的公共图书馆服务体系。从国外做法看,总分馆制、流动图书馆服务和特殊服务是较普遍的做法。

①总分馆制。总分馆制也叫总分馆体系。根据ALA的定义,总分馆体系中的总馆是一个独立建制的图书馆或一个图书馆系统中充当管理中心的图书馆,它是图书馆系统集中加工文献的场所,也是收藏整个系统主要藏书的场所。分馆是总馆把一部分业务分离出去而形成的附属场所,必须拥有一个基本馆藏、常规的人员配置和固定的开馆时间。总分馆体系,是指由同一个建设主体资助、同一个管理机构管理的图书馆群,其中一个图书馆处于核心地位作为总馆,其他图书馆处于从属地位作为分馆。❶ 分馆在行政上隶属于总馆,或与总馆一起隶属于同一个主管部门,在业务上接受总馆管理。也就是说,在一个总分馆体系中,总馆具有财产管理权、业务管理权和行政管理权(包含人员管理权)。

总分馆体系一般具有如下特征:

◆由同一个建设主体设置和维持。

◆统一规划、布局。

◆统一财物管理。

◆统一人事管理。

◆统一文献采购和加工。

◆统一自动化平台和网站。

◆使用通用借阅证并开展通借通还。

◆统一策划读者活动。

---

❶ 邱冠华,于良芝,许晓霞. 覆盖全社会的公共图书馆服务体系:模式、技术支撑与方案 [M]. 北京:北京图书馆出版社,2008:7-8.

◆统一处理各分馆转移的参考咨询问题。[1]

实行总分馆制的目的就是借助星罗棋布的分馆模式把图书馆服务伸向需要服务的各个地方和人群之中，以此实现图书馆服务的"覆盖全社会"和"就近服务"。美国等图书馆事业发达国家普遍推行的总分馆制，其实就是旨在消除读者的距离障碍、提供普遍服务和就近服务而采取的图书馆服务模式。例如，美国纽约市皇后区中心图书馆就设有遍布全区的62个分馆；洛杉矶市中心图书馆设有66个分馆，遍布全市各个部位。据ALA2010年8月的统计，美国公共图书馆按行政单位计算共有9221所，按中心馆和分馆的分布模式计算，则有中心馆（central buildings）9042所，分馆（branch buildings）7629所，共计16 671所。丹麦哥本哈根公共图书馆系统，现包括1个总馆，21个分馆，1部流动书车，1个数据馆，1个连环画馆，1个地方行政管理图书馆，9个中学图书馆和100多个设在医院、监狱、养老院等处的阅览部。在法国，仅巴黎市就有80多家图书馆；人口在1~5万的市镇中，91%设有图书馆；为了解决人口在1万人以下的乡镇和农村居民的借书难问题，法国政府专门成立了省外借中心图书馆，覆盖全国97.75%的村镇，平均1500名乡村居民便有一个图书馆服务点或借阅点。

②流动图书馆服务。除总分馆制外，开展流动图书馆服务也是让偏远少数人群就近获得图书馆服务的有效措施。所谓流动图书馆服务，是指在不设立固定图书馆馆舍的情况下，为偏远少数人群提供图书馆服务的一种服务方式。下面是一些国家开展流动图书馆服务的事例：

◆在智利的圣地亚哥，图书馆在地铁站提供服务；

◆在葡萄牙和西班牙的加泰罗尼亚，每年夏季都设立海滨图书馆；

◆使用多种交通工具来提供图书馆服务，流动书车在很多国家都很普遍。在挪威有流动书船；在印度尼西亚用自行车和三轮车提供图书借还服务；在秘鲁人们使用驴来运送计算机和图书；在肯尼亚使用骆驼；在津巴布韦使用驴车；在荷兰的阿塔尔冬，人们使用机动脚踏两用车将图书运送到读者办公室或家中。

◆在南非的一些地方，在没有基础设施的非正式住宅区也有各种形式

---

[1] 邱冠华，于良芝，许晓霞. 覆盖全社会的公共图书馆服务体系：模式、技术支撑与方案[M]. 北京：北京图书馆出版社，2008：47.

的图书馆服务。例如，用汽车行李箱、诊所里的铁柜、货船集装箱或在大树底下提供服务，或者由个人或商店向社区的其他成员提供服务。还有对学校和养老院提供大批馆藏资料外借服务，为儿童疗养中心无法去图书馆的儿童提供故事会和学校作业信息服务。

◆在哥伦比亚，在人口较集中的地方，图书馆用可以装大约300册图书的铁柜，外加长凳和广告牌等为用户提供服务，每天开放两个小时。

③特殊服务。所谓特殊服务，就是为那些利用图书馆困难的人群所提供的、不同于常规服务的个别服务。有些读者因为各自不同原因无法享用图书馆的常规服务，但是这些读者同样有权利获得图书馆服务。因此，图书馆必须采取措施让这些读者得到馆藏资料和服务。为此，国际图联和联合国教科文组织于2001年修订的《公共图书馆服务发展指南》列举了如下特殊服务方式：

◆配备特别交通工具，如流动书车、流动书船和其他交通工具，为边远地区的居民服务；

◆为那些不能离家外出的人上门服务；

◆到工厂为职工服务；

◆为那些活动受限制的人，如住院病人和监狱犯人服务；

◆为身心残疾者提供特殊的设备和阅读资料，如为听力或视力不健全者提供个别的特殊服务；

◆为学习有困难的人提供特殊资料，如易读资料和录音带等；

◆为移民和新公民服务，协助他们适应新的社会，并提供他们的本土文化资料；

◆电子通信，如网上书目等。

在国外图书馆提供特殊服务的事例举不胜举，这里仅举一例：英国托贝郡（Torbay）地区约30%的公民已超过60岁，当地图书馆通过与其他机构的合作，为当地老人提供大字版和语音版的文献资料。而且托贝的图书馆服务会考虑退休人员的需要，帮助他们提高退休后的生活质量，为他们提供适当的家政服务帮助。此外，对该地区的有学习障碍的公民，提供可以提高生活基本技能的培训资料，以帮助这些有心理障碍的人群融入社会生活。

第二节 高等学校图书馆

高等学校图书馆又称大学图书馆,指隶属于特定高等教育机构,为该机构的教师、学生、科研人员及其他相关人员服务的图书馆。

一、高等学校图书馆的主要功能

1. 支撑研究过程的功能

通过建设相对全面的期刊馆藏、各类型数据库、高效率的馆际互借系统和文献传递服务、专业化的参考咨询及其他相关服务,满足教师、科研人员和研究生的科研需求,帮助学校提高其科研生产率。

2. 支撑教学过程的功能

通过建设相对全面的教学参考资料馆藏、加强与各院系的联系、参与课件开发及远程教育、提供教学设施等活动,为各院系的教学提供支撑服务。

3. 实施教学过程的功能

通过参与课程设计、讲授信息素质课和其他通用技能课程,直接实施教学功能。

4. 支持自主学习过程的功能

通过为学生个人提供舒适的自学场所、解答学生自学中遇到的资料需求问题等方式,成为学生学习的"第二课堂"。高等学校图书馆支撑着学生的自主学习过程,培养着他们终身学习的能力。

5. 开展图书馆学研究的功能

高等学校图书馆人才济济,有条件承担图书馆学研究项目,因而成为图书馆学研究成果的重要来源。❶

二、高等学校图书馆的服务

1. 文献提供服务

与公共图书馆一样,文献提供服务也是高等学校图书馆的基本服务内

---

❶ 于良芝. 图书馆学导论 [M]. 北京:科学出版社,2003:108-109.

容,其表现形式也是外借、阅览。

2. 参考咨询服务

高等学校图书馆的参考咨询服务是图书馆日常服务的重要组成部分。它经常处理的问题包括:a 有关图书馆使用过程的问题,如确定馆藏文献的位置,解决硬件、软件和网络问题等。随着数字化文献的增长,读者使用图书馆时遇到的硬件、软件和网络问题日益突出。b 读者在工作学习中遇到的问题,如统计资料、历史事实、人物、事件等。c 有些图书馆也承担一些较复杂的文献查询或调研任务,如科研课题的文献查新和文献综述。

3. 直接的教学支持服务

此类服务的内容主要包括:a 在馆内提供各种教学用设施,如视听室、电脑实验室、研讨室等;b 参与课程设计,将信息素质教育融入专业课程或单独开设;c 参与远程教育,如在图书馆内设专人负责远程教育服务,包括用户培训、邮寄书刊、电话咨询、电子邮件咨询、维护远程教育网页等;d 参与计算机辅助教学课件的开发,在这方面图书馆员的主要职责是评价、组织高质量的网络资源,形成嵌入课件的超级链接,设计检索图书馆电子资源的用户界面,提供虚拟咨询台,承担课件开发中的版权申请和管理任务等。

4. 社区服务

一些高等学校图书馆还为所在社区提供一定程度的服务,这包括在一定范围内向社区成员开放阅览馆藏、辅助性服务(如复印服务),为社区内的企业提供咨询服务或文献查询等。❶ 我国高等学校图书馆尚未形成社区服务的普遍传统。

第三节 科学与专业图书馆

科学与专业图书馆是由各种研究机构、政府部门、学会、协会、商业公司、企业商会等组织机构所支持的图书馆。在我国,中国科学院系统,中国社会科学院系统,中国医学科学院系统,中国农业科学院系统,中国军事科学院系统,大中型企业系统,医院系统,人民团体系统及隶属于国

---

❶ 于良芝. 图书馆学导论[M]. 北京:科学出版社,2003:106-109.

务院的各部、委、局系统等所支持的图书馆,是科学与专业图书馆的主体。

与其他类型图书馆相比,科学与专业图书馆的特点主要表现在以下方面:

第一,办馆目标与其母体机构的目标相一致。如研究机构的图书馆的目标就是支持母体机构的研究活动,公司企业的图书馆的目标就是帮助母体机构赢得利润。

第二,馆藏文献来源更加多样。不仅包括公开出版的文献还包括非公开出版的文献(如会议论文、内部交流文献、课题项目结题原件、本单位活动形成的各类资料等)。

第三,更加显著的专业性。这一特点体现在两方面:一是收藏文献范围的专业性,二是文献处理与加工过程的专业性。科学与专业图书馆通常需要对文献进行深层加工,形成和提供二、三次文献,如对图书章节或科技论文进行深度标引、编制科研动态通报、编写专题索引、文摘或综述等。

第四,服务的针对性。科学与专业图书馆通常需要提供定题服务,即针对某一课题研究的需要,提供相应的检索、代译、代写、复制以及其他辅助性服务。

第四节　国家图书馆

《国际图书馆统计标准》(ISO 2789:2006)将国家图书馆定义为按照法律或其他规定,负责收集和保管国内出版的所有的主要出版物的副本,并起贮藏图书馆的作用,不管其名称如何,都是国家图书馆。该标准之所以强调"不管名称如何",是因为不同国家的国家图书馆往往因其起源的不同而在名称和功能上有所差异。如我国的国家图书馆,是1909年建立的京师图书馆延续发展、改名而来的综合性图书馆。在北欧一些国家,大学图书馆(如丹麦的哥本哈根大学图书馆、挪威的奥斯陆大学图书馆、芬兰的赫尔辛基大学图书馆)肩负着国家图书馆的任务。而美国以国会图书馆作为国家图书馆,另设有国立医学图书馆、国立农业图书馆和国立教育图书馆等。

一、国家图书馆的管理体制

世界上大部分发达国家的国家图书馆,其管理体制有两个特点:一是立有专门的国家图书馆法,二是采用董事会制度来管理国家图书馆。如在英国,1972年首先制定了《英国图书馆法》,然后于1973年正式建立不列颠图书馆。不列颠图书馆由专门成立的国家图书馆董事会(British Library Board)管理。该董事会通常包括8~13名委员。董事长由国务大臣任命,委员中,一位由女王任命,其余的由国务大臣任命。董事会负责制定国家图书馆政策,审定预算,任命馆长等决策事务;图书馆馆长是董事会的当然成员,负责图书馆的日常管理工作。我国的国家图书馆一直隶属于国家文化和旅游部,文化和旅游部直接负责国家图书馆的方针政策和发展规划等;国家图书馆馆长由文化和旅游部任命,负责管理图书馆的日常业务及行政工作。

二、国家图书馆的职能

①完整、系统地搜集和保管本国的文献,从而成为国家总书库。

②有重点地收藏国外出版物,拥有一个丰富的外文馆藏。

③为国家机关提供法律、政策方面的调研与咨询服务。

④编印国家书目和联合目录,利用网络进行远程合作编目,发挥国家书目中心的作用。

⑤负责组织图书馆现代技术设备的研究、试验、应用和推广工作,在推动图书馆实现现代化中起枢纽作用。

⑥组织、推动全国图书馆学研究。

⑦代表本国图书馆界和广大图书馆读者的利益,参加国际图书馆组织和学术交流活动,成为本国图书馆界的对外交流中心。

第三章 读者权利与图书馆权利

从一般意义上说，图书馆的设立和存在就是为了满足读者的阅读需要。而从权利政治学意义上说，设立和发展图书馆事业，是为了保障社会公众利用图书馆来获取知识和信息的权利，这是保障公民文化权利的重要方面之一。社会公众利用图书馆来获取知识和信息的权利，即读者权利。图书馆为维护读者权利而应负有的责任及其原则立场，即图书馆权利。无论是读者权利还是图书馆权利，必须避免政府权力及其他社会权势的非正当干涉，才能得到有效保障。反过来说，无论是读者权利还是图书馆权利，必须得到政府的有力支持，才能得到有效的保障。

第一节 读者权利

根据国内外图书馆理论和实践中的普遍共识，图书馆读者权利可概括为五大方面：平等获取知识和信息的权利（简称"平等获取权"），免费享受图书馆基本服务的权利（简称"免费享受权"），自主选择知识和信息而不受干涉的权利（简称"自主选择权"），对图书馆服务进行批评、建议和监督的权利（简称"参与管理权"）和个人信息受到保护的权利（简称"个人信息权"）。

一、平等获取知识和信息的权利

1. 平等获取权的内容

平等获取知识和信息的权利，也可以叫作"平等利用图书馆的权利"。平等获取权包含两方面的内容：身份平等权和机会平等权。

（1）身份平等权

身份平等权，是指每个人无论出身背景（出生地、性别、年龄、种族等）、思想意识（思想传统、信仰、禀性、习惯等）和社会地位（政治地位、经济地位、文化地位等）如何，一律平等地享有利用图书馆获取所需知识和信息的权利。对此国际图联和联合国教科文组织的《公共图书馆宣言》（1994）的表述是："每一个人都有平等享受公共图书馆服务的权利，而不受年龄、种族、性别、宗教信仰、国籍、语言或社会地位的限制。"IFLA的《格拉斯哥宣言》（2002）的表述是："图书馆和信息服务机构要一视同仁地为用户提供资料、设施和服务，不允许出现因种族、国家或地区、性别、年龄、健康状况、宗教或政治信仰等任何因素而引发的歧视。"

在图书馆服务中，读者身份平等，意味着"图书馆面前人人平等"，所有读者在身份上不存在高低贵贱之分。身份平等的对立面是身份特权。所以，"图书馆面前人人平等"意味着任何读者都没有特权。如果某一读者或某些读者具有身份特权，必然会产生身份歧视，而身份歧视被现代图书馆理念视为"不人道"而加以摈弃和抵制。

（2）机会平等权

所谓机会，是指社会成员生存与发展所需的时机和条件。机会平等权是指社会成员依据社会公正原则应该平等享有的自我生存与发展的机会的权利。实现机会平等的基本原则应该是：平等的应当予以平等的对待，不平等的应当予以不平等的对待。这一基本原则可以进一步具体表述为：社会提供的机会应该完全平等，而非社会提供的机会则不应平等。社会提供的机会完全平等，意味着人人应该完全平等享有社会所提供的发展自己潜能的各种机会；而由家庭、禀赋、运气等非社会提供的机会，归根结底是幸运者的个人权利，无论如何不平等，社会和他人都无权干涉。

图书馆服务中的机会平等权，是指每个社会成员无论身份如何，都应有享受图书馆服务的机会。毋庸置疑，人们利用图书馆来获取知识和信息的机会，属于"社会提供的机会"。如果在一个图书馆服务系统中，只有一部分人能够得到服务（即一部分人垄断了机会），而另一部分人得不到实际的服务（即这一部分人被剥夺了机会），那么这种情况就是典型的机会不平等情况。

身份平等和机会平等两者之间具有紧密的内在联系。其实，我们可以把两者看作是"一个问题的两个方面"。所谓"一个问题"，意思是两者的本质一致，即两者的实质都是"权利平等"——无论是身份平等还是机会平等，都是读者利用图书馆的权利平等的表现。所谓"两个方面"，意思是两者具有一定的区别：身份平等强调的是"平等地对待每一个读者"，反对身份特权和身份歧视；机会平等强调的是"给每个人以平等地利用图书馆的机会"，反对机会垄断，反对人为地剥夺某一或某些读者利用图书馆的机会权利。

2. 保障平等获取权的基本要求

图书馆欲保障读者的平等获取权，关键是要做好三方面的工作：同等情况同等对待；给所有读者以平等机会；特别重视保障弱势群体读者的平等权利。

(1) 同等情况同等对待

从语言逻辑上看,在"同等情况同等对待"命题中实际上包含了"不同情况不同对待"的意涵。同等情况同等对待是平等对待,不同情况不同对待也是一种平等对待。

就"同等情况同等对待"而言,关键是要杜绝"同等情况不同等对待"。为此应该做到:对同一读物的借阅需求,无论其读者身份如何,都应同等对待(除了某一读物的流通有合理合法的限制性规定);同一类型读者(如同为少儿读者、同为老年读者、同为残障读者、同为研究型读者等),无论其身份如何,都应同等对待;任何规章制度,对其规约对象无论其身份如何都要平等对待,即规章制度面前人人平等,对任何读者都不应给予违规而不受规制的特权;任何一种服务活动(如外借服务、阅览服务、参考服务、讲座报告、读者活动等),无论读者或用户的身份及其表现有何区别,都应给予平等的准入权和享用权。❶

在"不同情况不同对待"方面,关键之一是要杜绝"不同情况同等对待"。为此,必须对不同特征、不同需求的读者采取不同的服务策略,如对少年儿童读者的服务,必须与对成年人、老年人读者服务的方式区别开来,应该为他们专门提供适宜的阅览座椅、读物及相应的服务语言和服务环境;对不同需要的读者采取个别的服务方式,如对需要得到课外学习辅导的少儿读者提供辅导教师服务,对远距离或行动不便的读者提供送书上门服务,等等。

图书馆服务中的"不同情况不同对待",其要求用一句话概括地说就是:杜绝把读者之间的客观差异同质化的做法。如果对不同读者采取同质化的服务手段,必然产生"一般淹没特殊""普遍化代替个性化"的现象,也就是说,无视差异的同质化服务手段,必然带来剥夺一部分人正当权利的结果。"不同情况不同对待"的合理性,在于它符合"具体问题具体处理"的辩证唯物主义原理,也符合"多数人保护和尊重少数人权利"的现代民主政治原则。

---

❶ 2009年,国内某公共图书馆门前曾立有这样一个告示牌:"为保持馆内文明舒适的公共环境,请您注重仪容整洁,请不要穿背心、短裤、拖鞋(含无后系带的凉鞋)等进入馆内。"这可视为剥夺读者平等准入权的典型案例。

（2）给所有读者以平等机会

对一个人获取某种社会资源而言，有权利不一定有机会。因此，图书馆为了保障读者的平等获取权，不仅要保障读者利用图书馆的平等权利，而且还要保障读者利用图书馆的平等机会。目前我国在公共文化服务体系建设中遵循的"普遍均等"原则，反映到图书馆领域就是"给所有读者以平等机会"。也就是说，"给所有读者以平等机会"，是公共文化服务普遍均等原则在图书馆服务中的具体体现。

在公共图书馆服务中，要做到"给所有读者以平等机会"，关键是要做到：不排斥、不遗漏一部分读者利用图书馆的平等机会。也就是说，公共图书馆服务体系应该达到"覆盖全社会"的要求。具体地说，就是不存在"服务盲区"——某区域或某部分居民得不到图书馆服务。

我们知道，所谓"普遍均等"，其实质是"权利平等""机会均等"。我们又知道，我国公共图书馆服务体系建设在"机会均等"的保障上还有一些差距，如城市居民与农村居民之间获得公共图书馆服务的机会严重不均等；发达地区居民与欠发达地区居民之间获得公共图书馆服务的机会严重不均等。又如靠省级财政支持的省级图书馆从理论上说服务于全省人民，但事实上主要服务于省城的机构和居民；靠地市级财政支持的市图书馆从理论上说服务于全市人民，事实上却主要服务于城区的居民；靠县级财政支持的县级图书馆从理论上说是服务于全县人民，事实上却主要服务于县城居民；而到了人口最多的乡镇、村级组织，则较少提供图书馆服务。这就是我国目前在公共图书馆服务供给上城乡差别较大的根本原因及其表现。在我国，建设普遍均等的公共图书馆服务体系的意义就在于解决这种"机会严重不均等"的问题。

（3）特别重视保障弱势群体❶读者的平等权利

在图书馆服务中，能否保障读者的身份平等权和机会平等权，其中一个特别关键的问题就是：能否有效保障弱势群体读者的平等权利。可以说，有效保障弱势群体读者的平等权利，是图书馆保障平等获取权的关键所在，甚至可以说，不能有效保障弱势群体读者的平等权利，就称不上保障读者

---

❶ 本书中使用的"弱势群体"这一概念，是一个宽泛意义上使用的概念，指的是各类"利用图书馆困难的人群"。

的平等获取权。其实,特别重视保障弱势群体读者的平等权利,是"给所有读者以平等机会"原则的延伸性原则,因为能否"给所有读者以平等机会"的关键是能否给弱势群体读者以平等机会。博尔赫斯曾说"天堂应该是图书馆的模样",其实,若把图书馆比作"弱势群体读者的天堂",更具有深入人心的意义。

在国外图书馆界,关于"弱势群体"(vulnerable groups)的称谓,不同国家图书馆学文献中曾使用过多种术语——未服务到的人群、未充分受到服务的人群、城市边远人群、非用户群体或非读者、特殊人群、社会底层群体、工人阶级、非特权人士,以及难以延伸到的人群等。从总的流变情况看,20世纪60年代以前,以"穷人"称之的比较多;20世纪60至80年代以"弱势群体"称谓的多。为了更全面、更深入地了解图书馆重视保障弱势群体读者的平等权利的意义,下面分别介绍英国、美国和IFLA关注弱势群体读者权利的情况。

◆英国关注弱势群体读者权利的情况

20世纪30年代以来,英国公共图书馆界开始以"普遍服务"(universal service)来重新界定自己的使命。麦克考文(McColvin)就认为一个"图书馆必须为所有人服务"。❶ 为此必须建设图书馆网络(library grid),通过设立分馆、流动图书馆来使图书馆在全国范围内普及,同时也将服务延伸到如监狱犯人、医院病人、海上灯塔的看护人及残疾群体等具有特殊需求的用户群体身边,图书馆员应该承担起把服务延伸到图书馆之外的读者和潜在读者的责任。

1997年以布莱尔(Blair)为首相的工党执政以来,英国图书馆界的普遍服务、向所有人服务、为弱势群体服务等理念逐渐被纳入到"社会包容/社会排斥"话语体系中。2003年,由英国公共图书馆的政府主管部门文化、传媒和体育部(DCMS)推出的报告《未来行动框架:未来10年中的图书馆,学习和信息》指出,所有图书馆都被鼓励"与那些难于延伸到的群体和个人打交道,识别这些人群,并明确其特定需求,必要的话重新设计服务以消除包容方面的障碍""图书馆必须寻找、理解和服务于非用户的需

---

❶ MCCOLVIN L. The public library system of Great Britain [M]. Library Association, London, 1942.

求,他们中一些人可能在图书馆环境中感觉不自在"。英国图书馆界为视障读者和行动不便读者提供特殊服务的数据,说明了英国图书馆界保障弱势群体平等权利的概貌:93%的英国公共图书馆允许视障者带导盲犬进馆,93%图书馆为行动不便的人提供上门服务。

◆ 美国关注弱势群体读者权利的情况

总的来说,美国公共图书馆界保障弱势群体平等权利的做法主要表现为:图书馆服务覆盖城市边远居民、覆盖农村居民、关注弱势群体。

在覆盖城市边远居民方面,以边远居民为服务目标的分馆建设,为不便于利用图书馆的城市边远人群提供了方便地利用图书馆的保障条件。1869年,波士顿公共图书馆率先在东波士顿建立了分馆。此前他们做了一个调查发现,波士顿1/8居民注册成为图书馆用户,罗克斯伯勒有1/14,南波士顿有1/16,而东波士顿只有1/26的居民注册成为图书馆用户。究其原因,主要是因为东波士顿居民距波士顿公共图书馆较远,因而大多数人难以利用图书馆。于是,波士顿图书馆理事会决定在东波士顿建立一个分馆,到1877年,波士顿市共建6个分馆。可见,服务半径是影响人们利用图书馆的重要因素。缩小服务半径的最好办法就是设立星罗棋布的图书馆及其服务网点。例如纽约公共图书馆系统,1980年纽约5个区共有201个图书馆(中心馆和分馆之和),分馆之间的平均距离为1.3英里(即平均服务半径为1千米),平均3.5万人拥有一座图书馆。据统计,2008年全美国共有9221家公共图书馆,其中1559家建有一个或多个分馆,670家设有流动图书馆。在这些"中心馆—分馆"体系内共有16 671个场馆,其中中心馆9042个,分馆7629个,流动图书馆797个。建立如此众多的分馆和流动图书馆,并保证分馆之间适宜的服务半径,❶目的就是保障不便于利用图书馆的人群平等利用图书馆的权利。要知道,对公共图书馆服务来说,"不便于利用图书馆的人群"即可视为广义上的"弱势群体"范畴。

在覆盖农村居民方面,美国联邦政府1956年出台的《图书馆服务法》起到了最有力的推动作用。该法的第一条"政策声明"中强调本法目的是

---

❶ 早在1942年,ALA的公共图书馆标准就规定了分馆的标准:服务半径为1~1.5英里,最低服务人口为2.5万~5.5万人。参见:刘旋.美国公共图书馆"中心馆—分馆"体系溯源[J].国家图书馆学刊,2011(1):56-60.

"向没有图书馆服务或图书馆服务不足的农村地区推广图书馆服务"。《图书馆服务法》规定联邦拨款只能用于人口在一万人以下的农村（不得用于城镇地区）。所以，各州执行《图书馆服务法》的主要做法就是通过大量的流动图书馆（mobiles library）把服务延伸至广大偏远农村地区。根据1960年的统计，全国当时共有200多辆流动书车投入使用，约3000万农村居民、65万个农村郡县第一次获得图书馆服务。

从美国联邦图书馆法的演变过程看，对保障弱势群体利用图书馆的平等权利强调最多的是1964年出台的《图书馆服务与建设法》（Library Services and Construction Act）。起初，该法第四条"州图书馆特殊服务"中规定对弱势群体提供特殊服务只限于两类对象：一是为公立机构（如监狱、医院、孤儿院、养老院等）提供图书馆服务；二是为残疾人提供服务。1984年修订时，增加了"针对印第安部落与土著居民的图书馆服务"（library services for indian tribes and native hawaiians）和"图书馆扫盲活动"（Library literacy programs）条款。在1990年修订时，扩大了"残疾人"的定义，将肢体或精神障碍、视觉障碍或听觉障碍人群纳入范围，而在"计划与项目"（plans and programs）一条中，增加对反歧视的要求，规定任何接受联邦资助的项目都必须无歧视地向所有公民提供服务，不得因种族、宗教信仰、年龄、性别、国籍或身体等原因限制人们利用图书馆服务。该修订法案又增设协助图书馆开展"代际图书馆项目"（intergenerational library program）一项，即由老年人志愿者来照看放学后的学龄儿童；协助图书馆提供流动图书馆服务，建立符合资质要求的"幼儿照看中心"（child-care centers）；协助图书馆与其他非营利机构合作，成立扫盲中心，减少成年人的文盲数量，帮助他们充分就业。《图书馆服务与建设法》作为一种联邦拨款法，对州政府投入于残疾人服务方面的要求非常严格，为此专门提出有要求：州政府对残疾人图书馆服务事业在第二年的投入水平不能低于上一年度。还值得一提的是，该法1982年修订时专门设有"老年人图书馆服务"一条，并规定联邦拨款中专门划出经费用于下列事项：①开展图书馆员培训，使之更好地服务于老年人；②为老年人开展特殊的图书馆服务项目；③为老年人购买特殊的图书资料；④为在图书馆老年人服务项目中担任助理工作的老年人支付工资；⑤为老年人提供送书上门或其他图书馆服务；⑥建立推广服务中心，使更多老年人了解到可用的图书馆服务；⑦为老年人利用图书馆提供交通工具。可见,《图书馆服务与建设法》所涉及的弱势群体范围非常广泛,包括弱势公立机构(如监狱、医院、孤儿院、养老院、特殊教育学校等)、残疾人、儿童、老年人、少数族裔(如印第安部落居民、土著居民以及非英语母语族群等)。

1979年,美国"白宫图书馆和信息服务会议"召开,会议主题为"将信息带给民众"(bring information to people)。在此次会议通过的建议案中,关于保障弱势群体读者利用图书馆的平等权利的理念,得到了最全面的表述:"……图书馆有责任将服务延伸到所有人,……获取利用精确的、及时的信息对于个人来说是十分必要的……图书馆通常并不能延伸到那些需要其服务的人群中……特殊人群如儿童和青少年,老年人,困居家中者,囿于机构者包括受监禁和服刑人员等,种族少数族裔,那些处于地理隔离区域的人群,智障、多重障碍等残疾人,文盲及半文盲,以及英语非母语者等,现在仍没有给予足够服务……因而,如果要解决这些问题,阻碍这些服务的障碍,无论是法律的、经济的、技术的、态度的、环境的、文化的、地理的或者其他的,都必须被消除,图书馆的物理设施和员工必须有能力为社会所有成员提供服务,……应该通过联邦立法来保证所有公民具有平等获取所有公共信息的权利"。

说到图书馆为弱势群体服务,在方法上人们普遍想到延伸服务(在英国一般称为"社区服务")。美国图书馆界将延伸服务界定为"识别如下群体并与之建立联系和提供服务的图书馆服务项目,这些人群包括未能充分接受教育的人群、需要特殊图书馆服务的种族或少数群体、失业人群和需要就业帮助的人群、居住在没有图书馆服务地区的人群、盲人、身体残疾群体、老年人,以及犯人等囿于机构中的人群"。由此可见,在延伸服务中必然包含为弱势群体服务的内容,而且延伸服务的主要意义和价值就在于它是为弱势群体服务的有效手段,亦即延伸服务(包括社区服务和特殊服务)是图书馆保障弱势群体读者平等获取权的基本手段。

◆IFLA关注弱势群体读者权利的情况

IFLA也非常重视保障弱势群体读者的平等权利的问题。尤其是进入信息社会以来,IFLA根据建设信息公平社会的诉求,把保障弱势群体读者的平等权利问题纳入到"信息富有者/信息贫穷者"话语体系中加以讨论和研究。如1999年在泰国曼谷举行的IFLA大会上,教育与发展部属下的"社会责任讨论组"发表了《国家内部和国家之间不断增长的信息富有者和信息贫穷者之间的差距》(*The Growing Gap between the Information Rich and the Information Poor, Both Within Countries and Between Countries*)论文集,从5个方面全面定义了信息贫穷者:①发展中国家中经济状况处于弱势的人群;②与外界缺乏交流和交通不便的边远地区的人们;③文化缺乏的弱势群体,尤其是文盲、老人、妇女和儿童;④由于种族、信仰和宗教而受到歧视的少数人群;⑤生理残疾者。同时,此次会议指出了信息贫穷者产生的原因并提出了改进建议:①文盲是产生弱势群体的重要原因,建议图书馆必须要融入所在的社区中,识字教育是图书馆的职责,IFLA应当促使识字培训成为图书馆的一项基本服务;②信息是一切发展的先决条件,必须要确保合适的信息在合适的时间以最广泛的形式传递给需要的用户,图书馆要为弱势人群提供信息获取点,成为社区的信息中心;③图书馆服务是一项公共福利,保障免费获取信息是民主政府的职责,收费会降低一部分人对图书馆的使用,尤其是对儿童和青少年;④信息技术的快速发展更加大了已经存在的信息富有者和信息贫穷者之间的差距,图书馆有责任尽力使电子信息的获取公平化;⑤发达国家和发展中国家之间缺乏充分的合作和资源共享,IFLA应当监督和报道各个国家图书馆协会是如何解决信息鸿沟问题的,并把对第三世界图书馆的关注作为其规划和活动的中心。❶

为了专门研究和制定弱势群体服务政策,IFLA成立有"弱势群体服务图书馆专业组"(Libraries Serving Disadvantaged Persons Section,LSDP),是IFLA内长期关注那些不能利用常规图书馆服务的特殊人群的专业组之一。它从IFLA"医院图书馆委员会"(IFLA's Hospital Library Committee)发展而来,至今已有70多年的历史。该专业组长期致力于制定和落实图书馆为弱势群体服务的有关政策(表3-1)。❷

---

❶ 肖雪,王子舟. 国外图书馆对弱势群体知识援助的历史与现状[J]. 图书情报知识,2006(3):21-29.

❷ 王素芳. IFLA弱势人群服务图书馆专业组制定的服务政策及对我国的启示[J]. 图书馆,2006(6):17-21,84.

表 3-1　IFLA 弱势群体服务图书馆专业组制定的服务政策一览表

名　称	出版时间	基本情况
《监狱犯人图书馆服务指南（第 3 版）》	2005	IFLA 专业报告 46 号
《残疾群体利用图书馆——检查清单》	2005	IFLA 专业报告 89 号，2005 年出版；是关于图书馆如何使各类残疾人平等利用图书馆的一个综合指南。主要从物理设施、馆藏资料类型、服务及与社会残疾人组织和个人交流三方面进行阐述
《诵读困难群体图书馆服务指南》	2001	IFLA 专业报告 70 号
《医院病人、长期居住在护理机构中的老年人和残疾人图书馆服务指南》	2000	IFLA 专业报告 61 号
《聋哑群体图书馆服务指南（第 2 版）》	2000	IFLA 专业报告 24 号；在 1991 年第 1 版基础上修订而成，2000 年出版
《活动受限群体对图书馆建筑的物理要求指南》		在该专业组 2002—2003 年度规划中提到要制订这个指南
《易读服务指南》	1997	由 Bror I. Tronbacke 编撰 ISBN90-70916-6-49
《医院病人和社区残疾群体图书馆服务指南》	1984	1984 年 IFLA 专业报告 2 号

二、免费享受图书馆基本服务的权利

公共图书馆提供的基本服务必须免费，社会公众具有免费获得公共图书馆基本服务的权利，这是世界公共图书馆界一贯遵循的基本理念和基本行为规范。

1. 免费享受权的依据

（1）免费享受权的政治学依据

社会公众具有免费获得公共图书馆基本服务的权利，其政治学依据在于：国家有责任对公民进行民主素养教育，提高其民主参与能力，并提供所需的知识和信息，而提供免费的公共图书馆基本服务就是国家履行这种责任的具体表现，因为公民利用图书馆来免费获取知识和信息，非常有利于普及和提高自身的民主参与能力。也就是说，国家提供免费的公共图书馆基本服务，是基于充分实现民主政治的需要而作出的具体制度安排。

提供免费的公共图书馆基本服务，就是让公民掌握充分的知识和信息，进而有助于提高其参政议政的水平，而如果公共图书馆的基本服务采取收费方式，那就等于把那些无力付费的公民拒之于民主政治之外，缩小了民主的广泛性，降低了民主的合法性。故此，国际图联和联合国教科文组织《公共图书馆宣言》1949年版申明："公共图书馆是现代民主政治的产物，是作为终身教育的大众教育中体现的民主信念的实际典范……作为一种民享民有的民主化机构，公共图书馆必须依法设立和运作，必须全部或大部分由公费支持，对其所在民众，应不分职业、信仰、阶层或种族，一视同仁，给予同等的免费服务。"

正是因为上述政治学依据得到了人们的普遍认同，所以各国的图书馆法都对读者的免费享受权作出了明确的规定。如日本现行图书馆法（1999年修订）第17条规定：公立图书馆不得征收入馆费及其他任何利用图书馆资料的补偿费用。❶ 对此，日本图书馆协会在《公立图书馆的任务和目标》（1989年公布，2004年修订）中进一步表述为："公立图书馆是由公费支持的公共设施，任何居民都可以免费使用。"❷ 美国联邦图书馆立法对免费享受权的规定则是通过对"公共图书馆"的定义来作出的，如1956年的《图书馆服务法》对"公共图书馆（public library）"的定义是："指全部或部分由公共资金支持、为某社区的所有居民提供免费服务的图书馆。"而《图书馆服务与建设法》对"公共图书馆（public library）"的定义是："指为某社区、地区的居民提供免费的图书馆服务，部分或全部经费来源于公共资金的图书馆。"对"公共图书馆服务（public library service）"的定义是"由公共图书馆提供的免费服务。"美国的州图书馆法中也都有提供免费服务的明确规定，如科罗拉多州图书馆法声明："作为本州公众教育法规的一部分，本州的政策是促进建立和发展各种类型的由公共财政支持的免费图书馆服务全州，确保公众获取信息的平等权利。"美国加利福尼亚州图书馆法声明："通过继续开放免费公共图书馆广泛传播信息和知识符合人民和州政府的利益。这种信息和知识的传播不仅是公众的普遍关切，更是州政府鼓励本州人民自觉地终身学习的责任。公共图书馆是对正规免费公共教育

---

❶ 沈丽云. 日本图书馆概况［M］. 上海：上海科学技术文献出版社，2010：236.
❷ 同❶：270.

系统的补充，是所有不同年龄、文化背景和经济状况的人们信息和想象力的来源，是继续教育和受过多年正规教育后进行再教育的渠道，因此应该从各级政府得到足够的财政支持。"

(2) 免费享受权的经济学依据

社会公众具有免费获得公共图书馆基本服务的权利，其经济学依据在于：公共图书馆是公共物品，而且是具有高度正外部性的公共物品，❶ 政府有责任以公共财政普遍提供公共图书馆服务，公民则以纳税方式"预付"了获得公共图书馆服务的费用，因此，公共图书馆在提供基本服务过程中不应再收取费用；若公共图书馆的基本服务采取收费服务方式，必然对支付能力弱者产生经济障碍。这种经济障碍，必然导致"富者通吃"的局面，即导致经济歧视、身份歧视。故此，ALA 的《信息利用的经济障碍》明确指出：ALA 反对就所有图书馆的信息提供和主要由政府资金支持的信息服务向读者收取费用；……就使用政府资金购买的图书馆馆藏、服务、计划或设备向读者收取费用，造成了利用障碍；这些费用实际上削弱或拒绝了社区一部分成员的利用要求，因为收费加剧了基于支付能力和支付意愿的读者之间的差别。❷ 自 20 世纪 90 年代以来，互联网环境中产生的"数字鸿沟"现象越来越严重，给弱势群体利用互联网获取信息造成了经济障碍，故此，IFLA《因特网宣言》指出，"因特网提供了全球范围内相互连接的媒介，所有人都有权享用""使用因特网不应该受到来自意识形态、政治或宗教的新闻检查的影响，也不应受到经济困难因素的影响"。IFLA 的《公共图书馆服务发展指南》也指出，"图书馆必须向公众免费提供因特网/万维网的检索利用，使所有的人不管经济状况如何，都可以使用电子载体的信息"。❸

---

❶ "外部性"又称溢出效应、外部影响，指一个人或集体的行动和决策使另一个人或一群人受损或受益的情况，"正外部性"指"受益"情况，"负外部性"指"受损"情况。

❷ 程焕文，张靖. 图书馆权利与道德 [M]. 桂林：广西师范大学出版社，2007：377-378.

❸ 菲利普吉尔领导的工作小组代表公共图书馆专业委员会. 公共图书馆服务发展指南 [M]. 林祖藻，译. 上海：上海科学技术文献出版社，2002：45.

2. 保障免费享受权的条件

公共图书馆保障读者的免费享受权是有条件的，这种条件主要包括两方面：一是政府投入的足额保证，二是明确基本服务的范围。

(1) 政府投入的足额保证

我们知道，世上没有免费的权利，就像"没有免费的午餐"一样。所谓公民对公共图书馆基本服务的免费享受权，其实不是"免费"，而是以纳税为代价的；所谓"免费享受"，指的是"非重复纳税"。也就是说，公民以纳税方式已支付了获得公共图书馆基本服务的费用。这是国家基于公共图书馆服务的高度正外部性而作出的制度性安排，这也符合"取之于民，用之于民"的国家税收政策。

图书馆是非生产性部门，无法用利润抵消运行成本，更无法用利润补充再生产费用。这种情况下，图书馆想保证提供免费服务，必须以政府保证足额的公共资金投入即运行费用为前提条件。

在我国公共图书馆界，过去曾经出现过个别公共图书馆不合理收费甚至"乱收费"现象，由此公民的免费享受权遭到侵犯。究其原因，除了图书馆本身的"非理性"因素之外，政府的经费投入严重不足是其中的重要原因。现在，在建设"服务型政府"和"公共服务均等化"的大势所趋下，我国政府对个别公共图书馆投入的不足问题，已有了较大改善，而且对公共图书馆的免费开放作出了专门的制度性规定。如2011年2月10日，文化部、财政部出台的《关于推进全国美术馆公共图书馆文化馆（站）免费开放工作的意见》规定，2011年年底之前全国所有公共图书馆、文化馆（站）实现无障碍、零门槛进入，公共空间设施场地全部免费开放，所提供的基本服务项目全部免费；为保证免费开放工作的顺利实施，各级财政部门将进一步明确美术馆、公共图书馆、文化馆（站）公益性文化单位性质，按照"增加投入、转换机制、增强活力、改善服务"的原则，建立免费开放经费保障机制，保证免费开放后正常运转并提供基本公共文化服务；中央财政安排专项资金，重点对中西部地区美术馆、公共图书馆、文化馆（站）开展基本公共文化服务项目所需经费予以补助。

(2) 明确基本服务的范围

公共图书馆服务的免费范围，只能是基本服务。那么，基本服务的范围如何确定呢？对这一问题，目前公共图书馆界有一个大体一致的认识：

第一，首先确定公共图书馆的基本职能，履行这一基本职能的服务即为"基本服务"。公共图书馆的基本职能一般由相应的图书馆法规、行政规章加以明确规定。

第二，基本服务之外的服务即为"非基本服务"，非基本服务所需经费政府没有必须保障的绝对责任，故读者若想获得政府未给予经费保障的非基本服务，应该付费。需要说明的是，这种付费必须以读者自愿为前提。

第三，由公共图书馆的公益性质所决定，提供非基本服务所收取的费用必须是成本费，不能有利润，而且还要遵守"非分配约束"（non distribution constraint）原则，即不能把所收费用用于职工或其他利益相关人的福利。

如何确定"基本服务"和"非基本服务"的范围，以及如何具体把握收费与不收费的界限，解决这一问题，最好要有明确的相关法律或政策规定，使其具有可操作性。如英国的《公共图书馆与博物馆法》第八条"图书馆设施收费的限制"，专门对"收费"与"不应收费"的界限做了明确的规定。又如1992年5月澳大利亚新南威尔士州议会对1939年的"图书馆法"第十条做了修改，目的是明确图书馆服务"免费"与"收费"的界限。同年7月，该州图书馆委员会根据修正案提出了指导方针，为之做了具体的阐述。该修正案规定，公共图书馆主要的教育和信息职能必须是无偿的，如有违反，将不能获得州政府拨款，也不得使用州公共图书馆网络；本州居民或者在本州纳税者有资格免费获得本州任何一家图书馆的使用资格，其中包括免费获得图书借阅证。为此，修正案对所涉及的"居民""图书""基础信息服务""外借"等概念做了具体而又明确的界定。

我国的《公共图书馆法》也对免费提供服务的范围作出了明确规定：公共图书馆应当免费向社会公众提供下列服务："（一）文献信息查询、借阅；（二）阅览室、自习室等公共空间设施场地开放；（三）公益性讲座、阅读推广、培训、展览；（四）国家规定的其他免费服务项目。"

三、自主选择知识和信息而不受干涉的权利

所谓自主选择知识和信息而不受干涉的权利（简称"自主选择权"），是指读者在利用图书馆过程中，选择获取什么内容、什么形式的知识和信息，应该由读者自己来决定，而不应受他者的干涉。

1. 自主选择权的合理性

读者自主选择权的合理性来源于人的思想自由的合理性。所谓思想自由是"人进行思考、分析、判断、推理等精神活动的自由，是不受限制的、不可剥夺的权利"。❶《世界人权宣言》第十九条对思想自由的表述是："人人有权享有主张和发表意见的自由；此项权利包括持有主张而不受干涉的自由，和通过任何媒介和不论国界寻求、接受和传递消息和思想的自由。"从这些表述中可以看出，思想自由中包含表达自由和接受自由。表达自由指的是用口头、书面及其他形式表达自己的所思所想的自由。接受自由是指获取知识和信息并从中理解其思想意义的自由，通俗地说，就是读的自由，听的自由，看的自由，想的自由。表达自由和接受自由之间的关系如同"一个硬币的两面"，互为条件，即如果没有接受者，表达也就没有意义；而如果没有表达者，接受也就无从谈起。

思想自由中包含接受自由，而接受自由与图书馆读者权利紧密相关。我们知道，读者利用图书馆的主要目的就是获取所需的知识和信息，从中了解和认知他人的思想观点，进而拓展和提高自己的认识水平。图书馆读者的接受自由，就是读者利用图书馆来获取读物并从中理解其思想意义的自由。这是读者的基本人权。

然而，读者的自主选择权不是绝对的。读者有选择读物并理解其思想意义的自由，但图书馆应对自己的读物提供行为负有合乎伦理要求与法律规定的责任。也就是说，图书馆应对读物的提供行为负有合乎"公序良德"的责任。所以，我们这里所言的读者的自主选择权的合理性，只是就接受自由（理解读物的思想意义的自由）意义上而言的合理性，而读者的选择读物的自主权只能在图书馆的读物提供行为合乎"公序良德"并执行其责任的基础上才能实现。严格说来，读者的自主选择权，主要指自主理解权，即自我理解读物的思想意义而不受他者干涉的自由权利。

在图书馆服务中，保证读者的读物选择自主权，必须先弄清这样一个问题：读者接触"不健康信息"是否会对自身造成消极影响？为此，需要认清如下3个问题：

---

❶ 肖蔚云. 北京大学法学百科全书·宪法学行政法学 [M]. 北京：北京大学出版社，1999：436.

第一,"不健康信息"如何界定的问题。显然,判断这一问题最好是要有相关的法律规定。

第二,对成年人是否应该禁止提供"不健康信息"的问题。一般情况下,成年人具有判断是非、真假、善恶的能力,那么图书馆是否可以把判断"不健康信息"的问题完全交给成年读者自行判断?在这方面,英国政论家弥尔顿(Milton)说的话可能对我们有启发价值:"只要心灵纯洁,知识是不可能使人腐化的,书籍当然也不可能使人腐化。书籍就像酒和肉一样,有些是好的,有些是坏的。……最好的书在一个愚顽的人心中也并非不能用来作恶。……(坏的书籍)对一个谨慎而明智的人来说,在很多方面都可以帮助他善于发现、驳斥、预防和解释。"❶

第三,对未成年人是否应该禁止提供"不健康信息"的问题。这是一个较容易判断的问题,图书馆应该避免对未成年人提供当时社会所认定的"不健康信息",因为未成年人缺乏判断是非、真假、善恶的能力。不过,应该避免发生"洗澡水和孩子一起泼出去"的情况,即一定要甄别清楚"健康信息"与"不健康信息"。

2. 自主选择权与限制提供

图书馆读者的自主选择权不应受干涉,这是基于人的思想自由而言的。但人或社会组织的行动不可能不受基于特定理由的限制,图书馆为读者提供馆藏文献的行为就是一种"行动",因而有可能被某种理由或规定所限制。《中华人民共和国公共图书馆法》规定,"公共图书馆向社会公众提供文献信息,应当遵守有关法律、行政法规的规定,不得向未成年人提供内容不适宜的文献信息"。"提供"环节受限制,意味着"接受"环节也随着受限制。也就是说,图书馆对有些读物有可能采取限制提供的措施。但是,这种限制提供必须做到:范围恰当且具有正当性。为此,图书馆的限制提供政策必须遵循两个原则:"无限制收藏,有限制提供"的存取原则和"以法律规定为准绳,避免自我限制提供"的范围选定原则。

(1) 无限制收藏,有限制提供

由于图书馆肩负着保存人类文化遗产的责任,同时负有满足各类读者多样化需求的责任,所以图书馆应以"兼收并蓄"的原则广泛收藏人类所

---

❶ 弥尔顿. 论出版自由 [M]. 吴之椿,译. 北京:商务印书馆,1958:18.

有的文化成果而不受限制。对此，国际图联和联合国教科文组织的《公共图书馆宣言》指出，"馆藏资料必须反映当前的潮流和社会的演变，以及人类努力和想象的历史。馆藏和服务不应受制于任何形式的思想、政治或宗教审查制度，也不应受制于商业压力"。IFLA对此立场是："图书馆应该收集、保存和提供最多样化的文献资料，反映社会的多元化和多样性；图书馆应保证按照专业的考虑，不按照政治、道德、宗教的观点管理图书馆资料与服务的选择和利用；图书馆应自由地收集、组织和传播信息。"ALA《图书馆权利法案》对此的表述是："图书馆应为社区的所有人提供图书和其他图书馆资源，满足用户兴趣、信息和求知的需要，不能因为作者的种族、背景或观点而排除某些资料；图书馆应该提供对于现实或历史问题提出各种观点的资料和信息，不能因为政治派系或思想信念不同而拒绝收藏或抽毁某些资料。"这些表述内容主要是以西方自由主义社会为背景而言的，我国是社会主义国家，不同于西方社会，所以我们不能不加区别、不加选择地照抄照搬。

所谓有限制提供，指图书馆根据当时所处社会所认定的"公序良德"标准（道德与法律标准），对有违这一"公序良德"标准的读物采取有限制提供的方法。这里所言"限制"，既包括对读者类型的限制，也包括对提供方式的限制。对读者类型的限制，指除了能够证明借阅此类读物只是用于揭批性学术研究、查证资料等目的的读者外，其他类型读者不得借阅。对提供方式的限制，指在允许借阅的情况下，也要限定其特定的地点和时间，以防扩散传播。

那么，图书馆在什么样的情况下采取限制提供措施？下面是一些简单枚举：

◆提供含有他人隐私性信息的资料，会侵害他人的隐私权，因而读者对这种资料的获取属于自主选择权的例外，而应被限制。

◆提供某种被法律规定为"淫秽物品"的资料，就有可能侵害某些人（如未成年人）的合法权利，因而图书馆有责任限制其提供范围。如《中华人民共和国妇女儿童权益保护法》第十七条规定："学校应当根据女性青少年的特点，在教育、管理、设施等方面采取措施，保障女性青少年身心健康发展"，因此，若学校图书馆提供"淫秽物品"，就可能被指认为侵犯"女性青少年身心健康发展"的权利。

◆提供捐赠者或委托者拒绝公开的资料，就要承担违背诺言的责任，就会侵害捐赠者或委托者的人格尊严权，因而也属于读者自主选择权的例外而应限制提供。

◆被法律界定为"文物"的资料原件或被某种标准界定为"古籍"的原始文献资料（而不是复制品）应被限制提供，即读者对这些文物或古籍的自主选择权应被限制。这是因为：如果对这种稀缺性资源的使用不予限制，就有可能产生"公共的悲剧"的结果，最后导致读者自己及其他人都无法使用的结局。因此，为了保证自己和他人能够更多地使用这种稀缺性资源的权利，每个读者对这种稀缺性资源的自主选择权应被有所限制。

◆被法律界定为有害于公共安全和公共秩序的资料或服务有可能被限制提供。这是因为：公共安全和公共秩序是每个人赖以正常生存和发展的公共利益所在，如果有害于公共安全和公共秩序的资料或服务不被限制提供，就有可能使每个人赖以生存和发展的正常秩序遭到破坏。因此，为了保证每个人享有更大、更多的自由，读者对有害于公共安全和公共秩序的资料或服务的自主选择权应被限制。当然，这种限制首先要明确什么样的读物为"有害于公共安全和公共秩序的资料"，对其界定必须要有明确的法律或政策依据。

◆滥用或过度使用自主选择权的行为应被限制。公共图书馆作为一种准公共物品，由于资源有限，其资源利用难免产生竞争性。在有形资源的利用上，资源有限意味着权利也有限。在这种情况下，如果一个人滥用或过度使用自主选择权，必然影响更多其他人同样的自主选择权的享用。如一个人连续或多次延期占用某一"紧缺"读物致使他人长时间无法借阅的行为就属于滥用或过度使用自主选择权行为，应被有所限制，因为这种行为影响了更多其他人的自由选择。

（2）以法律规定为准绳，避免自我限制提供

图书馆服务中的有限制提供，能否具有正当性，关键在于：所实施的限制措施是否有合理依据，其中最重要的就是要有法律依据，而不是图书馆擅自制定限制措施。因此，在判定什么样的资料或服务提供属于自主选择权的例外的问题上，必须遵循"以法律规定为准绳，避免自我限制提供"的范围选定原则。

所谓"以法律规定为准绳",是指法律上明文规定限制提供的,一定要限制提供,而法律上没有明确规定限制提供的,就不能擅自限制提供。也就是说,图书馆的限制提供必须严格限定在"法律规定"范围之内。因此,涉及个人隐私的馆藏资料就应属于限制提供的范围。如根据《中华人民共和国刑法》规定,传播淫秽的书刊、影片、音像、图片或者其他淫秽物品的,构成"制作、贩卖、传播淫秽物品罪",而且该刑法明文规定,"本法所称淫秽物品,是指具体描绘性行为或者露骨宣扬色情的诲淫性的书刊、影片、录像带、录音带、图片及其他淫秽物品",所以在图书馆服务中,"具体描绘性行为或者露骨宣扬色情的淫秽性的"文献资料,就应属于限制提供范围。又如,《中华人民共和国文物保护法》规定,"博物馆、图书馆和其他文物收藏单位对收藏的文物,必须区分文物等级,设置藏品档案,建立严格的管理制度,并报主管的文物行政部门备案",因此,图书馆有责任对文物性资料"建立严格的管理制度",对其使用有所限制。

所谓"避免自我限制提供",是指图书馆不能擅自制定法律规定之外的限制提供政策或措施,图书馆工作人员也不能擅自决定法律规定之外的限制提供范围。也就是说,图书馆及其工作人员不能把自己的判断标准强加于读者身上,擅自扩大或缩小限制提供的范围。为此,图书馆及其工作人员对馆藏读物不应按照自己的价值观标准先入为主地作出好与坏的价值判断。对此,我国学者黄纯元曾指出,"没有任何'证据'可以证明图书馆员要比读者来得更高明,也没有任何'原理'可以说明图书馆员所提供的精神食粮要优于读者自己选择的"。❶

在公共图书馆历史的早期,小说曾被视为"垃圾"或"使人堕落的麻醉剂"。所以当时许多社会上层人士大都反对图书馆无限制地提供小说读物。也就是说,小说等通俗读物曾长期处于限制提供的范围。读小说肯定让人堕落吗?后来的事实表明,读小说不仅是大部分人的需求,而且读小说也能促使人的心灵趋向真善美。文化研究(cultural studies)学者们经过深入研究之后呼吁,应该重视人的情感需求,如快乐、满足、愉悦等心理感受。英国阅读社会学家彼德曼(Peter Mann)所做的调查研究显示,约有

---

❶ 黄纯元. 黄纯元图书馆学情报学论文集[M]. 上海:上海科学技术文献出版社,2001:174.

三分之二的读者是为了快乐或放松而阅读。英国的阅读治疗专家葛德（Gold）指出，小说不只是改变人们的生活，也改变他们的思想和灵感，人们甚至将阅读小说视为克服生活压力的极好方法。1983年，美国"图书出版工业研究小组"的研究显示，人们阅读的书籍中五分之一来自公共图书馆，其中小说占了流通率的60%~70%。可见，把小说当作"心灵麻醉剂"而予以限制提供的认识和做法是违背人性的认识和做法，是典型的把"洗澡水和孩子一同泼出去"的做法，是不可取的。

四、对图书馆服务进行批评、建议和监督的权利

读者参与图书馆的管理，是图书馆民主管理的基本表现。所以，读者的参与管理权也被称为民主管理权、民主参与权。

1. 参与管理权的合理性依据

读者参与图书馆管理，其目的首先是保证图书馆政策或决策能够广泛代表民意（读者的意愿），因为只有能够广泛代表民意的图书馆政策或决策才具有合法性（legitimacy）。其次，在图书馆政策或决策的执行过程，也需要自始至终的读者监督；最后，政策或决策的执行效果评价，也要以读者是否满意为主要衡量指标。也就是说，图书馆政策或决策的制定、执行及其效果评价，都需要读者的广泛参与，才能保证其合理性与合法性。这就是读者参与管理权的合理性依据所在。

从法律意义上说，我国公民参与图书馆管理的权利是有法律依据的。我国现行宪法第二条规定，"人民依照法律规定，通过各种途径和形式，管理国家事务，管理经济和文化事业，管理社会事务"；第二十七条规定，"一切国家机关和国家工作人员必须依靠人民的支持，……倾听人民的意见和建议，接受人民的监督"；第四十一条规定，"中华人民共和国公民对于任何国家机关和国家工作人员，有提出批评和建议的权利；对于任何国家机关和国家工作人员的违法失职行为，有向有关国家机关提出申诉、控告或者检举的权利……"。《中华人民共和国公共图书馆法》第二十三条规定，"国家推动公共图书馆建立健全法人治理结构，吸收有关方面代表、专业人士和社会公众参与管理"。第四十二条规定，"公共图书馆应当改善服务条件、提高服务水平，定期公告服务开展情况，听取读者意见，建立投诉渠道，完善反馈机制，接受社会监督"。这就是读者参与权的法理依据所在。

2. 参与管理权的主要内容

读者的参与管理权主要包括三方面：参与表决权、批评和建议权、申诉和控告权。

（1）参与表决权

读者的参与表决权即指在图书馆重大政策的制定过程中，读者有权参与其表决。读者参与重大政策的表决过程，是读者作为图书馆的"主权者"而行使主权的根本表现。所谓"重大政策"，主要指与多数读者的利益紧密相关的政策，如图书馆发展规划的制定、较大数额经费支出项目的确定、重要岗位人选的聘任、收费项目的确定、大型活动的开展、某种服务项目的设立与取消、新馆舍或服务场地的选址、有关规章制度的制定等，都应列入"重大政策"范畴。考虑到图书馆读者的数量众多，分布面广，组织参与的成本有限等因素，所谓的读者参与一般是指"读者代表参与"。为此，图书馆成立"读者协会"组织是有必要的。

（2）批评和建议权

读者是公共图书馆的主权者，因此，当图书馆及其工作人员出现不当言行时，读者有对其进行批评的权利，也有对其改进工作提出建议的权利。批评和建议的行为，其实也是参与管理的表现形式，因此，图书馆及其工作人员有虚心倾听读者的批评和建议的义务；公共图书馆应当建立畅通的读者监督机制和沟通机制，及时听取并回应读者建议和意见。

（3）申诉和控告权

读者作为公民，当图书馆的行为侵害自己的合法权益时，有向相关部门提出申诉、控告或者检举的权利。可见，申诉、控告或者检举的权利属于行政或法律救济的权利。申诉、控告或者检举的权利，是法治社会中公民应具有的一项基本权利；读者行使申诉、控告或者检举的权利是行使公民权利的基本表现。

3. 保障读者参与管理权的措施

读者参与管理作为一种程序民主制度，必须建立健全程序保障制度，才能有效实施。为此，图书馆应当建立畅通的读者监督机制和沟通机制，及时听取并回应读者建议和意见。对我国的公共图书馆管理活动来说，保障读者参与,首先应该保障制度性参与❶,为此应该建立有相应的制度机制,其中最重要的是要建立健全理事会决策制度、信息披露制度、听证制度、救济制度和回应机制。

(1) 理事会决策制度

参与图书馆事务的决策活动,是读者参与权的最重要内涵。而理事会决策制度,是读者参与图书馆决策的最适宜的制度安排。理事会决策制度是现代公共图书馆法人治理结构的最根本特征。公共图书馆法人治理结构是指在一个特定的图书馆或图书馆系统中管理主体之间的权力分享机制,一般情况下,这种权力分享机制表现为决策层、执行层、监督层相分离又相协调的管理体制机制。在法人治理结构中,图书馆理事会处于决策层地位,即由理事会来行使决策权;执行层由馆长及其副职组成,负责执行理事会的决策;监督层由政府主管和监管部门、社会监督部门和理事会内部监督部门构成,负责监督理事会决策行为和执行层的执行行为。

之所以认为实施图书馆理事会制度是保障读者参与权的根本性制度安排,是因为在理事会决策集体中公民代表或读者代表占据重要地位,公民代表或读者代表能够把民意渗透到图书馆决策之中。这一点可从图书馆理事会的成员构成中可以看出来,如美国加利福尼亚州图书馆法规定,州图书馆理事会由 13 人构成,由州长任命 9 人,其中 3 人代表残疾人、英文不好的人和经济贫困户,另外 6 人来自学校图书馆、机构图书馆、公共图书馆、学术图书馆、特殊图书馆;其他 4 人代表上述以外的方面,其中 2 名要由州议会规章委员会任命,另外 2 名则由议长会议任命。我国的江西省图书馆理事会章程规定:

> 理事会由 11 名理事组成,理事采用委派、推选、邀请或公开招募方式产生,由举办单位履行任免程序;其来源、名额与产生方式为:
>
> (一) 举办方代表 1 名:由举办单位委派;
>
> (二) 本馆代表 1 名:由本馆馆长担任;

---

❶ 在理论界,人们习惯于把那些根据法律规定而参与政治活动的行为称为制度性参与,比如投票、信访、听证会、座谈会等,而把那些没有依法律规定或在某种程度上与法律规定有冲突的行为称为非制度性参与,如"街头政治"及被称为"群体性事件"的抗议行为等。

(三) 社会各方代表9名：由有关职能部门、公共文化机构、服务对象和其他有关方面代表构成。

(2) 信息披露制度

信息披露的目的是保证读者的知情权，"知情"是"参与"的前提条件。因此，建立信息披露制度是读者了解、参与、监督图书馆管理活动的必要条件。图书馆应该按照"公开为原则，不公开为例外"的原则，及时公开应公开的信息。图书馆管理中的信息披露的内容（即必须披露的信息内容）包括：图书馆章程、图书馆发展规划，财务年报，机构设置情况及各机构负责人名单，规章制度，馆长工作报告，接受社会捐赠、资助情况及使用情况，其他需要公布的重大事项等。如我国江西省图书馆理事会章程规定：

> 本馆承诺按照国家法律、法规和江西省事业单位登记管理局的规定，真实、完整、及时地披露以下信息：
> (一) 图书馆章程；
> (二) 图书馆发展规划、重大决策等事项；
> (三) 图书馆年度计划，年度工作报告；
> (四) 图书馆年度服务数据统计资料；
> (五) 图书馆年度公共服务经费使用情况；
> (六) 馆藏及读者服务信息；
> (七) 理事会认为需要公开的其他信息。

(3) 听证制度

有关图书馆管理与服务的重大政策的制定、变更、修改、撤销等事项，在提交上级主管部门核准审批之前，应该经过公开听证，广泛听取读者及其他利益相关者的意见。听证制度是保证图书馆政策反映和满足民意的重要制度形式，是图书馆决策能够做到广泛参与、集思广益、民主决策的重要而有效的途径，应该广泛而又经常性地应用于图书馆政策的制定、变更、修改、撤销等过程之中。尤其是那些与读者利益紧密相关的事项，应通过听证会来听取读者的意见并作出审慎的决定。所谓"与读者利益紧密相关的事项"包括：开闭馆时间的调整、某一服务项目的设立或取消、收费项目的设立及其收费标准的制定、新建馆舍或服务场所的选址、馆内设施布局的大规模调整,常用性设施设备的添置、更换或取消,等等。

(4) 救济制度

没有救济,就没有权利;权利救济,是权利实现的必要环节。对读者参与管理权的实现来说也是如此。所以,救济制度是否健全,直接关系到读者参与权能否实现及其程度。权利救济分为行政救济和法律救济两种途径。公共图书馆是公益法人或事业法人,因此当图书馆作出违背法律法规而侵害社会公益行为时,读者可以提起公益诉讼(包括行政复议和法律诉讼两种形式);当图书馆作出侵害读者个人权益的行为时,读者有权提出行政复议或法律诉讼请求。当然,救济制度的健全,不完全取决于图书馆,而主要取决于国家或政府的有关法律法规的健全,对图书馆而言主要是承担应诉的责任和执行行政裁定或法院裁决的责任。

(5) 回应机制

读者参与图书馆管理的过程,是图书馆与读者之间的互动过程,而互动需要有回应环路。图书馆对读者诉求的回应机制是否健全,将直接影响到读者参与的积极性及读者参与管理权实现的质量。

这里的回应(responsiveness)指的是:图书馆对读者的需求及所提出的问题作出积极的反应和回复,它要求图书馆富有使命感和责任感,关注读者诉求,对读者的诉求不得无故拖延或没有回应。图书馆的回应责任,应主要体现在对读者需求的积极回应、对读者问责的积极回应、对读者建议的积极回应三方面。

①对读者需求的积极回应。所谓对读者需求的积极回应,指的是:当部分读者向图书馆提出提供某种服务的要求时,图书馆应作出及时的回应。需要指出的一点是,图书馆的回应必须是积极的,而不是消极的。图书馆的消极态度主要表现为两方面:一是对已经提出的需求不予认真对待,回应不及时或不诚恳;二是对尚未提出的公众需求(潜在的公众需求)不做预测或预判,尤其是在读者需求表达途径不畅通的情况下对读者的需求不闻不问,只是消极等待而不"未雨绸缪"。

②对读者问责的积极回应。所谓对读者问责的积极回应,指的是:当读者对图书馆及其工作人员的不当行为(如不为、滥为、误为等)提出质问、批评乃至申诉时,图书馆应该作出积极的回应。这种回应的内容大体

可包括：依据有关法律、法规、行政规章及职业道德原则及时对问责内容作出回应；对相关责任人作出处理决定；问责者不服决定时的进一步申诉的时限与途径，等等。对读者问责的回应，及时、公正、有问必答是其基本原则。对读者问责的积极回应，是图书馆管理和服务中必须贯穿的尊重民意、接受读者监督的原则的重要表现。

③对读者建议的积极回应。所谓对读者建议的积极回应，指的是：当读者针对图书馆管理或服务提出有关合理化建议时，图书馆应作出积极的回应。为此，图书馆应给读者提供提出建议的方便途径，如设立读者意见箱、设立馆长接待日、公开馆长电话或信箱、召开不定期的读者座谈会、图书馆网站上专设读者意见专栏等。

五、个人信息受到保护的权利

在信息技术高度发达的今天，个人活动的"私密性"越来越难以保障，个人信息越来越容易被他人获取和利用，个人的信息权利越来越容易被侵犯。在这种情况下，用法律手段保护个人信息不受侵犯的呼声越来越强烈。图书馆作为形形色色的个人广泛聚集的公共空间，个人信息广布其中，因而图书馆必须承担保护个人信息的法律责任，即图书馆应妥善保护读者信息，不得向他人泄露读者个人信息，不得利用读者个人信息从事与图书馆业务无关的活动。

所谓个人信息（personal information），是"以电子或者其他方式记录的与已识别或者可识别的自然人有关的各种信息，不包括匿名化处理后的信息"。在个人信息中，有一类叫"敏感个人信息"，它是指"一旦泄露或者非法使用，容易导致自然人的人格尊严受到侵害或者人身、财产安全受到危害的个人信息，包括生物识别、宗教信仰、特定身份、医疗健康、金融账户、行踪轨迹等信息，以及不满十四周岁未成年人的个人信息。只有在具有特定的目的和充分的必要性，并采取严格保护措施的情形下，个人信息处理者方可处理敏感个人信息"。

《中华人民共和国个人信息保护法》第四条和第十条分别规定：个人信息的处理包括个人信息的收集、存储、使用、加工、传输、提供、公开、删除等。任何组织、个人不得非法收集、使用、加工、传输他人个人信息，不得非法买卖、提供或者公开他人个人信息；不得从事危害国家安全、公共利益的个人信息处理活动。

1. 读者的隐私性信息

在图书馆职业活动中,个人信息一般对应于"读者的隐私性信息"。图书馆保守读者秘密,是图书馆保障读者隐私权的职业责任和法律责任。从法律的意义上说,图书馆保守读者秘密,实际上是尊重和维护他人隐私权的守法行为。

(1) 隐私与隐私权

在现实生活中,每个人都是信息主体,每个人都有属于自己的信息。对一个人来说,都有一个不愿他人知晓的个人信息范围。这个范围内的个人信息,就属于隐私权法保护的个人信息,任何组织或个人都不得非授权获取。

所谓隐私(privacy),是指与社会利益、公共利益无关的,当事人不愿他人知晓或他人不便知晓的个人信息、当事人不愿他人干涉或他人不便干涉的个人私事及当事人不愿他人侵入或他人不便侵入的个人领域。《世界人权宣言》第十二条明确规定:"任何人的私生活、家庭、住宅和通信不得任意干涉,他的荣誉和名誉不得加以攻击。"

隐私权(the right to privacy)概念起源于19世纪末期的美国。1890年,美国两位著名法学家沃伦(Warren)和布兰德(Brands)斯在《哈佛法学评论》杂志上发表了题为《隐私权》的文章,主张在传统的普通法中增设一项新的权利即"隐私权",他们开创了把隐私权作为一项具体权利研究的先端。沃伦和布兰德斯当时指出,"时至今日,生命的权利已经变得意味着生活的权利——即不受干涉的权利。新的科学发明和行事方法使人们意识到对人的保护的必要""每个人都有权决定他的思想、观点和情感在多大程度上与他人分享""在任何情况下,一个人都被赋予决定自己所有的是否公之于众的权利"。❶

法学家威斯廷(Westin)在其《隐私与自由》一文中进一步解释隐私权的内涵,他指出:"所谓隐私权,指个人、集团或组织,拥有决定在何时,以何种方式,在何种程度上将自己的信息传达给他人的权利。"另一位

---

❶ 引自:饶传平. 网络法律制度 [M]. 北京:人民法院出版社,2005:106.

法学家米拉（Mila）则把隐私权界定为"控制有关自己的信息传播的权利"。❶其实，所谓的隐私权，即指自然人享有的私人生活安宁与私人信息不被他人非法知悉、搜集、侵扰、利用和公开的一项人格权。❷

（2）图书馆读者的隐私性信息

图书馆读者的隐私性信息指的是读者的个人信息及读者在利用图书馆的过程中所产生的各种信息。具体来说，包括读者登记（注册）记录（这里包含读者个人的自然信息）、书刊借阅记录、馆际互借记录、参考咨询问题记录、计算机数据库查找记录、网络使用记录等，这些记录所载的信息均属于读者的隐私性信息。传统上来说，图书馆读者的隐私性信息主要涉及读者在利用图书馆资源和服务过程中所产生的信息，其中主要是借阅记录和个人的自然信息。但随着互联网技术在图书馆的广泛应用，隐私的范畴超出了图书馆的界限，它还包括在图书馆利用馆外资源和服务所产生的信息，如访问过的网站、浏览过的网页、访问的时间等；在馆外利用图书馆资源和服务所产生的信息，如读者的IP地址、主机名、进入图书馆网站前所访问的那个网站地址等。图书馆保守读者的隐私性信息，要求图书馆将所有与读者有关的图书馆记录作为机密，防止任何非授权的第三方获取。

图书馆为什么要保护读者的隐私性信息呢？这是因为：每个人都有属于自己的私人领域，这一私人领域乃是独立于公共领域的自主自治的、自由自在的、神圣不可侵犯的"堡垒"，若这一"堡垒"被他人窥探或攻破，个人的自由便受到极大限制甚至荡然无存；读者利用图书馆获取知识和信息的行为所产生的有关信息，属于个人隐私，这种隐私若被他人窥视、获取，读者便会产生不自在、不自由感觉，从而使读者的正常获取知识和信息的权利受到极大限制甚至被剥夺。

日本《图书馆自由宣言》第三条明确规定："读者阅读什么图书，属于利用者的个人秘密。图书馆不能将利用者的读书事实向外部泄露"；"利用者的读书事实、利用事实是图书馆通过业务工作获知的秘密，所有从事图书馆工作的人员，必须保守这种秘密。"❸可见，"读书事实"被认为是读者

---

❶ 刘迪．现代西方新闻法制概述［M］．北京：中国法制出版社，1998：167．
❷ 王利明．人格权法新论［M］．长春：吉林人民出版社，1994：478．
❸ 李国新．日本图书馆法律体系研究［M］．北京：北京图书馆出版社，2000：299．

最重要的个人秘密，因为它与阅读动机关系密切，通过它可以了解一个人的思想倾向。

2. 读者隐私权的保护途径

保护读者隐私，必须制定有相应的政策法规。总体而言，图书馆保护读者隐私的措施应由法律法规、行业政策和图书馆内部政策三个层面构成。❶

（1）法律法规保护

寻求从法律法规途径保护图书馆读者的隐私，一直是图书馆界的奋斗目标。美国是图书馆读者隐私保护法律法规最健全的国家之一。1978 年，在 ALA 及其他几个专业协会的推动下，美国出台了第一部保护读者隐私的州立法《图书馆记录机密法》。到目前为止，美国除夏威夷州和肯塔基州外，其他 48 个州和华盛顿哥伦比亚特区都有专门的图书馆记录保密法。下面是亚拉巴马州的图书馆记录保密法中的有关条款内容：

> 个人利用公共图书馆属于秘密，……注册和流通记录以及有关利用该州的公共场所、公立学校、大学图书馆的信息应是机密。除非满足下述条款，否则不能向任何要求检查的机构或个人公开：（1）管理记录的图书馆能够正常运作；（2）对图书馆拥有管辖权的州教育部需要确保该图书馆的正常运作；（3）对图书馆拥有管辖权的州公共图书馆服务机构需要确保该图书馆的正常运作。在删除所有个人身份信息的情况下，图书馆可以为了研究和规划的目的，发布或使用来自注册和流通记录的统计数据。不过，未成年人的父母有权检查与子女有关的任何学校或公共图书馆的注册和流通记录。

《中华人民共和国公共图书馆法》第四十三条规定："公共图书馆应当妥善保护读者的个人信息、借阅信息以及其他可能涉及读者隐私的信息，不得出售或者以其他方式非法向他人提供。"

（2）行业政策保护

ALA 制定的《图书馆记录机密性立场声明》指出，"ALA 成员承认图

---

❶ 罗曼. 论图书馆用户的隐私保护［J］. 大学图书馆学报, 2005 (1): 63-65.

书馆读者的隐私权，相信图书馆所有的将特定的个人与特定的资源、计划或服务联系在一起的记录是机密的，不应被用于日常记录记载之外的目的。日常记录记载目的的例子有：维持资源利用、确保需要的读者获得资源、安排设施、为读者的舒适和安全提供资源或是完成计划或服务的目的。图书馆团体认识到孩子和年轻人拥有与成年人同样的隐私权利"。下面是《ALA政策52.4·图书馆记录机密性》相关条款内容：

> 美国图书馆协会理事会强烈建议美国各图书馆、协作系统和联盟的负责人：（a）通过正式采用政策，清楚地确认流通记录和其他可识别图书馆读者姓名的记录是机密的；（b）建议所有的图书馆员和图书馆职员，除非是在联邦、州或地方法律（与民事、刑事或行政诉讼程序有关，或是与立法调查权有关）的授权并依照上述法律应遵循的程序、命令或传讯的情况，上述记录不应为任何的国家、联邦或地方政府机构获得；（c）除非是在具有相应权限的法庭给出合理理由的情况下，应抵制任何上述程序、命令或是传讯的强制执行。

ALA 的《道德规范》第三条明确指出：我们保护每一个图书馆读者的隐私权以及有关查询或接收的信息和咨询、借阅、获取或传播的资源的机密。

ALA 于 2003 年颁布的《网络化世界中图书馆的原则》，提出了网络环境下图书馆保护读者隐私的五条原则：①隐私权是一切社会成员的权利，在网络化的世界中必须保护这种权利；②保护人们在检索信息和交流信息中的隐私权是知识自由不可或缺的要素；③长期所建立起来的、作为美国和许多其他国家隐私法基础的"公平信息实践"原则必须位于网络化世界隐私政策的核心；④用户有权充分了解网络化世界的隐私政策和原则；⑤图书馆读者的隐私必须受法律和政策的保护。

澳大利亚图书馆与信息协会（Australian Library and Information Association，ALIA）也出台了用于保守读者秘密的政策文件：《图书馆和保密准则》。该准则为图书馆和信息服务行业保护读者个人信息提供了全面的指导。该准则强调，图书馆和信息机构在服务中收集个人信息应适量，并且这些个人信息只能由相关人员在一定的时间范围内使用；图书馆和信息机构应采取措施防止读者个人信息的流失、修改、泄露和未授权使用，未经读者同意不得泄露和出版读者个人信息；访问者进入图书馆和信息服务机构网站无须登录个人信息，网站用户的统计信息只用于分析而不指向用户身份（用户授权同意的除外）；读者个人信息不得用于商业用途，图书馆应确保业务外包商不泄露或非法使用读者信息等。对于司法机关和执法部门的搜查要求，图书馆和信息机构可以寻求机构管理层的建议和法律援助，并有权要求其出示搜查令、法庭令或其他法律证明。

（3）图书馆内部政策保护

在图书馆读者隐私保护法律法规和行业政策的基础上，各个图书馆应制定适合本馆需要的隐私保护政策，从而将读者隐私保护落在实处。尽管各个图书馆的隐私保护政策会因具体情况不同而有所不同，但一般来说，这种政策应包括如下内容：

◆说明图书馆收集读者信息的目的。如开展业务工作、改进服务质量、分析图书馆资源的利用情况、产生统计数据、评价图书馆计算机系统的绩效等。

◆说明图书馆收集的读者利用网络信息的内容。如用户的IP地址、访问图书馆网站的时间、浏览的网页、执行的操作等。

◆说明图书馆保护读者隐私的范围。即说明图书馆对读者的哪些隐私予以保护，如借阅记录、查找和检索到的信息、提出的参考咨询问题等。

◆说明披露读者隐私的条件。即在何种情况下，图书馆会向第三方披露读者记录或与第三方共享读者信息，如依照有关法律规定向刑事侦查机关提供所涉读者的借阅记录，经读者本人授权向特定第三方提供该读者所做的读书报告会讲演稿等。

3. 保护个人信息权与维护公共安全之间的冲突

我们知道，法律保护个人信息权是保障公民权利的基本要求，同样，维护公共安全也需要通过法律来保障。也就是说，通过法律保护个人信息权是一种"善"，通过法律维护公共安全也是一种"善"。然而，这两种善之间有时也会发生冲突。美国国会于2001年通过的《美国爱国者法案》属于旨在反恐来维护公共安全的专门法案。然而这部法律的有关规定与图书馆保护读者隐私权的原则之间产生了冲突。

《美国爱国者法案》第214条、215条、216条中有如下一些规定：

◆依据《外国间谍安全法》进行调查时，联邦调查局（FBI）的电话监控权扩展到包括所有 Internet 路由信息和地址信息，包括电子邮件地址、IP 地址和网址；

◆为用户提供 Internet 和电子邮件服务的图书馆可能成为法庭令的目标，在监视用户利用图书馆的计算机或网络传递电子通信时，图书馆要予以合作；

◆允许 FBI 人员获得"任何有形物体"搜查令，包括图书、记录、证件、软盘、数据磁带、配置了硬盘驱动器的计算机；

◆允许 FBI 获取存贮在任何介质上的图书馆流通记录、Internet 使用记录、注册信息；

◆FBI 不必显示"可能的原因"与犯罪有关的具体事实或证据，只要宣称其相信所需要的记录可能与正在进行的恐怖或间谍活动调查有关即可；

◆收到根据《外国间谍安全法》签发的搜查令的图书馆或图书馆员，不能泄露搜查令及搜查的记录等情况，不能告知用户其记录已提供给 FBI 或已成为 FBI 的调查目标；

◆FBI 不受保护图书馆记录的州图书馆机密法制约。

《美国爱国者法案》的上述规定，对图书馆保守读者秘密的一贯立场造成了极大障碍，主要表现在以下三个方面：

第一，FBI 和联邦执法机构在搜查图书馆业务记录中拥有更大的权力。FBI 可以搜查包括注册记录、流通记录、计算机使用记录、Internet 记录、图书出售记录、数据库使用记录等在内的任何介质上的所有业务记录。

第二，FBI 和联邦执法机构可以合法地监视图书馆的电子通信。

第三，提出了"禁口令"，即图书馆不能通知用户 FBI 官员已利用搜查令获得其记录，也不能告知用户联邦调查机构正在监视图书馆计算机的使用。❶

保护个人信息权与维护公共安全之间的冲突事实表明，图书馆保守读

---

❶ 罗曼. 论《爱国者法案》对美国图书馆的影响［J］. 图书情报工作，2005（2）：134-136.

者秘密不是绝对的。在社会的司法、执法系统健全的情况下,图书馆保守读者秘密的权利与公共安全执法部门之间的冲突可以在"严格执行执法程序"的前提下得到解决。所谓"严格执行执法程序",其核心内容是:执法部门或执法人员必须出示权威性司法部门出具的执法者身份证明及明确的执法内容证明,并作出保证图书馆所提供的读者信息只用于刑事侦查而绝不透露给第三方的承诺。

第二节　图书馆权利

权利,是在政治学、法学领域和法律行业常用的概念。一般情况下,权利的主体是人或人群。那么,图书馆可以成为权利的主体吗?"图书馆权利"指的是"图书馆的权利"吗?图书馆有权利吗?图书馆权利是法定权利吗?弄清这些问题,是准确理解图书馆权利概念的前提。

一、ALA 的《图书馆权利法案》

汉语中的"图书馆权利"一词,源自对 ALA 的《图书馆权利法案》(*Library Bill of Rights*)的翻译。1980 年,我国台湾地区的高禩熹先生将 ALA 的 *Library Bill of Rights* 翻译为"图书馆权利宣言"[1]。这可能是"图书馆权利"一词在我国的最早出现。在中国,从 2005 年起,"图书馆权利"一词及其研究盛行。为了论述的方便,现将 ALA 1996 年修订后的《图书馆权利法案》全文抄录如下:

> 美国图书馆协会断言,所有图书馆都是信息和思想的汇集地,其服务应当遵循下列基本政策:
>
> ①图书馆应为社区的所有人提供图书和其他图书馆资源,满足用户兴趣、信息和求知的需要,不能因为作者的种族、背景或观点而排除某些资料;
>
> ②图书馆应该提供对于现实或历史问题提出各种观点的资料和信

---

[1] GATES J K. 图书馆事业导论 [M]. 高禩熹,译. 台北:文史哲出版社,1980:276.

息，不能因为政治派系或思想信念不同而拒绝收藏或抽毁某些资料；

③为了履行提供信息和启迪民智的使命，图书馆应当与审查制度斗争；

④图书馆应当与民众和社团一起抵制任何对自由表达和自由阅读的限制；

⑤读者利用图书馆的权利不能因其种族、年龄、背景及观点而被剥夺或受限制；

⑥图书馆为社区的民众提供展览空间、会议场所时，应对申请使用者一视同仁，不得以个人的信仰或团体的归属作为拒绝的依据。

"图书馆权利法案"并不是 ALA 的原创称谓，而是采用了美国爱荷华州得梅因公共图书馆馆长斯波尔丁（Spaulding）于 1938 年起草的《图书馆权利法案》（Library's Bill of Rights）的名称，ALA 于 1939 年采纳该法案，1948 年修订时重新命名为《图书馆权利法案》（Library Bill of Rights）。斯波尔丁之所以用"Library's Bill of Rights"这个题名，显然是受到了英国 1689 年颁布的宪法文件《权利法案》（The Bill of Rights or Declaration of Rights）和美国 1791 年通过的宪法补充文件《权利法案》（United States Bill of Rights）等文件题名的术语用法的影响，即斯波尔丁采用英美国家通行的术语"Bill of Rights"（权利法案）命名了自己的文件题名。由此可见，"Library's Bill of Rights"的中文意思应该是"图书馆发布的权利法案"，而不是"图书馆权利的法案"。❶

我们知道，"Library's Bill of Rights"中的"Right"，又可译为"正确的"或"正当的"。所以，如果仅从"Library's Bill of Rights"一语而言，把它理解为"图书馆确认的正当行为宣言"，亦未尝不可。

图书馆的正当行为规范，往往以图书馆行业集团组织（如图书馆协会）的名义对外发布。所以，"Library's Bill of Rights"一语，又可理解为"图书馆行业集团共同确认的正当行为法案"。由此而言，所谓"Library's Bill of Rights"，实际上是康德（Kant）所言的"自我立法"之意，即图书馆行业的"自我立法"。康德意义上的"自我立法"，指的是人的道德自觉和德行

---

❶ 程焕文，等. 图书馆权利研究 [M]. 北京：学习出版社，2011：23.

担当,由此而言,所谓"Library's Bill of Rights",指的是图书馆对自身行为的正当性(德行)的自我确认。

既然是一种"自我立法",当我们把"Library's Bill of Rights"译为"图书馆权利法案"时,就不能把"图书馆权利"理解为"图书馆的权利",也不能认为图书馆是权利的主体,更不能认为"图书馆权利"是法定权利,而只能理解为图书馆人对自身职业行为所确立的伦理责任。

二、"图书馆权利"概念

无论是斯波尔丁的《图书馆权利法案》,还是 ALA 的《图书馆权利法案》,其实都是在宣扬西方国家普遍奉行的"知识自由"(intellectual freedom)理念。ALA 所界定的知识自由的内涵是:"每个人享有的不受限制地寻求与接受包含各种观点的信息的权利","知识自由包括以下三个方面:知识持有的自由、知识接受的自由与知识发布(传播)的自由"。IFLA 于 1997 年成立的"自由利用信息与表达自由委员会"(Committee on Free Access to Information and Freedom of Expression,FAIFE)对知识自由的表述是:"知识自由是每个人享有的持有与表达意见、寻求与接受信息的权利。知识自由是民主的基础。知识自由是图书馆理念的核心。"可见,知识自由体现的是西方国家奉行的个人本位的自由主义价值观理念。这一点我们不可不察。

我们不能把"知识自由"理解为"知识的自由",因为知识本身无法成为自由的主体,只有人才能成为自由的主体。所以,汉语中"知识自由"的意思是从事知识活动的人的自由。人的知识活动包括知识的获取、理解、生产、传播等活动。如果从信息论的角度而言,所谓知识活动也就是信息的"输入—加工—输出"活动。

知识自由是指个人或组织应该享有的获取知识和传播知识的自由权利。可见,知识自由中包含着"获取知识的自由"和"传播知识的自由"两个环节。

社会中的特定组织也可以有获取知识和传播知识的自由权利,但这种自由权利归根结底是为了维护和保证个人的获取知识和传播知识的自由权利而服务的。因此,知识自由权利的主体有两类:一是个体意义上的人,二是相关的社会组织(如图书馆)。在图书馆领域,读者个体意义上的获取和理解知识的自由权利,一般称为"读者权利",而以图书馆为主体的收藏信息资源和传播知识信息的自由权利,则称为"图书馆权利"。

ALA 和 IFLA 对知识自由的上述界定,其意图是把知识自由纳入到思想自由的范畴。可见,知识自由的思想基础或理论根据就是思想自由,或者说,"知识自由"是思想自由在图书馆领域中的表现的一种特殊称谓。

根据 ALA《图书馆权利法案》的六条内容可以看出,它是 ALA 的基本政策声明——"自我立法",其内容可以概括为"图书馆关于维护公民的知识自由权利的立场声明",因为其六条内容无一不是针对维护公民的知识自由权利而言的。为了维护公民的知识自由权利,图书馆必须承担相应的职业伦理责任,这种职业伦理责任的履行,不应受到非法或不当意志的干涉和阻碍,因而这种职业伦理责任的履行本身就成了图书馆应具有的自由空间。日本图书馆协会(JLA)于 1954 年发布、1979 年修订的《图书馆自由宣言》,就将这种自由空间称为"图书馆自由",其内容包括以下四个方面:

①图书馆具有收集资料的自由;
②图书馆具有提供资料的自由;
③图书馆为利用者保守秘密;
④图书馆反对一切检查。

无论是 ALA 的《图书馆权利法案》,还是 JLA 的《图书馆自由宣言》,都是以资本主义国家的自由主义思想为基础的,不能直接套用于我国。也就是说,世界上不存在通用的、抽象的图书馆权利或图书馆自由,而只能存在适合本国国情的、具体的图书馆权利或图书馆自由。

图书馆权利是什么?目前国内有三种代表性观点。

第一种观点是"民众权利论",其代表是程焕文先生。程焕文于 2007 年在《图书馆权利与道德》一书中指出,"图书馆权利是指公民依法享有的平等、自由和合理利用图书馆的权利"❶。2011 年,程焕文又在《图书馆权利研究》一书中指出,"图书馆权利是指民众利用图书馆的平等和自由"❷。

第二种观点是"图书馆员集团权利论",其代表是李国新先生。李国新认为,"所谓图书馆权利,是图书馆员职业集团为完成自身所承担的社会职

---

❶ 程焕文,张靖. 图书馆权利与道德[M]. 桂林:广西师范大学出版社,2007:2.
❷ 程焕文. 图书馆权利研究[M]. 北京:学习出版社,2011:36.

责所必须拥有的自由空间和职务权利"❶。

　　第三种观点是"公民和馆员权利论"，其代表是范并思先生。范并思认为，图书馆权利可从两方面理解：一是社会立场的图书馆权利，即图书馆是现代民主制度的产物，图书馆是社会公共信息中心，图书馆的存在保证了公民的自由获取信息的权利；二是馆员立场的图书馆权利，即按照图书馆活动的专业要求，科学管理图书馆事业，维护图书馆人的职业价值、职业尊严和职业权益。❷

　　综上所述，图书馆权利，是指图书馆为保障人们利用图书馆来获取知识和信息的权利而应履行的职业责任，它是图书馆向社会公众宣明的"自我立法"。

　　除 ALA 的《图书馆权利法案》之外，其他国家的图书馆政策法规及行业自律规范文件中（包括 IFLA 的文件中），都不直接使用单一的"图书馆权利"字样，而通常用"图书馆自由""知识自由""信息自由""阅读自由""自由利用"等术语表达图书馆权利的内涵。这说明，图书馆权利不是法定权利，而是图书馆职业集团依据有关法律和自身宗旨而确认的职业责任。这就是把图书馆权利界定为一种"职业责任"的语义学根据所在。

---

❶ 李国新. 图书馆权利的定位、实现与维护 [J]. 图书馆建设，2005（1）：1-4.
❷ 范并思. 论图书馆人的权利意识 [J]. 图书馆建设，2005（2）：1-5.

第四章 现代图书馆基本理念

在现代汉语语境中,"理念"是一个比"观念"更接近"信念"的词汇。"在任何一项事业背后,必然存在着一种无形的精神力量"❶。图书馆理念就是这样一种"精神力量"。所以有的人把图书馆理念称为"图书馆精神"。图书馆从业者若想出色地履行职业使命和自身的职责,首先应该准确理解并内化图书馆理念。

图书馆基本理念,就是人们对图书馆这一事物进行根本性的价值定位而形成的思想信念,也就是人们对图书馆的性质、功能及如何实现图书馆的社会价值等问题的基本判断。

在国外图书馆界,很少用"图书馆基本理念"一词来概括图书馆职业应该信奉的理念,而是通常在对"图书馆核心价值"(core values of librarianship)的确认中渗透着对图书馆基本理念的认识。如 ALA 于 2004 年通过的《图书馆职业的核心价值》把图书馆核心价值概括为 11 个范畴:获取、保密/隐私、民主、多样性、教育与终身学习、知识自由、保存、公共物品、专业性、服务、社会责任。

图书馆理念可从方法论层面(管理层面)和认识论层面分别认识。管理层面的理念如人本管理理念、绩效管理理念、法治管理理念、危机管理理念等;认识论层面的理念如社会记忆理念、社会教育理念、促进阅读理念、职业责任理念等。本书只论述认识论层面的理念。

本书把图书馆基本理念归纳为四个基本范畴,即社会记忆理念、社会教育理念、促进阅读理念和职业责任理念。这四个基本范畴表现为"3+1 范畴结构",即由三个功能性范畴和一个保障性范畴组成。三个功能性范畴即社会记忆理念、社会教育理念和促进阅读理念,一个保障性范畴即职业责任理念。四个基本范畴的构成,如图 4-1 所示。

图 4-1 图书馆基本理念四个范畴构成

---

❶ 韦伯. 新教伦理与资本主义精神 [M]. 彭强, 黄晓京, 译. 成都: 四川人民出版社: 1986: 译者絮语.

图 4-1 中，等边三角形的三边分别表示三个功能性理念，其中底边为社会记忆理念，两边为社会教育理念和促进阅读理念，表明社会记忆是图书馆最基本、最首要的功能，是内在性功能，而社会教育和促进阅读是两个外显性功能，内在性功能和外显性功能一起构成完整的图书馆功能系统；三角形内切圆为职业责任理念，表明三条边所表示的三个功能的发挥都要以职业责任的到位或落实为前提，因而，职业责任的落实成为三个功能充分发挥的保障性条件，由此形成三个功能性理念和一个保障性理念共同构成的图书馆基本理念范畴体系。

第一节　社会记忆理念

从进化论的角度而言，社会记忆就是人类的文化进化的"遗传密码"。正是借助社会记忆这种"遗传密码"，人类成为了有别于其他动物的、文化的动物。为了使社会记忆这种"遗传密码"能够复制有序、保持健康活力，人类社会发明和创造了许多相关设施、技术及其运行机制，图书馆就是这种社会记忆装置之一。由此我们可以得出这样一个结论：图书馆是人类社会记忆需求的产物。为满足人类的社会记忆需求而产生和发展，这就是图书馆这一社会事物产生并长久存在和发展的特定缘由所在。图书馆是社会记忆装置，图书馆产生于社会记忆需求，充分发挥社会记忆功能是图书馆的永恒追求与使命，这是图书馆人应该秉持的社会记忆理念。

众所周知，人与动物的最根本区别之一在于人是文化的存在。文化的发展需要积累和传播，而文化作为观念性存在，它的积累和传播须借助特定的物质载体及其相关设施。由此催生了文字和文献的发明，以及文献的集中存储、加工与传播利用设施平台——图书馆。图书馆对文献的集中存储、加工与传播利用的循环往复过程，与人类记忆的"识记—加工—回忆"的机制原理极其相似。事实上，图书馆产生于人类的体外记忆需要，也确实起到了人类文化的体外记忆设施及其服务平台的作用。

一、记忆与社会记忆

记忆，是人脑的重要机能。记忆对于人的重要性是不言而喻的，每个理性的人都能时刻感受到记忆对于自身生存与发展的重要意义。对此，洛克（Locke）有一段精彩的话："在有智慧的生物中，记忆之为必要，仅次于知觉。它的关系是很重要的，因此，我们如果缺少了它，则我们其余的官能便大部分失去了效用。因此，我们如果没有记忆的帮助，则我们在思想中、推论中和知识中，便完全不能越过眼前的对象。"❶

社会记忆（social memory），是相对于个体记忆而言的一种记忆类型或记忆形式。心理学、医学、人工智能等学科研究的记忆主要为个体记忆，而哲学、社会学、历史学等学科研究的记忆偏重社会记忆。个体记忆表现为以脑细胞为载体的神经生理机能，而社会记忆则表现为以体外载体（或称脑外载体）为物质基础的信息的保存、加工、提取的过程。

把信息记录于体外载体之上，是社会记忆能够形成的首要前提。于是，体外载体的选择、创造及记录手段的改进过程，贯穿于整个人类文明发展史。从古代的泥板、方板、甲骨、青铜、竹帛、纸张到现代的各类电子介质，就是体外载体的不断选择和改进的过程；而从刻画、书写、雕印到现代的计算机打印、激光照排印刷等技术的演进过程就是记录手段的不断改进过程。在此历史过程中，文字的发明、造纸术的发明和印刷术的发明，为体外载体及其记录手段的改进，提供了坚实的技术基础，亦为社会记忆的实现和发展提供了可靠的物质与技术保障。

在记忆机制的精密程度上，个体记忆机制远优于社会记忆机制。然而，个体记忆有一个严重的缺陷：随着个体生命的死亡而消失，只能在个体有生之年进行口耳相传的交流，而不能进行不受个体生命有限性束缚的跨越时空的交流。而社会记忆正好能够弥补个体记忆的这种缺陷，即不受个体生命有限性的束缚而能够进行跨越时空的交流，而且这种跨越时空的能力从理论上说是无限的。因此可以说，个体记忆是一种有限记忆，而社会记忆是一种无限记忆。

人是文化的存在。人若无文化属性，便与动物无别。人是自然之子，然而人类在长期的进化过程中，创造出了唯人类独有的另一种自然——人化自然，也就是文化世界。这样，世上的每个人既属于自然世界，同时又属于文化世界；既要遵循生物进化规律，又要遵循文化进化规律。由此而言，人是生物进化与文化进化双重进化的动物。

---

❶ 洛克. 人类理解论［M］. 关文运，译. 北京：商务印书馆，1981：119.

生物进化与文化进化具有特定的同构性或相似性，生物进化依赖于体内遗传基因（DNA）的复制与传递机制，文化进化也要具备文化基因的复制与传递机制，只不过文化基因的复制与传递机制采取的是体外载体基础上的复制与传递机制。生物进化的结果表现为代际重现，而文化进化的结果表现为文化信息的代际积累与纵横传递。人类正是借助这种代际积累与纵横传递机制，创造出了不断积累和丰富的文化世界。

到目前为止，学术界关于记忆类型的称谓很多，如社会记忆、个体记忆、文化记忆、历史记忆、集体记忆、村庄记忆等。诸如此类众多记忆类型，要么以记忆主体命名，如社会记忆、个体记忆、集体记忆等；要么以记忆内容命名，如文化记忆、历史记忆、村庄记忆等。其实，以记忆内容命名的记忆类型，其记忆主体仍然是人或人群。所以可以说，记忆的主体永远是人或人群，或者说，任何记忆类型的主体都是人或人群。

如果从记忆主体的角度分类，记忆类型可分为个体记忆和群体记忆两类。在上述诸多记忆类型中，除了个体记忆之外，其他称谓的记忆都属于群体记忆类型。这就出现一个问题：个体记忆概念很容易理解，因为我们每个人都是具有记忆机能的个体，时刻都能感受到个体记忆的存在，而群体记忆概念则不易理解，因为"群体记忆"这一称谓很容易让人理解为个体记忆的简单相加，因而认为群体记忆的实质是个体记忆。

这里需要明确指出的是：个体记忆与群体记忆，虽然都属于记忆范畴，但两者具有本质的区别，两者之间绝不是单数与复数的关系，诚如哈布瓦赫（Halbwachs）所言，"记忆的集体框架也不是依循个体记忆的简单加总原则而建构起来的"❶。也就是说，个体记忆有个体记忆的本质属性，群体记忆有群体记忆的本质属性。

然而，社会乃非生命个体或群体，何以成为记忆主体？社会所以能够记忆，其根源在于它是以"人群"为主体的存在，相对于个体性主体而言是一种放大了的主体，同样具有主体性（subjectivity），因而具有意识即集体意识（collective consciousness）。对此，涂尔干（Durkheim）指出："如果

---

❶ 哈布瓦赫. 论集体记忆［M］. 毕然，郭金华，译. 上海：上海人民出版社，2002：71. 在哈布瓦赫的《论集体记忆》一书中，经常把"个体记忆"和"群体记忆"当作对应范畴使用，而且他把"群体记忆"当作"集体记忆"的同义词使用。

社会对个体而言是普遍的，那么无疑它也是具有其自身外形特征和个性特征的个体性（individuality）本身，它是一种特殊的主体（subject）。"❶ 社会具有主体性和集体意识，这是社会成为记忆主体的根本条件。

个体记忆与群体记忆孰先孰后？两者之间谁决定谁？从日常生活逻辑而言，似乎个体记忆在先、群体记忆在后。然而，哈布瓦赫认为这种逻辑判断是错误的，事实上是正好相反的。哈布瓦赫认为，个体记忆并不是完全在"个体"思维框架中形成，而是在个体所处的"集体"生活框架中形成，因此想当然地认为个体记忆先于群体记忆的判断是一种用逻辑判断代替事实判断的"误识"。在哈布瓦赫看来，不仅群体记忆先于个体记忆，而且群体记忆的性质决定个体记忆的性质。他的原话是这样说的：

> 可以肯定，记忆事实上是以系统的形式出现的。而之所以如此，则是由于记忆只是在那些唤起了对它们回忆的心灵中才联系在一起，因为一些记忆让另一些记忆得以重建。但是，记忆联合起来的诸种模式，源自人们联合起来的各类方式。只有把记忆定位在相应的群体思想中时，我们才能理解发生在个体思想中的每一段记忆。而且，除非我们把个体与他同时所属的多个群体都联合起来，否则我们就无法正确理解这些记忆所具有的相对强度，以及它们在个体思想当中联合起来的方式。……个体记忆仍然是群体记忆的一个部分或一个方面。……集体记忆的框架把我们最私密的记忆都给彼此限定并约束住了。❷

从记忆主体的非个人性或群体性特征而言，群体记忆和社会记忆之间具有共通性，即它们都是以群体为主体的记忆形式，用哈布瓦赫的话说就是"联合起来的"记忆形式。不过，群体记忆和社会记忆之间也有明显的区别。"集体""群体"只具有多人联合起来意义上的"共同体"属性，而不包含人之外的其他记忆工具（或称记忆装置、记忆设施等），而"社会记

---

❶ 渠敬东. 缺席与断裂：有关失范的社会学研究[M]. 上海：上海人民出版社，1999：21.
❷ 哈布瓦赫. 论集体记忆[M]. 毕然，郭金华，译. 上海：上海人民出版社，2002：93-94.

137

忆"概念则不仅包含共同体意义上的人,而且还包含人所创造和使用的体外记忆工具。所以,"社会记忆"中的"社会"一词,作为记忆主体概念,包括主体的人及人体(这里指人脑)的延伸性、工具性、超身体性主体因素——体外记忆工具。也就是说,"社会记忆"中的"社会"是一种人和物结合而成的复合性主体。当然,这里的"物"(体外记忆工具)是由人创造并为人的记忆服务的物质性存在;如果没有"物"的因素,社会记忆便不能成为现实的存在,因为正是借助"物"(体外记忆工具)的因素,才使得社会记忆成为可能。荀子在《劝学篇》中称圣人的超凡能力表现在"善假于物",这里的"假于物",当然包括"制造并使用体外记忆工具"而形成物质与精神创造力量。

从物质生产的角度而言,人和动物都能进行物质生产活动,而人和动物的物质生产活动的根本区别不在于生产什么,而在于怎样生产。对此,马克思指出:"个人怎样表现自己的生活,他们自己也就怎样。因此,他们是什么样的,这同他们的生产是一致的——既和他们生产什么一致,又和他们怎样生产一致。"❶ 马克思这里所言"怎样生产"一语,显然与人们进行物质生产活动时所使用的劳动资料或劳动手段紧密相关,所以马克思又说:

> 劳动手段是一物或诸物的复合体,劳动者把它用在他自己和劳动对象之间,把它当作传导物,传导他的活动到劳动对象中去。他利用某些物品的机械属性、物理属性和化学属性,把它们当作发挥能力的手段,适合于他的目的而在别一物品上发生作用。❷

马克思的这段话,其实完全可以适用于人的记忆活动之中——知识、信息的生产者把知识和信息记录在具有特定的"机械属性、物理属性和化学属性"的体外物质载体之上,且把这种载体当作"传导物",将知识和信息传导给接受者,使其发挥应有的作用;在此过程中,"传导物"扮演了体外记忆载体(即记忆工具)的角色作用,即知识、信息的生产者"把它用在他自己和劳动对象之间",使劳动对象(知识、信息的接受者)发生相应

---

❶ 马克思,恩格斯. 马克思恩格斯选集(第一卷)[M]. 北京:人民出版社,1972:25.

❷ 马克思. 资本论(第一卷)[M]. 北京:人民出版社,1963:173.

的改变,从而实现知识、信息的价值,也即实现了"适合于他的目的而在别一物品上发生作用"的目的;这一过程反复、历史地进行,就形成了知识、信息的跨时空传递的社会记忆过程。

由此我们可以回答"人类是如何记忆的"问题:人类不仅能够进行生物机能意义上的个体记忆,而且还能够制造和使用体外记忆工具来进行社会记忆。也就是说,人类是同时具有个体记忆和社会记忆之双重记忆能力的动物。这就是从社会记忆角度概括的关于人的定义。

二、文字和文献:社会记忆的主要手段

人是类存在物,所以人必须始终生活在与他人的交往和交流之中。人际的交往与交流,始终伴随着意义(meaning)的交流过程。人类使用的语言(这里指狭义的语言,即"言语")和文字就是意义交流的载体,只不过语言是以空气为载体的声波传输,而文字是以特定的体外物质为载体的意义记录与传递工具。语言和文字都是意义的承载体,从这个意义上我们可以把语言和文字当作意义信息的第一级载体。不过,语言属于实时性的、在场的交流工具,无法成为社会记忆的载体,而文字则属于体外记录工具,可以成为社会记忆的载体。从这个意义上,我们把文字(排除"言语")视为社会记忆的第一级载体。

但是,文字作为记录手段,必须同时有记录于其上的实物载体——文献。相对于文字而言,我们可以把文献称为社会记忆的第二级载体。从历史的角度看,文字和文献是同时产生的,两者如同一枚硬币的两面,实际上是一体两面的关系。所以,我们把文字和文献分别称为社会记忆的第一级载体和第二级载体只具有相对意义。文献是文字记录的产物,当我们使用"文献"一词时,是在把文字和实物载体合为一体的前提下使用的,所以把文献视为人类的社会记忆的第一级载体亦未尝不可。

人们在谈论社会记忆之于人类文明进步的重要性时,往往以印刷术的发明极其巨大传播作用为主要依据,因为"印刷术"其实是一个综合性概念,它能涵盖文字的发明、纸张的发明并由此带来的文化信息的批量复制与传递等诸多技术进步及其所引发的革命性影响作用。所以,在人们对印刷术的赞美中其实包含了对知识和信息的大规模、超时空存贮与传播的赞美,同时也包含了对社会记忆的赞美。马克思、恩格斯就曾极力赞美过印

刷术的发明所带来的革命性影响。马克思把印刷术、火药和指南针的发明称为"三大发明",称其中的印刷术"变成了新教的工具,总的来说变成科学复兴的手段,变成对精神发明创造必要前提的最强大的杠杆"❶。恩格斯对印刷术发明的意义作了非常形象的、拟人化的比喻:

> 你不也是神吗?你在数百年前给予思想和言语以躯体,你用印刷符号锁住了言语的生命,要不它会逃得无踪无影。如果没有你哟,时间也会吞噬自身,永远葬身于忘却之坟。……禁锢在独卷手抄书内的思想,无法传扬到四面八方!还缺少什么?飞翔的本事!大自然按照一个模型,创造出无数不朽的生命,跟它学吧!我的发明!❷

这段文字中的"你",指的就是"印刷术"。恩格斯所言"你在数百年前给予思想和言语以躯体……",这实际上是在赞美人类发明的体外记忆载体对人类"思想和言语"的记载功能,称如果没有这种记载,随着时间的推移,人类的"思想和言语"便会"无踪无影"、"永远葬身于忘却之坟"、"时间也会吞噬自身";所谓"用印刷符号锁住了言语的生命",这实际上是在说明体外记忆载体对思想和言语的固化作用,使思想和言语能够长久记忆而避免消失得"无踪无影"的命运。又如他所言"禁锢在独卷手抄书内的思想,无法传扬到四面八方!还缺少什么?飞翔的本事"这实际上是在赞美印刷术所推动的社会记忆的传播功能——书中的思想,如果不借助印刷术批量印制和广泛传播,就等于缺少了"飞翔的本事","无法传扬到四面八方",因为"手抄书"难以迅速而又广泛地传播到"四面八方"。不仅如此,恩格斯在这里所用的"数百年前""时间也会吞噬自身""永远葬身于忘却之坟""无数不朽的生命"等具有时间意义的语句,实际上都是为了比喻体外记忆亦即社会记忆的"长时记忆"功能而使用的。

文献为什么重要?从记忆的角度而言,文献的重要价值就在于它是人类的体外记忆的主要载体。人类正是主要通过文献这一体外载体,实现了

---

❶ 马克思,恩格斯. 马克思恩格斯全集(第47卷)[M]. 北京:人民出版社,1964:427.

❷ 马克思,恩格斯. 马克思恩格斯全集(第47卷)[M]. 北京:人民出版社,1979:42-43.

知识和信息的超时空积累与传播。

诺贝尔物理学奖获得者李政道在中国科技大学讲课时，曾给学生提出了一个问题：人与动物的根本区别是什么？有的学生回答是人能直立行走，有的学生回答人会制造工具，有的学生回答人会劳动。李政道说：大家的回答都有道理，不过我认为人与动物的根本区别在于人会知识积累，动物则不行，每一代都必须从头开始。❶ 李政道这里所言"人会知识积累"，显然指的是通过文献进行的体外知识积累。唐代史学家刘知几说：

> 何者而称不朽乎？盖书名竹帛而已。……苟史官不绝，竹帛长存，则其人已亡，杳成空寂，而其事如在，皎同星汉。用使后之学者，坐披囊箧，而神交万古，不出户庭，而穷览千载……❷

刘知几的这段话，意在说明这样一个道理：由于"竹帛长存"（文献传世），使得人的思想处于"不朽"的状态，能够代代相传，使后人"不出户庭，而穷览千载"，进而实现"站在巨人的肩膀上"（牛顿语）的非重复性的跨越式发展。由此我们可以说，人类是能够创造和利用文献来进行文化创造活动的动物。❸ 这就是文献学关于人的定义。

中华民族是最早认识到文献之重要性的民族，即中华民族是世界上最早发明和使用体外记忆载体的民族之一。中国人发明文字之早及造纸术、印刷术发明之早是世界所公认的，而文字、造纸、印刷等技术正是制作和普及应用文献的必备技术支撑。中国古籍之多也是世所公认的，据说在全世界范围内，有一半以上的古代文献是中国的古籍。❹ 对此，我国著名图书馆学家杜定友曾言"我国素以文称，书籍之多，亦为世界各国之冠"❺。由此而言，中国不仅是礼仪之邦，而且还是当之无愧的文献之邦；古代中国曾经是世界上首屈一指的体外记忆强国。所谓体外记忆强国，简单地说就是文献强国，而文献强国是文化强国的基本内容之一。

---

❶ 王子舟. 图书馆学是什么 [M]. 北京：北京大学出版社，2008：242.
❷ 刘知几. 史通 [M]. 白云，译注. 北京：中华书局，2014：506.
❸ 蒋永福. 文化、文献与人 [J]. 情报科学，1990（1）：48-50.
❹ 陈力. 中国古代图书史：以图书为中心的中国古代文化史 [M]. 北京：社会科学文献出版社，2017：1.
❺ 杜定友. 图书馆与市民教育 [M]. 广州：广州市民大学出版部，1921：1-4.

中国之所以能够成为文献之邦、文献强国、体外记忆强国，这与古代中国人对文献价值的独特认识分不开。从根本上说，这种独特性表现在：中国古人是从"文以载道"的视角认识文献及其价值的。

"文以载道"一语，来源于北宋周敦颐所言"文所以载道也"。❶ "文以载道"是中国古人一以贯之的思想传统。"文以载道"中的"文"，就是文字及其记录之产物，即我们今人所称的"文献"。"文以载道"中的"道"，指中国古代诸家所通用的万事万物之所以如此存在、如此运行的根本原因及其法则。"道"是中国古代思想的核心概念，诚如哲学家金岳霖所言，"万事万物之所不得不由，不得不依，不得不归的道才是中国思想中最崇高的概念"❷。

文献与道的关系是：道记录在文献之中，文献是记录道的形式和工具；文献以记录和显现道为目的，道借助文献而得以保存、显现和传播。

现代人都知道，文献所记载的是知识或信息，而中国古人则认为文献所记录的是"道"。显然，"道"远比"知识或信息"神秘和深奥得多，哲理性也更强，因而尽显东方思维的智慧性和灵动性。

中国古人之所以把文献的价值归结为"文以载道"并坚信不疑，有一个心理情结起了很大作用，这个心理情结就是"圣贤崇拜"。在中国古人的思想意识中，文献之中记录有圣贤之言，欲知圣贤之言，就必须阅读记录圣贤之言的文献，这就是文献的价值所在——读文明道。圣贤之言即"圣道"，而圣言圣道载于书中，所以古代中国人形成有"书即道，道即书"的观念。在古代中国人看来，书不仅是载道之器，亦为传道之具；道在书中，传书即等于传道。

综上，我们可以得出如下一些结论。

其一，人作为类存在物，必须进行知识或信息的交流。人际的知识或信息的交流，原初采取的是主体间口耳相传的在场性交流，后来逐渐产生了异时异地非在场性交流的需要，这种需要促发了人类发明和改进文字以及文献形制的历史进程。这就是人类的体外记忆机制的产生机理所在。

其二，文字和文献的发明创造，使人类具有了能够同时进行体内记忆

---

❶ 周敦颐. 周敦颐集 [M]. 陈克明，点校. 北京：中华书局，2010：34.
❷ 金岳霖. 论道 [M]. 北京：商务印书馆，2015：18.

和体外记忆的"双重记忆"机制,而能够进行体外记忆意味着人类能够进行知识或信息的超时空积累和传播,创造出属人的世界——文化世界,由此告别了野蛮与蒙昧,走上了文明发展之路。

其三,文字和文献的发明创造及由此带来的造纸术、印刷术等技术的发明,都是社会生产力发展到一定阶段的产物。尤其是造纸术和印刷术的发明,使得文字和文献"如虎添翼",极大地促进了文字和文献的作用范围及其效率,从中我们可以充分认识到"人是能够制造和使用工具的动物"之唯物史观的重要意义及科学技术对人类社会发展所具有的重大意义。

其四,中华民族是造纸术和印刷术的最早发明者,也是文字和文献的最早发明者之一,又是古籍数量最多的民族。因此,当我们称中国为文明古国时,必含"文献强国"之意;当我们称中华民族为"文化早熟民族"时,必含"体外记忆早熟民族"之意;当我们知道在世界四大文明古国中中国为唯一存续至今的文明国度时,必含"中国乃体外记忆力量最强的国度"之意。

其五,正因为中国是文献强国、体外记忆强国,所以中国人对文献价值的认识最具哲学意味,即中国人从"道器合一"角度将文献的价值定位为"文以载道"。由此中国古人创造性地提出了"书即道,道即书"及"文便是道"[1]等著名命题。中国古人对文献价值的这种认识及其所提出的诸多创造性命题,体现了独特的"中国智慧",是中国人对社会记忆理论所作出的独特贡献。

三、图书馆是社会记忆之器

文献作为人类的社会记忆的第一级体外载体,借助印刷术的发明和广泛应用,对人类社会的文明进步作出了巨大贡献。正因如此,随着人类的物质生产活动和精神生产活动的不间断进行,文献数量的指数式增长(文献计量学中的"普赖斯指数定律"对此已作证明)成为现实。文献数量的剧增,其实质是人类的知识或信息的剧增。文献数量的剧增,必然带来整个文献系统的无序状态,这种无序状态又必然造成人类的社会记忆系统的无序状态。由此人类面临着这样一个矛盾:社会文献生产的无序性与人类

---

[1] 黎靖德. 朱子语类[M]. 王星贤,点校. 北京:中华书局,1986:3297.

利用文献的有序性要求之间的矛盾。显然，从全社会角度而言，靠个体力量是无法解决这一矛盾的，而只能依靠社会的力量。诚如刘国钧所言，"今日书籍浩繁之际，从事研究学术者不能悉行置备，则不能不有望于公共机关之代为搜罗一切"❶。

文献数量的剧增所带来的无序状态，给人们利用文献所造成的困惑不只表现为"数量多"，还包括由数量多而衍生的收集齐全困难、保管与保护困难、鉴别善本的困难、检索准确困难等。

解决文献系统的无序问题，实际上是在解决文献的存、理、用问题。"存"即文献的存储及保护；"理"即文献的整理或整序；"用"即文献的利用与传播，包括多人多次利用与传播。显然，当文献的数量达到一定规模时，其存、理、用问题便超出了个体力量的阈值，即靠个体力量无法解决文献的大规模存、理、用问题。这就需要建立一种专门用于解决文献的大规模存、理、用问题的社会机制（包括国家的制度性安排），图书馆便应这种需要而产生。也就是说，图书馆是用来解决文献的大规模存储、整理和利用问题的社会机制。正是在此意义上，美国图书馆学家谢拉（Shera）指出：

> 图书馆正是社会的这样一种新生事物：当人类积累的知识大量增加以至于超过了人类大脑记忆的限度时，当口头流传无法将这些知识保留下来时，图书馆便应运而生了。❷

谢拉认为，图书馆是人类为了突破个体记忆的限度而选择的体外记忆机制，只不过谢拉未使用"体外记忆""社会记忆"之语。

其实，在谢拉之前，已有多人从突破个体大脑记忆的限度的角度界定图书馆的功能属性。1927年，杜定友指出，"图书馆是保存图书的唯一机关，所以间接就是保存文化的机关"❸。1929年，杜定友又指出，图书馆的

---

❶ 史永元，张树华. 刘国钧图书馆学论文选集［M］. 北京：书目文献出版社，1983：1.

❷ 杰西. H. 谢拉. 图书馆学引论［M］. 张沙丽，译. 兰州：兰州大学出版社，1986：1.

❸ 杜定友. 图书馆学概论［M］. 上海：商务印书馆，1935：2。此书初版于1927年。

功用"就是社会上一切人的记忆,实际上就是社会上一切人的公共脑子"❶。1933年,美国图书馆学家巴特勒(Butler)指出,"书籍是保存人类记忆的一种社会机制,而图书馆则是将这种记忆移植到活着的个人意识中的一种社会装置"❷。1954年,德国图书馆学家卡尔斯泰特(Karstedt)在《图书馆社会学研究》一书中认为,图书是客观精神的容器,而图书馆则是主观精神发生联系的场所,图书的普及是将客观精神移植于个人,同时也推动了个人创造的能动性,人类社会的文化就是在这种客观精神与主观精神的相互作用中不断向前发展的,因此图书馆是使人类文化的创造和继承成为可能的社会机构。❸

如果把文字视为人类的体外记忆的第一级载体,那么文献和图书馆则分别成为第二级和第三级载体。这就形成了"文字—文献—图书馆"这样的发生学关系链。对此,宓浩、刘迅、黄纯元编著的《图书馆学原理》一书作了精当论述:

> 从文字产生和记录于物质载体形成文献,是人类由知识体内存贮发展到知识的体外记录,从口耳相传进化到文献交流,是图书馆起源的必要前提。……这标志着(图书馆)作为社会知识交流机构的作用和功能的形成,从而完成了起源过程。❹

令人惊叹的是,古代中国人对图书馆社会记忆机制的认识可谓先知先觉。这方面,生活于15世纪的丘濬的论述最为全面和深刻。丘濬的学术代表作是《大学衍义补》,其中的卷九十四为《图籍之储》。在《图籍之储》一文中,丘濬以中国古代士大夫特有的"以天下为己任"的精神,全面论述了重视和发展国家图书馆事业的极端重要性。现择其若干段落录于下:

> 万世儒道,宗于孔子;天下书籍,本于六经。六经者,万世经典

---

❶ 杜定友. 研究图书馆学之心得 [J]. 中山大学图书馆周刊,1929(1):1-6.
❷ 皮尔斯·巴特勒. 图书馆学导论 [M]. 谢欢,译. 北京:海洋出版社,2018:1.
❸ 李广建. 卡尔施泰特和他的图书馆学思想 [J]. 湖北高校图书馆,1987(1):66-69.
❹ 宓浩,刘迅,黄纯元. 图书馆学原理 [M]. 上海:华东师范大学出版社,1988:45.

之祖也。为学而不本于六经，非正学；立言而不祖于六经，非雅言；施治而不本于六经，非善治。是以自古帝王欲继天而建极，阐道以为治，莫不崇尚孔子焉。所谓崇尚之者，非谓加其封号，优其祀典，复其子孙也。明六经之文，使其义之不舛；正六经之义，使其道之不悖；行六经之道，使其言之不虚。

若夫诗书百家语，皆自古圣帝明王贤人君子精神心术之微。道德文章之懿，行义事功之大，建置议论之详，所以阐明以往而垂示将来者，固非一人之事，亦非一日可成，累于百人之见，积千万年之久，而后备具者也。乃以一人之私，快一时之意，付之烈焰，使之散为飞烟，荡为寒灰，以贻千万世无穷之恨。呜呼，秦之罪上通于天矣！始皇、李斯所以为万世之罪人欤！

书之在天下，乃自古圣帝明王精神心术之所寓，天地、古今、生人、物类、义理、政治之所存，今世赖之以知古，后世赖之以知今者也。其述作日多，卷帙浩繁，难于聚而易于散失，苟非在位者收藏之谨而购访之勤，安能免于丧失哉？不幸而有所丧失，明君良佐咸以斯文兴丧为念，设法诏求，遣使蒐采，悬赏以购之，授官以酬之，使其长留天地间，永为世鉴，以毋贻后时之悔，岂不韪欤！

大凡天下万事万物，祸乱之时，虽或荡废，然一旦治平，皆可稍稍复旧。惟所谓书籍者，出于一人之心，各为一家之言，言人人殊，其理虽同，而其所以为言者则未必同，其间阐义理，著世变，纪事迹，莫不各极其至，皆有所取，一有失焉，则不可复，虽复之亦非其真与全矣。是以古先圣王，莫不致谨于斯，以为今之所以知昔、后之所以知今者之具，珍藏而爱护之，惟恐其损失也；讲究而校正之，惟恐其讹舛也。既有者恒恐其或失，未有者惟恐其弗得。……惟经籍在天地间，为生人之元气，纪往古而示来今，不可一旦无焉者，无之，则生人贸贸然如在冥途中行矣，其所关系岂小小哉！……前代藏书之多，有至三十七万卷者，今内阁所藏不能什一，多历年所在内者未闻有所稽考，在外者未闻有所购求，臣恐数十年之后，日渐损耗，其所关系非止一代一时之事而已也。伏望圣明为千万年之远图，毋使后世志艺文者，以书籍散失之咎归焉，不胜千万世斯文之幸。……人君为治之道非一端，然皆一世一时之事，惟夫所谓经籍图书者，乃万年百世之事焉。盖以前人所以敷遗乎后者，凡历几千百年，而后至于我，而我今日不有以修辑而整比之，使其至我今日而废坠放失焉，后之人推厥所由，岂不归其咎于我之今日哉？是以圣帝明王，所以继天而子民者，任万世世道之责于己，莫不以是为先务者焉。

我朝不专设馆阁官，凡前代所谓省监，皆归于翰林院。翰林院专设官以司经籍图书，名曰典籍（指职掌典籍之官——引者注）。……宋有馆阁之职，以司经籍图书，秘书郎职掌收贮葺理，校书郎、正字职在编辑校定。今制不设馆阁（指不设馆阁之职——引者注），并其职于翰林院。夫无专官，则无专任。臣请于典籍之外，其修撰、编修、检讨，皆以编辑校定之任专委其人，而责其成功。❶

丘濬在此文中虽未使用"记忆""社会记忆"之词，但实际上是处处从社会记忆角度立意的。

首先，丘濬阐明了文献的本质及其极端重要性，如其所言"天下书籍，本于六经。六经者，万世经典之祖也"；文献的本质是"载道"，即"书之在天下，乃自古圣帝明王精神心术之所寓"；文献的价值在于"今世赖之以知古，后世赖之以知今"；如果没有文献的"载道"之功，"则生人贸贸然如在冥途中行"。这些论述实际上都是在强调文献所具有的社会记忆之功。

其次，丘濬阐明了藏书即藏道、废书即废道的原理，因为文献记录的是"天地、古今、生人、物类、义理、政治"之道，起到了"阐义理，著世变，纪事迹，莫不各极其至"的作用，一旦文献散失，"则不可复，虽复之亦非其真与全矣"，因而留下"千万世无穷之恨"。这实际上是在强调社会记忆一旦被"失记"便很难恢复其全真，由此带来"失忆"之虞，而"失忆"便等同于"失道"。

最后，丘濬阐明了重视馆阁建设的极端重要性，因为重视馆阁建设才能避免文献的"难于聚而易于散失"之虞，即使"不幸而有所丧失"，也可以通过"购之""酬之"等诏求之法，使文献得以"长留天地间，永为世鉴，以毋贻后时之悔"。尤其重要的是，丘濬还阐明了重视馆阁建设乃帝王

---

❶ 邱浚. 大学衍义补［M］. 林冠群，周济夫，校点. 北京：京华出版社，1997：801-809。标点有改动。

之责的道理,指出"人君为治之道非一端,然皆一世一时之事,惟夫所谓经籍图书者,乃万年百世之事焉。……是以圣帝明王,所以继天而子民者,任万世世道之责于己,莫不以是为先务者焉"。而且,丘濬直截了当地指出了明代由于撤销秘书省、削减馆职人员等做法所造成的国家藏书管理混乱、馆阁事业不振局面,进而提醒帝王对文献典籍"珍藏而爱护之,惟恐其损失也",并提出"请于典籍之外,其修撰、编修、检讨,皆以编辑校定之任专委其人,而责其成功"的建议,以免落于"我今日不有以修辑而整比之,使其至我今日而废坠放失焉,后之人推厥所由,岂不归其咎于我之今日"的结局。

丘濬关于重视馆阁建设的帝王之责的论述及重振馆阁事业的建议,其立足点仍然是馆阁建设乃"万年百世之事"的认识,其用意是为了实现文献的"长留天地间,永为世鉴"的目标,实际上仍然是在强调文献、馆阁作为社会记忆之器的重要性,只不过当时的丘濬只能从国家文治之业的"长治久安"角度立意,而不可能从保障公民的基本文化权益的角度立意,同时也不可能使用"社会记忆""文化记忆"等词汇罢了。

在西方学者中,把图书馆视为社会记忆之器,并对图书馆的社会记忆功能加以极度肯定的人莫属英国哲学家波普尔(Popper)。我们知道,波普尔有一个著名的学说,就是他提出的三个世界理论。波普尔认为,世界上存在着三个世界:第一世界为物理世界或物理状态的世界;第二世界为意识状态或精神状态的世界;第三世界为人的精神活动产物的世界。后来波普尔把他所谓的三个世界分别称为"世界1""世界2"和"世界3"。波普尔把"世界3"称为"客观知识世界",它是"由语言、艺术、科学、技术等所有被人类贮存起来或传播到地球各地的人工产物所记录下来的人类精神产物"❶。可见,文献所记录的知识或信息是波普尔所称"世界3"即客观知识世界的主要内容之一。波普尔把文献所记录的知识或信息纳入"客观知识"的范畴,认为文献中的知识或信息具有客观性,这一点在哲学本体论上难以立足。文献所记录的知识或信息,作为人的思想意识活动的产物,在本源上仍然属于主观性存在,它可以成为人们认识的"客体性"东西,但它本身不属于"客观性"东西,充其量它只能被称为"相对客观的东西"。

---

❶ BROOKES B C. 情报学的基础(一)[J]. 王崇德、邓亚桥、刘继刚,译. 情报科学,1983(4):84-94.

虽然波普尔在他的三个世界理论中作出了把客体性东西当作客观性东西的误判❶，但他对图书馆作为人类的体外记忆之器的重要作用的认识，却能给我们以不同寻常的启发。波普尔关于图书馆的体外记忆之器的作用的论述，主要体现于他所提出的两个思想实验：

　　实验1：我们所有的机器和工具，连同我们所有的主观知识，包括我们关于机器和工具及怎样使用它们的主观知识都被毁坏了，然而，图书馆和我们从中学习的能力依然还存在，显然，在遭受重大损失之后，我们的世界会再次运转。

　　实验2：像上面一样，机器和工具被毁坏了，并且我们的主观知识，包括我们关于机器和工具及如何使用它们的主观知识也被毁坏了，以至我们从书籍中学习的能力也没有用了，……我们的文明在几千年之内不会重新出现。❷

波普尔在上述两个思想实验中，从正反两方面描述了人类文明遭受重大损失之后能够"再次运转"或"重新出现"所需要的条件，其中他点到了"图书馆"和"书籍"的作用。需要注意的是，波普尔所提"图书馆"和"书籍"之名都是在"从中学习的能力"意义上使用的。由此，我们可以领会波普尔两个思想实验所依据的逻辑思路：文献和图书馆都是客观知识的载体（如前文所言，在人类社会中，文献和图书馆分别为知识或信息的第一级载体和第二级载体），因此文献和图书馆的存在也就等于知识或信息的存在，只要知识或信息还存在，即使人类文明遭受重大损失，人类也能凭借自身特有的学习能力迅速掌握这些知识或信息，从而保证人类文明能够"再次运转"或"重新出现"。波普尔的这一逻辑思路，如果用社会记忆的原理说就是：文献和图书馆作为人类的知识或信息的体外记忆之器，即使人类遇到其他文明成果全部毁坏的情况，只要文献和图书馆还存在，

---

　　❶ 波普尔的这一误判，其实是有意为之的产物，所以严格说来不算误判。波普尔的"有意"在于通过三个世界理论的巧妙设计来打破并攻击马克思主义的"物质决定精神""社会存在决定社会意识"的辩证唯物主义和历史唯物主义思想观点。对此我们不可不察。
　　❷ K. 波普尔. 客观知识——一个进化论的研究［M］. 舒炜光，等译. 上海：上海译文出版社，1987：116.

人类也能够利用文献和图书馆迅速学习原有的文明成果并恢复原有的文明世界。其实，波普尔之所以提出两个思想实验，目的是论证他所称的"客观知识"的客观性及其重要性，但在无意中同时突出了文献和图书馆的重要性，也就是在无意中突出了文献和图书馆作为社会记忆之器的重要意义。这就是波普尔的两个思想实验对于我们图书馆人所具有的不同寻常的启发价值所在。当然，波普尔的两个思想实验所描述的情形，恐怕永远是一种思想假设而不可能成为现实。

四、树立和践行社会记忆理念的意义

综上所述，把图书馆视为社会记忆之器，树立社会记忆理念，对图书馆从业者深刻把握图书馆的本质属性具有极其重要的意义。

第一，有助于图书馆从业者深刻思考、理解和解答"图书馆从哪里来"的本体论问题。作为图书馆从业者，首先应该明确认知"图书馆是什么"的根本问题。如果一个图书馆从业者连自己所属的图书馆是什么的问题都不清楚，就等于不清楚自己在做什么。要弄清"图书馆是什么"，首先要弄清"图书馆从哪里来"的问题。从根本上说，图书馆来源于人类对在自身活动中所产生的知识和信息的体外记忆的需要。自从人类有了体外记忆的能力之后，人类便走上了生物进化基础上的人文进化之路，踏上了告别蒙昧与野蛮的文明旅程。这就是人类体外记忆能力的重要意义所在。体外记忆的主体当然是人自身，但为了有别于个体记忆，我们把人类整体意义上的体外记忆称为"社会记忆"。图书馆来源于人类的社会记忆需要，这就是对"图书馆从哪里来"问题最简洁、最具根本意义的回答。

第二，有助于图书馆从业者深刻把握图书馆的根本性质，以此保持"图书馆本应如此"的清醒头脑。图书馆来源于人类的社会记忆的需要，因此，图书馆在根本性质上是社会记忆之器。中国古人说"工欲善其事，必先利其器"，人类为了充分发挥和利用好社会记忆的能力，发明创造了诸多工具和手段（属于"器"范畴），如文字、造纸术、印刷术等，而文献和图书馆正是人类用来存贮和传播社会记忆的"公器"，因此可以说，图书馆的根本性质就是社会记忆之器。作为社会记忆之器的图书馆，凡是属于或有助于社会记忆之事，便是图书馆应做之事，反之，凡是不利于或破坏社会记忆之事，便是图书馆不应做之事。弄清了图书馆应做之事和不应做之事，就等于弄清了"图书馆本应如此"的问题。

第三,有助于图书馆从业者明确自身的职业使命,坚定"我该如此"的职业操守。作为图书馆从业者,当然首先要弄清自身的职业角色使命,也就是首先要弄清图书馆职业是一种以什么为使命的职业的问题。图书馆来源于人类的社会记忆的需要,图书馆的性质从根本上说就是社会记忆之器。认清图书馆的历史来源与性质,有助于图书馆从业者正确定位自身职业的根本使命——图书馆职业是一种保障人类文化成果的传承与创新的崇高职业之一,亦是一种为人类的社会记忆能力的不断演进和提升而提供相关服务的高尚职业之一。图书馆从业者认清了自身职业的使命,也就认清了"我该如何"及"我该如此"的问题,从而有助于坚定自己的职业操守。

第二节 社会教育理念

人类社会越是文明、越是发达,"人需要接受教育"的理念就越是普遍、越是强烈。可以说,人是通过接受教育而成为文化的人和文明的人。人类社会的教育活动,一般分为家庭教育、学校教育和社会教育三种类型。可见,社会教育是相对家庭教育和学校教育而言的。自图书馆产生以来,人们普遍认识到图书馆具有其特定的社会教育功能。翻阅图书馆学概论性著作,就可以发现,这些著作在图书馆社会职能部分,大多把"进行社会教育"列为图书馆的基本职能之一。这是因为:几乎所有的教育活动,都把传授知识作为重点内容,而人类历史上形成的知识大多记录在书中。诚如东汉学者王府所言,"夫道成于学而藏于书"。所谓"道藏于书",当然包含"知识在书中"之意。图书馆是聚集图书的平台,因而图书馆具有"以书施教""以书育人"的得天独厚的条件,所以,从社会的分工职责而言,图书馆应该承担开展社会教育的责任。主动承担和发挥好开展社会教育的职能,并提供相应的优质服务,是图书馆及其从业者必须承担的责任,这就是图书馆及其从业者必须具备的社会教育理念。

大多图书馆从业者喜欢关注现代信息技术(如数字技术、人工智能技术等)在图书馆的应用中带来的工作效率提高,不知不觉中忽视或淡化了图书馆应履行的社会教育职能的重要性。殊不知,在图书馆尤其是公共图书馆诞生之后,无论是图书馆从业者还是社会上的人们,大多是从社会教育功能角度评判图书馆的存在价值,甚至在一些人看来,社会教育功能是图书馆存在的唯一价值所在。

其实,现代的图书馆也不能忽视甚或丢失社会教育功能,因为社会教育功能是图书馆与生俱来的本质属性的一个方面,丢失这种本质属性的一个方面,图书馆将不成其为图书馆;只不过现代图书馆的社会教育功能的内容、发挥形式及其方法比以往的传统图书馆更加丰富、更加先进而已。我们知道,现代图书馆的社会教育功能的发挥,其重点已不是古代、近代图书馆的"扫盲教育"或基础文化之普及教育,而是以信息素养教育、培养青少年阅读兴趣、支持个人自学和终身学习、支持正规(学校)教育为重点的教育。

在现代社会乃至未来社会,图书馆的社会教育职能不仅不能削弱,反而应该更加重视和强化。对此,国际图联和联合国教科文组织发布的《公共图书馆宣言》作出了明确的表述:图书馆"为个人和社会群体提供终身学习、独立决策和文化发展的基本条件","图书馆是教育、文化和信息的有生力量",图书馆"支持个人教育和自学教育,以及各级正规教育","图书馆必须是各种长期的文化、信息供应、识字和教育战略的一个基本组成部分"等。正因如此,阮冈纳赞(Ranganathan)把图书馆的基本价值确认为"传播知识的教育工具"❶。

现代的人们一般把教育分为家庭教育、学校教育和社会教育三种类型。按照这种分类,人们通过利用图书馆所接受的教育属于社会教育范畴,而与家庭教育和学校教育无关。其实不然,即使是接受家庭教育的人们,也有必要利用图书馆来扩大或延伸接受教育的方式和途径;即使接受学校教育的人们,也有必要利用图书馆来扩大知识面、增强学习兴趣、提升人生境界、修炼道德素养等,这就是如今各级各类学校普遍设有图书馆的根本原因所在。可见,社会教育是家庭教育和学校教育的有效补充和延伸,家庭教育、学校教育和社会教育三者是可以交织在一起的相互推动的关系。相对而言,"社会教育"之外延范围比"家庭教育"和"学校教育"之外

---

❶ 阮冈纳赞. 图书馆学五定律[M]. 夏云,等译. 北京:书目文献出版社,1988:337.

延范围广泛得多，诚如汪长炳先生所言，"狭义之社会教育，虽仅与家庭教育、学校教育相对待，而广义之社会教育，则凡各种社会生活对于个人身心之有意或无意之影响，均为社会教育"❶。

简单地说，图书馆是人们读书需要的产物。满足人们的读书需要，是图书馆与生俱来的功能与使命所在。从教育学角度而言，读书是一种自我教育的过程，即读书是一种"以书为师"的自我学习和自我教育的过程，由此产生了人类社会的一种普遍性的教育形式——"以书为师"。图书馆之所以具有社会教育功能，其根源就在于图书馆能够满足人们通过"以书为师"的途径进行自我教育的需求。由于图书馆是以"书"为核心要素的设施，所以从图书馆的角度而言，其所承担和开展的社会教育职能是一种"以书施教"的教育职能。

一、英美人对图书馆社会教育功能的认知

从历史的角度而言，图书馆社会教育功能的形成，大体上可以看作是两种观念相互结合产生的。其中一种观念是社会对于提高其成员的知识文化水平的重要性的认识。个体作为社会生产力中的唯一"活的因素"，提高个体的知识文化水平有助于提高整体的社会生产力水平。另一种观念是个体人对于自身知识文化水平之于自我发展所具有的重要意义的认识，这是由社会的不断进步必然对其成员的知识文化水平的要求越来越高的原因所促成的。也就是说，随着社会的不断进步，无论是社会还是个体，都对知识文化水平提出了越来越高的要求。而"以书为师"是提升人的知识文化水平的必要途径，图书馆正是为人们的"以书为师"的自我教育实践提供服务的重要设施之一，由此形成了图书馆的社会教育功能。

历史事实证明，图书馆尤其是公共图书馆自产生之初就在满足人们的"以书为师"的需要方面发挥了显著的作用，因而促使人们从"以书为师"或从社会教育角度认识图书馆的功能及其社会价值。在这方面，英美两国的会员图书馆的产生及其发展经历和卡内基（Carnegie）捐建图书馆的事例，为我们提供了很好的历史证明。

会员图书馆（Subscription Library），又称"自营图书馆"（Independent

---

❶ 南京图书馆. 汪长炳研究文集［M］. 南京：南京大学出版社，2007：21-22.

Library)、"图书俱乐部"（Book Club）、"图书馆公司"（Library Company）、"读书社"（Reading Society）等，它是采取个人入股的方式建立起来的图书馆，每个会员拿出一定的金额，共同购买和共同利用图书。❶ 一般认为，在西方国家，会员图书馆是公共图书馆的前身。

在英国，会员图书馆产生之前较普遍存在的是商业性的流通图书馆，也就是租借图书馆或租书店。英国会员图书馆运动（Subscription Library Movement）源于18世纪中期的苏格兰。1741年11月23日"铅山读书社"（Leadhills Reading Society，后改为"Leadhills Library"）成立，这是英国历史上第一所非商业性会员图书馆。至1850年前夕，英国的会员图书馆处于鼎盛期，其数量达到500多所，之后逐渐走向衰落，但至今仍有少量会员图书馆在继续运行。英国会员图书馆数量的变化情况（不包括北爱尔兰）如表4-1所示。❷ 在英国会员图书馆中，最著名者莫属1841年成立的伦敦图书馆（London Library）。伦敦图书馆由著名文学家、历史学家卡莱尔发起建立，创建时有3000册图书和500名会员。该馆迄今仍在运行，会员达到8000人，会员不仅限于伦敦一地，而且遍及全国。该馆的开放时间因季节不同而不同，每年的3月25日至9月29日之间从上午11时至下午4时和下午5时至晚上8时开放，其余季节从上午11时到下午4时开放。❸

表4-1 英国会员图书馆数量变化表（截至2000年）　　单位：所

区域	截至1850年的数量		数量变化情况		
	1850年前	1850年	1900年	1950年	2000年
英格兰	274	105	44	15	10
苏格兰	266	79	38	7	2
威尔士	5	1	0	0	0
合计	545	185	82	22	12

在美国，1780年以前，在新英格兰6州就约有50所会员图书馆，1790—1815年，发展为500所以上，1870年增加到1000所以上。其中，较

---
❶ 杨威理. 西方图书馆史 [M]. 北京：商务印书馆，1988：185.
❷ 郑永田. 英国会员图书馆及其历史作用 [J]. 图书与情报，2009（1）：108-112.
❸ 同❷.

早且最著名者莫属政治家和科学家富兰克林（Franklin）于1731年在费城创办的会员图书馆。1729年，富兰克林与其好友们起草了一份章程，规定每人先交纳40先令作为图书购买费，以后每年支付10先令，这些费用实际上成了每个会员的入股费即会员费。这所会员图书馆每星期六下午4时至8时向会员出借图书。富兰克林把自己创办的这所会员图书馆取名为"费城图书馆公司"，并骄傲地称之为"所有北美会员图书馆之母"。加入费城图书馆公司的会员，大半是收入少、生活不宽裕的市民阶层人士。这些人大多数都没有受到过正规的学校教育，但有志于读书自学，从书本中学到有用的知识，提高自身的知识文化水平，以便将来在社会上作出一番事业。关于会员图书馆的意义和价值，富兰克林说道："图书馆自身成为伟大的事业，而且继续增加。那些图书馆（指会员图书馆——引者注）增进了美洲人的普通知识，使普通的商人和农夫的知识同其他各地的大多数绅士一样，并且也许在某种程度上对于使全殖民地普遍地站起来保卫自己的权利有所贡献。"❶

从英国和美国的会员图书馆的产生及其发展历史看，会员图书馆之所以能够产生并受到民众的普遍欢迎，主要原因在于会员图书馆体现了"三众"或"三共"精神，即体现了"众人共同创办、众人共同利用、众人共同受益"的办馆精神。其中的"受益"，当然是指民众通过利用会员图书馆所受到的"以书为师"的教育。与学校教育相比，这种"以书为师"的教育，显然具有自我教育的性质；这种自我教育机会不是靠会员个体的力量获得的，而是靠众人的力量获得的，因而是一种由社会提供的机会，所以这种自我教育又显然具有社会教育的性质。对图书馆而言，读者利用图书馆进行自我教育的过程，也就是图书馆发挥社会教育功能的过程。在此，读者进行的自我教育与图书馆进行的社会教育合二为一了。由此可以认为，会员图书馆的核心功能就是进行社会教育的功能，其社会价值也主要体现在进行社会教育的功用上。1975年，IFLA在法国里昂召开的图书馆职能专题讨论会上把公共图书馆的职能概括为四个方面，即保存人类文化遗产、进行社会教育、传递科学信息、开发智力资源。其中的"进行社会教育"的

---

❶ 富兰克林. 富兰克林自传［M］. 唐长儒，译. 北京：生活·读书·新知三联书店，1956：59-60.

职能，就来源于会员图书馆，这也是人们把会员图书馆当作公共图书馆的前身的主要根据之一。

把会员图书馆视为公共图书馆的前身，这种定位在西方社会可以说得通，但在中国社会却无法找到其历史依据。在中国历史上，有私家藏书向社会开放的事例，却从未产生真正意义上的会员图书馆，其中原因值得深思。中国古代（这里指先秦至清末，下同）未曾出现过会员图书馆这种组织形式或社会教育形式，也许就是中国古代无法产生公共图书馆建制的重要原因之一。会员图书馆和公共图书馆的同时"缺席"，这是中国古代图书馆与西方古代、近代图书馆之间的重要区别之一。其中的原因固然复杂，笔者在此只想指出一点：古代的中国社会是一个缺乏"自治"或"民治"传统的社会，古代、近代的西方社会却是富有"自治"或"民治"传统的社会；而缺乏"自治"或"民治"传统的社会必然难以产生会员图书馆这样一种极富"自治"或"民治"精神的团体组织形式。

卡内基捐建图书馆的伟大壮举，也能很好地说明人们重视图书馆的社会教育功能的缘由。

卡内基生前共向社会捐赠 350 695 653.40 美元，约占其全部货币性收入的 90%。卡内基是当时公认的"钢铁大王"。其实，从卡内基的慈善壮举而言，称其为"慈善大王"亦不为过。那么，卡内基为何能够成为"钢铁大王"和"慈善大王"兼具的人物呢？为此，我们有必要简单了解一下卡内基积累巨额财富的原因及其慈善义举的动机。

令人惊奇的是，卡内基具有浓重的图书馆情结，迄今为止卡内基仍然是世界上捐建图书馆最多的人（包括捐建数量和捐赠额度）。在卡内基选定的七个领域❶捐赠计划中，捐建免费图书馆就是其中一个领域。卡内基和他的基金会花费 6000 多万美元，在世界各英语语系国家共建立了 2811 座图书馆，这项捐建图书馆计划于 1917 年才告结束。其中 1946 座图书馆坐落在美国，660 座在英国，156 座在加拿大，23 座在新西兰，13 座在南非，6 座在

---

❶ 这七个领域分别为：建立一所大学或扩大一所大学的规模、捐建免费图书馆、捐建医院和实验室、捐建公园、建造公共礼堂、建造游泳池、建造教堂。

西印度群岛，4座在澳大利亚，以及塞舌尔、毛里求斯、斐济各一座图书馆。❶ 卡内基捐建公共图书馆是有条件的，即只给予那些得到捐建后能够自己继续维持运营的城镇。为此卡内基提出的要求是：接受捐赠的城镇，要提供建造图书馆的场地，并每年提供相当于捐赠金额10%的税金（从当地人的税收中提取）支付图书馆的开支，包括购买书籍、员工工资、维修费等开支。

在卡内基捐建的图书馆中，约1/3的图书馆是以卡内基的名字命名的，以至于今天在美国民众的观念中，卡内基是图书馆的代名词。这就必然引发人们了解卡内基为什么如此重视图书馆事业的动机问题。在笔者看来，卡内基之所以对图书馆具有如此深的情感，是由其财富观、社会正义观、青少年时期的图书馆经历及他本人对图书馆社会教育价值的深刻认识等多方面因素共同促成的。关于卡内基的财富观和社会正义感，上面已有简单交代，以下所谈为卡内基的图书馆经历和他对图书馆社会教育价值的认识。

现在，很多人认为卡内基之所以对图书馆情有独钟，是因为他少年时期曾受惠于宾夕法尼亚州阿勒格尼县（Allegheny）的安德逊（Anderson）上校的私人图书馆，从而产生了报答图书馆之恩的动机。卡内基本人也承认自己当年借阅安德逊家中图书给了他很大的影响。对此他说道：

> 毫无疑问，我自己的个人经历或许已经使我相对于其他慈善行为来说，更加重视一所免费的图书馆。当我还是匹兹堡的一名童工时，阿勒格尼的安德逊上校——一个我从来未能不带虔诚感激的心情说出的名字——向孩子们开放他那间拥有四百册图书的小型图书馆。……正是在陶醉于他开放给我们的那些宝藏时，我下定决心，如果哪一天我有钱了，这些钱一定要用来建立免费图书馆，使其他贫穷的孩子也

---

❶ 其实，卡内基捐助图书馆事业的项目不只是捐建公共图书馆，还包括其他图书馆事业项目。卡内基捐赠于图书馆事业的明细包括：免费公共图书馆建筑60 364 808.75美元；大学图书馆建筑4 065 699.27美元；32座军营图书馆建筑320 000.00美元；美国图书馆协会100 000.00美元。共计64 850 508.02美元，占卡内基生前捐赠总额（350 695 653.40美元）的18.5%。

能获得和我们从那个高尚的人那里接受的恩惠一样的机会。❶

给贫穷的孩子以和富人的孩子一样的读书机会，这确实是图书馆人文关怀精神的表现之一。卡内基正是由于看到了图书馆服务的人文关怀精神，促发了他通过捐建图书馆以便"为更多的人创造读书机会"的慈善动机。由此也可以看出，卡内基确实是富有社会正义感和同情心的人。

如果说，卡内基年少时受惠于安德逊家中图书的借阅，从而为其后来捐建图书馆的义举埋下了"种子"，那么，他长大后对图书馆的社会教育价值的深刻认识，则为这棵"种子"的生根、发芽、成长提供了充足的阳光和水分。

在卡内基的思想意识中，"书囊括了世界上的所有财富，而这座宝库正好适时地向我打开了。图书馆的主要好处就在于，它对所有人都是一视同仁的。年轻人必须自己去获取知识，没有人可以例外"❷。而且，卡内基作为"美国式民主"的拥趸，也看出了图书馆对于提升公民的民主素养的价值。他在华盛顿特区卡内基图书馆开馆典礼上说："由公众维持的免费图书馆是民主的摇篮。公共图书馆的发展将扩大和加强民主的思想、公众的平等以及人的尊严。它们无疑是真正的美国思想的结晶。"❸卡内基对图书馆社会教育价值的这种深刻认识，为其捐建图书馆的义举提供了强大的精神动力。对此他说道："给社会的最佳礼物是什么？免费图书馆应该摆在第一位。社会把它当作一个公共机构接受它、维护它，作为城市财产的一部分，就像公立学校一样，它的确是属于它们的。"❹在此，卡内基把免费的公共图书馆比作"公立学校一样"，说明他对图书馆的社会教育价值给予了充分的肯定。

---

❶ 郑永田. 卡内基图书馆计划的回眸与反思 [J]. 中国图书馆学报，2010（1）：111-118.

❷ 徐鹏. 镀金与进步时代美国大企业主的财富之源与归向——安德鲁·卡内基的个案研究 [D]. 开封：河南大学，2011：25.

❸ 同❶.

❹ 陆月娟. 安德鲁·卡内基研究——美国大企业家、慈善家卡内基的思想与实践 [D]. 上海：华东师范大学，2003：117.

二、中国人对图书馆社会教育功能的认知

众所周知，中国作为世界四大文明古国之一，自古就有重视教育的优良传统。中国古代重视教育的传统，加上崇圣传统、崇古传统、崇经传统等，必然造就教育事业、文献事业及图书馆事业的发达，而且必然要求图书馆充分发挥学术咨询（资政）与社会教育功能。《新唐书·百官志》所记载的唐代弘文馆的职责是"详正图籍，教授生徒；朝廷制度沿革、礼义轻重皆参议"。这句话实际上概括出了皇家馆阁的三方面职能：一是"详正图籍"职能，即文献整理或治书职能；二是"教授生徒"职能，即教育或培养人才职能；三是"朝廷制度沿革、礼义轻重皆参议"职能，即资政职能。其中的教育职能（"教授生徒"），实际上就是"因书而教"或"以书为师"的教育形式。范仲淹在描述宋代馆阁系统的功能时指出，国家开设馆阁是为了"延天下英才，……以待顾问"❶，又说"馆殿为育材之要府"❷；宋英宗则干脆说"馆阁所以育隽材"❸。由此可见，在古代中国人的心目中，皇家图书馆是一个集治书、育人、资政功能为一体的综合性设施。可以说，喻古代皇家图书馆为藏龙卧虎之地不为过，诚如欧阳修所言"名臣贤相，出于馆阁者，十常八九"❹，所以古代有"宁登瀛，不为卿；宁抱椠，不为监"❺之说（"登瀛""抱椠"即指入职馆阁）。

前文说到，卡内基感恩于安德逊上校，并在心底暗下"长大后我也成为你"的决心，❻由此我们不免想起中国五代时期也曾发生过的类似故事。五代时期的后蜀宰相毋昭裔在广政年间（938—965）自己出资命人刻石《十

---

❶ 李焘. 续资治通鉴长编[M]. 上海师大古籍所、华东师大古籍所, 点校. 北京：中华书局, 2004：3434-3435.

❷ 范仲淹. 范仲淹全集[M]. 薛正兴, 校点. 南京：凤凰出版社, 2004：565.

❸ 脱脱, 等. 宋史（简体字本）[M]. 北京：中华书局, 1999：2596.

❹ 欧阳修. 欧阳修文集[M]. 沈阳：辽海出版社, 2010：809.

❺ 脱脱, 等. 宋史（简体字本）[M]. 北京：中华书局, 1999：2524.

❻ 对此，顾实著《图书馆指南》一书记曰："安特流加内尼（即指安德鲁·卡内基——引者注）初不能受学校教育，仅假富户之藏书，利用劳动之余暇，以资自修。后得志为世界屈指之资本家。因夙有志设立图书馆，以教养不幸之人，现今每年捐金数十百万圆，促进各地方公共图书馆之普及。"见：顾实. 图书馆指南[M]. 上海：医学书局, 1918：9.

三经》立于成都学宫，后又雕印《九经》《文选》《初学记》《白氏六帖》《史记》《汉书》《后汉书》等书籍，广泛流通于世。司马光著《资治通鉴》记载此事云："自唐末以来，所在学校废绝，蜀毋昭裔出私财百万营学馆，且请刻板印九经。蜀主从之。由是蜀中文学复盛。"❶ 毋昭裔为何有此举？宋代王明清说出了其缘由："毋邱俭（"邱俭"为毋昭裔之字——引者注）贫贱时，尝借《文选》于交游间，其人有难色。发愤异日若贵，当板以镂之，遗学者。后仕王蜀为宰，遂践其言刊之。印行书籍，创见于此。"❷ 毋昭裔的求学经历和慈善义举与卡内基的求学经历和慈善义举极其相似——他们的义举动机同为年少时求学经历所促发，同为自己出资"为更多的人创造读书机会"。

其实，在中国古代，像毋昭裔这样以个体的力量"为更多的人创造读书机会"的事例还很多。金代孔天监在《藏书记》中记述了自己的"同舍友"山西洪洞县人承庆（按：疑为卫承庆）的藏书事迹，其云：

> （洪洞县人）虽家置书楼，人畜文库，尚虑夫草莱贫乏之士，有志而无书，或未免借观手录之勤，不足于採览，无以尽发后生之才分。吾友承庆先辈奋为倡首，以赎书是任。邑中之豪，从而和之，欢喜施捨，各出金钱，于是得为经之书有若干，史之书有若干，诸子之书有若干，以至类书字学，凡系于文运者，粲然毕修。噫！是举也，不但便于己，盖以便于众；不特用于今，亦将传于后也。顾不伟哉！将见濡沫涸辙者，游泳于西江之水；糊口四方者，厌饫于太仓之粟，书林学海，览华实而操源流，给其无穷之取，而尽读其所未见之书，阅氏之区区，无劳于汉人也。以是义风率先他邑，使视而仿之，慕而效之，一变而至于齐鲁，蔚然礼仪之乡，其为善利，岂易量哉！❸

孔天监认为，承庆建书楼之举"不但便于己"，而且还"便于众"，所以获得了"邑中之豪，从而和之"的支持。在孔天监看来，建书楼的社会

---

❶ 司马光. 资治通鉴 [M]. 北京：中华书局，2011：9626.
❷ 王明清. 挥麈录 [M]. 上海：上海书店出版社，2009：240-241.
❸ 李希泌，张椒华. 中国古代藏书与近代图书馆史料（春秋至五四前后）[M]. 北京：中华书局，1982：25-26.

第四章 现代图书馆基本理念

价值在于"便于众",其功效在于使"有志而无书"者能够"尽读其所未见之书"。孔天监还认为建书楼并开放其藏书"便于众"之举所带来的"善利"难以估量,意为此举功德无量。所谓使"有志而无书"者能够"尽读其所未见之书",实际上就是为更多的人创造读书机会之举,而图书馆的价值就在于"为更多的人创造读书机会",这正是图书馆的社会教育功能所带来的价值。尽管承庆无法像卡内基那样捐建那么多的公共图书馆,但二人在"为更多的人创造读书机会"的用意或动机上是一致的。

同样以"为更多的人创造读书机会"为动机,自己出资创建图书馆的人还有徐树兰。1887年,徐树兰在家乡浙江绍兴创办中西学堂,自任校董,设文学、译学、算学、化学等科,开新式教育风气之先。又于1904年(又一说为1902年),捐银32 960余两,在绍兴城古贡院内创建古越藏书楼,为此他将所有家藏书籍和新购置的译本、标本、报章及各类中外书籍共7万余卷,全部捐入。古越藏书楼虽取名"藏书楼",但与此前的历代公私藏书楼有根本的区别——全面对外开放。徐树兰自定的创办古越藏书楼的宗旨是"一曰存古,一曰开新"。这里所言"开新"主要表现在:重视收藏中外新书;用新的分类法,把馆藏图书分为学部、政部两大部类;采取全新的服务模式,全面对外开放。关于创建古越藏书楼的初衷,徐树兰说道:

> 窃维国势之强弱,系人才之盛衰;人才之盛衰,视学识之博陋。涉猎多则见理明,器识闳则处事审,是以环球各邦国势盛衰之故,每以识字人数多寡为衡。……职前于(清)光绪二十三年(1897年)筹办绍郡中西学堂,教授学生,每学不过数十人,或百数十人,额有限制,势难广被,而好学之士,半属寒畯,购书既苦于无赀,入学又格于定例,趋向虽殷,讲求无策,坐是孤陋寡闻,无所成就者,不知凡几。……泰西各国讲求教育,辄以藏书楼与学堂相辅而行。都会之地,学校既多,又必建楼藏书,资人观览。……(本藏书楼)参酌东西各国规则,拟议章程……所需开办经费银三万二千九百六十余两及常年经费每年捐洋一千元,均由职自行捐备。❶

---

❶ 中国图书馆学会. 百年文萃:空谷余音[M]. 范并思,主编. 北京:中国城市出版社,2005:3-4.

可见，这段述说是从国家强弱与人才的关系及人才培养与教育的关系立意的，或者说，徐树兰是从图书馆的社会教育功能角度论证开办图书馆的必要性的。这再次证明了这样一个历史事实：无论是国家创建图书馆还是个人创建或捐建图书馆，大多是以图书馆的社会教育功能为创建或捐建图书馆的初衷的。诚如谢拉所指出的那样，"在英美世界，尤其是英国，图书馆是正式教育机构。在英国，伊华特（Ewart）和他的拥护者试图促进公共图书馆法案的通过而力主图书馆的教育目标。利用图书馆，劳动阶级在职业和道德上都可获得自我教育；他们阅读以改进他们的技术，鼓励上进的文学书籍使他们不致堕落于酗酒和赌博罪恶中"❶。谢拉的这段话表明，在英美国家，人们也是从图书馆的社会教育功能出发来决定是否通过立法来建设公共图书馆的依据的。

在上引徐树兰的述说中，他明确认同"藏书楼与学堂相辅而行"的做法，其意思是说，图书馆是与学校教育相辅而行的社会教育机构。从徐树兰所言"好学之士，半属寒畯，购书既苦于无赀"一语看，他与卡内基一样，都是以"为更多的人创造读书机会"为捐建图书馆的动机的，其实就是以图书馆的社会教育功能为其捐建古越藏书楼的动机的。正因如此，孙毓修就把徐树兰的义举与卡内基的义举划归同类。他说："近日绍兴徐仲凡树兰悉出其藏书，公之于乡，而成古越藏书楼。……观察不以私之于儿孙而公之于桑梓，其有美国卡匿奇（Carnegie）、泰罗尔（Taylor）、尼古剌（Nechaler）诸人之风矣。"❷

中国明代、清代出现的"儒藏说"亦可视为"为更多的人创造读书机会"之策。周永年是"儒藏说"的集大成者。周永年在所著《儒藏说》中指出：

> 自汉以来，购书、藏书，其说綦详；官私之藏，著录亦不为不多，然未有久而不散者。则以藏之一地，不能藏于天下；藏之一时，不能藏于万世也。……盖天下之物，未有私之而具有常据，公之而不能久存者。然曹氏（指曹学佺）虽倡此议，采撷未就。今不揣谫劣，愿与

---

❶ SHERA J H. 图书馆学概论：图书馆服务的基本要素［J］. 郑肇升，译. 图书馆学与资讯科学，1986（2）：235-266.

❷ 中国图书馆学会. 百年文萃：空谷余音. 北京：中国城市出版社，2005：16.

海内同人共肩斯任。务俾古人著述之可传者,自今日永无散失,以与天下万世共读之。

前文说过,卡内基当年大量捐建图书馆的用意在于"为更多的人创造读书机会",而周永年说的"天下万世共读之"一语实际上就是"为更多的人创造读书机会"的中国式表达。也就是说,在中国古代图书馆学思想中,"为更多的人创造读书机会"的思想观点早已有之,起码比卡内基早三四百年。从图书馆的角度而言,所谓"天下万世共读之",就是天下人共同享受图书馆的社会教育服务,或者说,图书馆的社会教育功能是从"天下万世共读之"的过程中体现出来的。所以我们说,在中国古人的"儒藏说"中蕴含着充分实现图书馆的社会教育功能的殷殷期待。

民国时期,被后世学子称为"中国第一代图书馆学家"的学者们,大多对图书馆的社会教育功能及其价值有着深刻的认识。其中,对图书馆的社会教育功能及其价值有专门论述的人主要包括沈祖荣、戴志骞、杨昭悊、马宗荣、李小缘、杜定友、刘国钧、徐旭、汪长炳等。这些人关于图书馆的社会教育性质与功能的论述,主要涉及图书馆的社会教育属性、图书馆教育与学校教育的比较、图书馆进行社会教育的方法等内容。下面择要介绍若干。

沈祖荣指出,"今之谈教育者,莫不曰广设学校。然竭全国之能力,谋国民教育之效果,恐于毕业学校多年后,学业即限于止境,甚或消失无存。故不得不于学校教育外,急筹补偏救弊之法。此诚教育家极重大之问题也。学校之外教育机关甚多,其性质属于根本的,其效果属于永远的,莫如图书馆。欧美图书馆筹划之精密,设立之普遍,使其全国人民之学问技能,无一不受成于图书馆,故有市民大学之徽号焉。……吾国士人,多持曹仓邺架之谬见,尚未明了图书馆之性质,不在培养一二学者,而在教育千万国民;不在考求精深学理,而在普及国民教育;此中国图书馆不能发达之一远因也"❶。从这段话中可以看出,沈祖荣已经深刻认识到了图书馆教育与学校教育的区别,并对图书馆教育的根本性质作出了概括,即图书馆教

---

❶ 丁道凡.中国图书馆界先驱沈祖荣先生文集[M].杭州:杭州大学出版社,1991:1.

育属于"普及国民教育"之范畴。

戴志骞是民国时期留美攻读图书馆学专业的代表人物之一,曾两度赴美考察和学习。戴志骞在《论美国图书馆》一文中说:"图书馆与教育,有极密切不能分开之关系。……如要国民有终身智力生长之机,除图书馆外,别无较良美之法,故图书馆,可称国民之终身学校也。美国人民因知此义,故不惜数亿兆之金钱,造就全国国民终身之大学校,今者途人问答皆曰:'该村之图书馆在何处?'而不问'该村有无图书馆?'于此语,则知美国人民之教育与图书馆如手足,有不能分离之势矣。"❶ 这段话说的是美国人的一种观念,即美国人把图书馆视为国民终身教育机关。戴志骞自己则是从"人生三要素"角度界定图书馆的教育属性,如其曰:

> 人生有三种表现:(1)教育,无教育的人,只可说是存在(existence),不能说是人生(life);(2)职业,拉车的也算是一种职业;(3)休养,因为人生不能像机器一样,一天二十四小时老是工作,全不休息。所以人生必定要有教育、职业、休养三种。那么世界上什么东西能够包含这三种呢?我是学图书馆的,当然推举图书馆了。❷

基于这种认识,戴志骞得出的结论是:图书馆"实在是做平民终身教育的机关,亦是增进平民职业上的技能,并且补助智力的修养";"图书馆一物,实为国家教育上一重要机关"。❸ 显然,在戴志骞的观念里,图书馆已然是终身教育机关,图书馆本身就具有"教育性"这样一种属性;如同缺乏"教育"因素就不成其为"人生"一样,图书馆如果缺乏"教育性"就不成其为图书馆了。

杨昭悊的代表作是1923年初版的《图书馆学》一书(后于1933年再版)。此书共分八篇,其中第二篇即为"图书馆与教育",其下又分六章,依次分别是图书馆在教育上的地位、图书馆与教育的新思潮、图书馆教育的性质和效力、图书馆和家庭教育、图书馆和学校教育、图书馆和社会教育。可以肯定,在整个民国时期国内出版的图书馆学概论性著作中,此书

---

❶ 韦庆媛,邓景康.戴志骞文集(上)[M].北京:国家图书馆出版社,2016:6.
❷ 同❶:11.
❸ 同❶:10,14.

对"图书馆与教育"问题的论述最为全面。下面择要介绍杨昭悊关于"图书馆与教育"问题的思想论点。

其一，首创"图书馆教育"一词。杨昭悊在《图书馆学》一书中多次使用"图书馆教育"一词。我们知道，在民国时期，很多人都谈论过"图书馆与教育"问题，但把"图书馆"和"教育"合成为"图书馆教育"一词的，莫属杨昭悊和刘国钧为先。❶ 此后，马宗荣在他的论著中也经常使用"图书馆教育"一词。显然，杨昭悊所称的"图书馆教育"，绝不是"图书馆学专业教育"之义，而是指"图书馆所实施的社会教育"，或者说是"通过图书馆实施的社会教育"。关于"图书馆教育"与"图书馆学专业教育"的区别，俞爽迷于1935年作出了明确的判断，他说图书馆教育"不是训练图书馆员的教育，乃是以图书馆为中心，以图书为出发，为进行，为归宿的教育轨迹，来适应，来创造，来开拓个人和社会的生活"❷。这就提醒我们，在现代汉语语境中，"图书馆教育"和"图书馆学专业教育"应予严格区分。

其二，阐明了图书馆教育的独立性。为此，杨昭悊首先指出了当时人们头脑中存在的两种误会：一是"以为图书馆不是一种独立教育"，二是"以为图书馆单是一种通俗教育"。第一种误会的存在，使人们认为图书馆教育只是一种辅助性教育，也就是认为"图书馆是附属学校的材料厂，是学校的辅助品，不是一种独立教育"。第二种误会使人们认为"图书馆的客体仅限于普通人民，……图书馆单是一种通俗教育，于学术上没有什么关系"。最后，杨昭悊阐述了自己的观点："其实图书馆所藏的图书，固属死物，然有做主体的馆员活用他，并且有时设专员预备顾问，和学校教授性质相同。这种教育当然可以独立。又图书馆的客体不仅限于普通人民，就是专门学者也能容纳。参考图书馆可做研究高深学术的场所。"❸ 在民国时期，确实有不少人（包括图书馆学界的一些名家）认为图书馆所实施的教育是一种辅助于学校教育的通俗教育，有意无意中忽略了图书馆教育所具

---

❶ 杨昭悊和刘国钧同时于1923年9月分别使用了"图书馆教育"一词。刘国钧使用"图书馆教育"一词的情况，见下文"刘国钧"部分。

❷ 俞爽迷. 从纪念总理诞辰讲到教育改革中的图书馆 [J]. 厦大图书馆馆报，1935（3）：23-29.

❸ 杨昭悊. 图书馆学 [M]. 上海：商务印书馆，1933：46.

有的独立性。在这种情况下，杨昭悊能够适时提出图书馆教育的独立性，是一种不随波逐流的独立见解。

其三，指出了图书馆教育的综合性。杨昭悊也认同当时很多人把教育分为家庭教育、学校教育、社会教育的"三分法"观点。但是，由此一些人认为图书馆教育主要属于社会教育范畴，而与家庭教育、学校教育关系不大。对此杨昭悊表示反对，"从主观方面说，组成家庭学校社会的分子，同属个人，一人同时可为数种分子。……在三方面都注意的教育机关只有图书馆能够。……（图书馆）不单是社会教育机关，它在家庭教育学校教育上都占重要的地位"❶。杨昭悊的意思是说，无论是家庭成员、学校学生，还是社会一般人员，都有必要利用图书馆来接受相应的教育。这就说明，图书馆教育是一种集家庭教育、学校教育、社会教育于一体的综合性教育。

其四，指出了图书馆教育的独特性。杨昭悊认为，图书馆教育具有与其他教育形式不同的特点，主要表现在平民的教育、自动的教育、打破学级制度、废除考试制度四个方面。第一，图书馆教育是一种平民教育。对此，杨昭悊指出，"图书馆比学校自由，没有男女的限制，使少年少女都可以自由出入；没有资格的限制，使仕宦平民都可以共同阅览；没有时间的限制，极忙的人也随时可以求学；没有金钱的限制，极贫的人也可以求学"❷。第二，图书馆教育是一种自动的教育。这里所言"自动"，指主动、自觉之义。图书馆教育就是一种读者主动、自觉进行的教育，也就是读者自我进行的教育。这就是人们把图书馆教育视为自我教育的原因所在。杨昭悊认为，人都有求知心，从个人的求知心出发进行的自我教育，可称为"自动主义教育"，"现在图书馆即实行这种主义的场所。因为图书馆的性质和学校的性质完全不同，学校对于学生授课时间，课程种类，都有一定的限制，学生居于被动的地位；图书馆对于阅览人就不加何等限制，听其自由，阅览人完全居于自动的地位。这种精神在儿童图书馆更其显著，儿童图书馆所藏的图书，自然随儿童自由入览，即或馆中有人阅览，也是随他的心性自由选择，并无强制性质，和自动教育完全相合。"❸ 第三，图书馆

---

❶ 杨昭悊. 图书馆学［M］. 上海：商务印书馆，1933：40-41.
❷ 同❶：43.
❸ 同❶：44.

教育能够打破学级制度。在杨昭悊看来,"学校里边最能限制人的,就是学级制度"。杨昭悊所称的"学级制度",指的是现代学校普遍实行的、无论学生的学习能力或学习成绩高低,都按年级逐级升学的"年级制度";这种年级制度虽然有跨级的允许,但限制多多,只涉及极个别学生。杨昭悊反对这种学级制度,认为应该"打破学级制度,拿学科做标准,不论年限的长短,习过若干科目,即可毕业"。杨昭悊的这一主张,与现代大学实行的学分制有相似之处。杨昭悊认为,图书馆教育的一个特点就是不受学级制度的限制,"因为图书馆原来是自由的,阅览人爱阅览什么书,就阅览什么书,爱什么时候来阅览,就什么时候来阅览。兼程并进也好,仔细探讨也好,没有学级的限制。"❶ 第四,图书馆教育是一种废除考试制度限制的教育。杨昭悊指出,考试制度至少有四种弊病:养成虚荣心;养成侥幸心;养成忌妒心;养成作伪心。实事求是地说,杨昭悊指出的考试制度的这四种弊病,在现代教育中也普遍存在。而"图书馆供人自由阅览图书并不考试阅览人",因而接受图书馆教育的人不必考虑考试制度之虞。但是,在学校教育中完全废除考试制度是不现实的,鉴于此,杨昭悊认为"学校里边既然不能够一刻改变,就应当多设图书馆,使不主张考试的人都可以到里边求学"。❷ 如果按照杨昭悊的废除考试制度的主张考虑,我们可以认为,图书馆教育能够为人们去除考试之虞的牵绊,因而,图书馆是那些不主张或厌恶考试制度的人们学习的天堂。总之,图书馆教育的这种平民性、自动性及无学级、无考试制度限制的自由性,加上图书馆的书香环境,也许正是阿根廷著名诗人、小说家博尔赫斯(Luis Borges)发出如下感慨的原因:"我心里一直都在暗暗设想,天堂应该是图书馆的模样。对于我来说,被图书重重包围是一种非常美好的感觉。"❸

其五,创造性地概括出了图书馆教育在人格修养塑造方面所具有的效力。杨昭悊把图书馆教育的效力分为"智育上的效力""情育上的效力"和"训育上的效力"三方面。这实际上是从人格结构中的知、情、意三方面去

---

❶ 杨昭悊. 图书馆学[M]. 上海:商务印书馆,1933:44.

❷ 同❶:44-45.

❸ 博尔赫斯,索伦蒂诺. 博尔赫斯七席谈[M]. 林一安,译. 北京:光明日报出版社,1996:63.

概括图书馆教育的效力,这种角度的概括可谓"前无古人",极富创新意义。智育上的效力,主要指图书馆在人类知识的保存与传递方面所具有的效力。情育上的效力,主要指图书馆服务及书香氛围对读者产生的真、善、美方面的熏陶作用,具体包括"养成知的情操""养成德的情操"和"养成美的情操"三方面。训育上的效力,主要指图书馆作为自我教育场所能够促使读者练出"自己的事情自己解决"的本领及尊重他人、爱护公物、遵纪守法的意志力。对此杨昭悊阐释道:"知识能辨善恶,感情能起爱恶,若更进而实行取舍,就在意志是怎样训育即训练这种意志的实现。图书馆能养成自学自修的精神,阅览人自己愿看的什么图书,自己向馆中借贷,若有疑问发生,自己利用图书馆的参考书,不必依赖他人。图书馆馆则严明,能起遵守规律的观念。图书目录整齐,自己阅览后,并须放在原位,能养成遵守秩序精神。阅书时不能扰乱他人,对于公用图书,当格外爱惜,都能增进公德心。至于从图书上所得的教训,如嘉言懿行,能使阅览人意志坚强,行为正当,更不待言。"❶

在中国第一代图书馆学家中,马宗荣是为数不多的非图书馆学专业出身的人。马宗荣是中国最早获得社会教育学专业硕士学位的留学生❷,始终致力于社会教育理论研究与事业实践。1935 年,蔡元培聘请马宗荣任教育部社会教育司司长之职。

马宗荣给"社会教育"所下的定义是:"国家、公共团体或私人,为谋社会全民的资质与生活向上发展,设有多式多样的社会机关与设施,供给社会全民,在其实际生活场中,而得自由的广为扩充其文化财的享受,使影响及于社会主体之作用,谓之社会教育。"基于这一定义,马宗荣概括出了社会教育的六方面特点:以全民为对象的教育、整个生涯的教育、充实人生的教育、多式多样制的教育、利用余暇的教育、改善社会全体的教育。❸ 马宗荣认为,"社会教育,是有教无类的教育,是实施彻底的教育机

---

❶ 杨昭悊. 图书馆学 [M]. 上海:商务印书馆,1933:47-48.
❷ 当时留学国外主修图书馆学专业的人往往同时修习教育学或社会教育学专业,如李小缘同时修习社会教育学课程,杜定友同时"兼习教育"。这种现象本身就说明图书馆与教育具有紧密相关性。
❸ 马宗荣. 社会教育纲要 [M]. 上海:商务印书馆,1937:24-25.

会均等主义的教育"❶。

马宗荣就是在上述社会教育观指导下认知图书馆的社会教育性质及其功用的。为此他为"图书馆"所下的定义是:"搜集可为人群文明的传达者,仲介者,有益的图书,并保管之,使公众由最简单的方法,得自由阅览的教育机关。"❷ 马宗荣的这一简短的图书馆定义,我们可以从中读出多方面的信息:其一,图书馆是人类文明的保管者、传播者;其二,图书馆揭示馆藏文献的方法(如检索方法)应该是"最简单的",而不是复杂得让人难以掌握;其三,图书馆是教育机关,这是马宗荣从社会教育角度认知图书馆的必然结论;其四,图书馆是让人"得自由阅览的教育机关",其中所用"自由阅览"一语,显然有西方人所推崇的"知识自由"(intellectual freedom)之义,这是由马宗荣把社会教育定位于"有教无类的教育""机会均等主义的教育"的观念所决定的。

李小缘的代表作之一是1927年出版的《图书馆学》一书。在该书第一章论述现代公共图书馆之意义时,他提出了一个著名观点:图书馆即是教育。对此他说道:

> 举凡环境所可为见识学问者,皆广义教育。故图书馆乃有教育性之环境也。使图书馆环境优良,定可于无影无形中发生陶养人品之好结果。❸

人是环境的产物,而"图书馆乃有教育性之环境",所以图书馆首先是一种"环境",进而是"有教育性之环境"。这里所用"环境"一词,比起其他人所用的"装置""场所""机构""机关"等词汇更能显示图书馆"润物细无声"的社会作用机理。所以,把图书馆视为"有教育性之环境",这种定位可谓概括精当且独具慧眼。李小缘是以严厉批评古代藏书楼的封闭精神、力主现代图书馆的自由开放精神而著称于学界的。对此他说道:"无自由开放之图书馆……乃封建、专制图书馆思想。……图书馆书籍不开放,则吾人与古今思想无可接触,无可根据,……图书之自由开放,使读者能与远而古圣先贤,发生若干知识心得,使学问可以由无生有,由有生

---

❶ 马宗荣. 社会教育纲要[M]. 上海:商务印书馆,1937:33.
❷ 马宗荣. 现代图书馆序说[M]. 上海:中华学艺社,1928:2.
❸ 南京大学信息管理系. 李小缘纪念文集[M]. 南京:南京大学出版社,2007:6.

多，而文化进步以至于不可止之境，故图书馆自由开放，所以推广文化。……近代图书馆必须以自由开放为图书馆之原则。"❶ 如果把李小缘的"图书馆乃有教育性之环境"之论与他的图书馆自由开放主张结合起来考虑，那么我们可以认为，李小缘实际主张的是"图书馆乃自由开放的教育环境"。

李小缘之所以能够形成如上所述的先进的图书馆教育观，既出于他那一代人普遍具有的"教育救国"的执着信念，更出于他对现代图书馆精神高屋建瓴、鞭辟入里的深刻把握。他说的下面一段话就体现了这种"深刻把握"：

> 古之藏书楼重在保存，公共图书馆重在普利民众，流通致用，以普遍为原则，以致用为目的，以提高生活为归宿，皆所以启民智，伸民权，以利民生者也。苟能一日打破旧式思想之藏书楼，使能公开群众，无论男女老幼，无等第，无阶级，举凡学生、工人、农夫、行政家、商人、军人等，皆能识字读书，享受图书馆之利益，则方可谓图书馆之真正革命，之真正彻底改造，之真正彻底建设也。❷

李小缘这里所言"启民智，伸民权，利民生"一语，可谓对现代图书馆功能及其价值的最精练概括；今天的人们对图书馆功能及其价值的种种界说（包括 IFLA 的界说），其实都不出其右。如果让我们用最简练的话语概括出现代图书馆的基本理念，那么"启民智，伸民权，利民生"一语最为合适不过。

李小缘把图书馆的价值提升到"启民智，伸民权，利民生"的高度，其实离不开他对图书馆的社会教育价值的深刻把握，因为他所言"伸民权""利民生"是以"启民智"为基础的。如果民智不开，民权无以伸张，民生亦无以改善，而"启民智"正是图书馆社会教育功能的根本表现。这就表明，图书馆的社会教育功能是一种集信息教育、知识教育、人格教育、生活教育等为一体的综合性教育。

杜定友1917年留学于菲律宾大学，主修图书馆学，同时兼习教育学和

---

❶ 马先阵，倪波. 李小缘纪念文集［M］. 南京：南京大学出版社，1988：94.
❷ 同❶：15.

文学，获得图书馆学、教育学、文学三个学位，1921年回国。杜定友之所以重视图书馆的教育功能，主要出于这样一种观念：

> 盖图书馆，乃一教育化及社会化之机关。观乎入图书馆者，皆为求学问养心身起见。故为图书馆员者，其性质与教育界同，受最微之酬劳，而为最多数人求最大之幸福。世界文化之进步，常以人类公共事业之发达为标准。今学校、医院、剧院等社会化及教育化之机关，均纷纷力谋发展，以谋人群幸福，则图书馆亦当居其一也。❶

杜定友与当时其他图书馆学人一样，首先肯定了图书馆的教育属性，即把图书馆视为"教育化及社会化之机关"，进而认为图书馆员的工作"其性质与教育界同"。

杜定友在《图书馆学概论》中阐述"图书馆的意义"时，是从"图书馆与文化""图书馆与学术""图书馆与社会"三方面论述的。其实，这三方面都与"图书馆与教育"问题紧密相关，因为图书馆的文化、学术功能和社会影响，都是通过图书馆施教过程实现的。就拿图书馆的助力学者和传播学术的功能而言，杜定友认为，"学者研究学术，首赖图书，但个人设备，必感不足。有图书馆，然后可以博览群书，参考引证。所以图书馆不啻是学者的养成所。学术的发扬，全靠图书的流通。图书馆的书籍，无处不到，学术也同时普及"❷。所谓图书馆是"学者的养成所"，是针对图书馆的教育功能而言的，亦即帮助读者通过接受图书馆教育后发展成为有学术造诣的学者；所谓图书馆通过书籍流通实现传播学术的效果，这种传播学术的过程同时也是使读者受教育的过程。因此可以说，图书馆的助力学者和传播学术的功能寓于图书馆教育功能之中。

在《图书馆与市民教育》讲稿中，杜定友归纳了图书馆对于市民所能产生的四个方面的作用，依次分别是："图书馆为市民修养之中心点""图书馆为市民游乐之中心点""图书馆为市民之继续学校""图书馆是人们的

---

❶ 杜定友. 图书馆与市民教育（市民大学第一期讲义录）[M]. 广州：广州市民大学出版部，1921：4.

❷ 杜定友. 图书馆学概论[M]. 上海：商务印书馆，1935：2-3.

智囊参谋机构"。❶ 显然，这四个方面的作用，其实都是图书馆教育功能所产生的作用。

刘国钧先生1920年毕业于金陵大学，毕业后留校从事图书馆工作，旋即出国在美国威斯康星大学哲学系、图书馆专科学校及研究院深造，获得哲学博士学位。在民国时期图书馆学者中，大部分人都谈论过图书馆的社会教育功能问题，而且大部分人都从图书馆教育与学校教育的区别角度认知图书馆教育的重要性与独特性。其中，刘国钧的观点及其表述可谓最精当。1923年，刘国钧在《美国公共图书馆概况》一文中指出：

> 公共图书馆者，公共教育制度中之一部也。所谓公共教育制度之一部者，非谓图书馆为学校教育之一部，佐学校以达教育之目的，乃谓其在教育上之功用、责任与目的，均与学校相同，故其所处之地位，所受之待遇，所用之方法，亦必与学校相同也。易言之，则公共图书馆者一直接之教育机关，而与学校相辅相成者也。盖学校之教育止于在校之人数，图书馆之教育则偏于社会；学校之教育有规定课程为之限制，而图书馆之教育则可涉及一切人类所应有知识；学校教育常易趋于专门，而图书馆教育则为常识之源泉。夫一社会之人，在学校者少；人之一生，在学校之时少。然则图书馆教育，苟善用之，其影响于社会于人生者，且甚于学校。而学校中所培养训练之成绩，转将赖图书馆教育之维持而不坠。则图书馆在教育上之价值有时竟过于学校也。❷

从刘国钧所言这一大段话中，我们至少可以读出三方面的信息：其一，指出了图书馆教育的"公共教育制度"属性，亦即图书馆教育有别于私塾教育或私立教育制度。所谓"公共教育制度"，用现代的话来说，就是指公共物品（或称公共产品）。也就是说，图书馆教育在本质属性上是一种公共物品。其实，不仅图书馆教育是一种公共物品，公立图书馆本身就是一种

---

❶ 杜定友. 图书馆与市民教育（市民大学第一期讲义录）[M]. 广州：广州市民大学出版部，1921：7-12.

❷ 史永元，张树华. 刘国钧图书馆学论文选集 [M]. 北京：书目文献出版社，1983：11-12.

公共物品，即图书馆是为了满足人们平等地获取和共享知识或信息的需要，而对知识或信息进行集中存贮、序化、传播的一种公共物品。❶ 其二，图书馆教育是一种独立于学校的社会教育制度，而不是附属于学校的辅助性教育，诚如其言，图书馆教育"非谓图书馆为学校教育之一部"。当然，刘国钧同时也指出了图书馆与学校在"教育上之功用、责任与目的"上的相同，因而两者是"相辅相成"的关系。这里需要注意的是，"相辅相成"不等于"相同"，而是指可以互补的两种教育形式。这就明确了图书馆教育的独立性。从时间上说，刘国钧和杨昭悊同时提出了图书馆教育的独立性（同为1923年9月）。其三，在对学校教育和图书馆教育进行多方面比较的基础上，提出了图书馆教育的价值"甚于学校""竟过于学校"的观点。显然，这是对图书馆教育价值的最充分的肯定。

还有一点需要指出的是，在上引刘国钧的一段话中，用了三次"图书馆教育"一词，若把"图书馆之教育"（两次）一语也算进来，那么在这一段话中共用了五次"图书馆教育"一词。由此我们可以认为，在我国图书馆学界，是刘国钧和杨昭悊同时首创了"图书馆教育"（"图书馆实施的社会教育"意义上的）一词，其时间均为1923年9月。

徐旭是民国时期少有的非图书馆学科班出身的、自学成才的图书馆学家，他所发表或出版的图书馆学论著，其学术水平并不亚于图书馆学科班出身的人，尤其在民众图书馆学和阅读指导、阅读推广方面多有建树。

徐旭的图书馆教育思想，其荦荦大端者如下：

其一，明确界定了"民众""民众图书馆"及"民众图书馆教育"等概念。在解释"民众图书馆"概念时，徐旭重点指明了在"图书馆"前面冠以"民众"二字的意义。他说，"骤视之而不加思索，则必以为'民众图书馆'者，不过是要迎合潮流，或迫于使命而加'民众'两字。在性质上，使命上，设施上，教育上，还是和一般图书馆一样。此为办教育的人作如是想，办社会教育的人作如是想，即专攻图书馆学和置身图书馆事业的人也作如是想。因此凡县立的民众图书馆，有误解为以前的'藏书楼'；新创的民众图书馆，有误认为死板的'阅书处'。……其实图书馆而冠以'民众'，在名词上已很明显地告诉我们，这个图书馆是为民众而设的，是为教

---

❶ 蒋永福. 图书馆学基础简明教程［M］. 北京：知识产权出版社，2012：27.

育民众而设的。……它的责任不仅在保藏图书，不仅在供人阅览书报，不仅在实施文字教育的事业，而且应当负起全县，全区，或全乡民众生活的发展，思想的改造和教育辅导的工作。……民众图书馆的工作，是以教育为准，则必不会再有错解或再会轻视民众图书馆了""'民众'者，乃指全国之'全民众'而言"。❶ 基于这种认识，徐旭对"民众图书馆"作了这样的释义："民众图书馆是实施民众教育最重要的工具，它也是为实施民众教育最合适的机关。"❷ 那么，什么是"民众图书馆教育"呢？对此，徐旭的界定是："以图书馆为中心，以图书为出发，为进行，为归宿的教育轨迹，来适应，来创造，来开展个人的生活和社会的建设。"同时他还指出，"'民众图书馆教育'不是图书馆的一种，而是教育的一种"。❸ 通过以上引文，我们可以大略窥探出徐旭关于"民众图书馆""民众图书馆教育"概念的基本认识，主要有三方面：一是民众图书馆是实施民众教育的机关，这可视为民众图书馆的教育学定义；二是民众图书馆教育是"教育的一种"，也就是通过图书馆实施的教育；三是民众图书馆教育是"因书而教"（"以图书为出发，为进行，为归宿"）的教育形式。

其二，明确界定了民众图书馆教育的对象与使命。徐旭是从"智的方面"和"德的方面"分别分析和界定民众图书馆教育的对象的。从"智的方面"分析，民众图书馆教育的对象包括文盲、稍识字者、识字者、读书者、研究者五类人群；从"德的方面"分析，民众图书馆教育的对象包括非法行为者、不知公德者、进德修业者三类人群。在此基础上，他总括民众图书馆教育的对象说"民众图书馆教育的对象，不仅是识字者，不仅是士阶级，乃是全民众——农、工、商、学、兵、儿童、青年、妇女，不识字者，有学问者，缺德无能者，进德修业者，生理上之残废者，生计上之困苦者，能不能参与社会国家改进之运动者"❹。把图书馆教育的对象从"智的方面"和"德的方面"分别归类，这种划分方法有其合理之处，这说明徐旭也认同图书馆教育的内容可分为知识教育和道德教育两大方面的观

---

❶ 徐旭. 民众图书馆学 [M]. 上海：世界书局，1935：1-2.
❷ 徐旭. 民众图书馆释义 [J]. 民众教育学报，1933（创刊号）：86-90.
❸ 同❶：3.
❹ 同❶：8-10.

点。而从其所列的民众图书馆教育对象的人群类别看,几乎是无所不包,真可谓"全民众""覆盖全社会"。由此而言,徐旭所言"民众图书馆"确实给人以与一般的公共图书馆没什么区别的感觉。

在明确了图书馆教育的如上对象范围之后,徐旭又明确指出了民众图书馆教育的使命,包括三方面,分别是:使未受教育者,得启发其智能之生长;使现受教育者,得辅助其智能之生长;使已受教育者,得继续其智能之生长。❶ 这三方面的使命,如果用一句话概括,则可概括为"促进全民众之智能生长"。

与此同时,徐旭又把民众图书馆教育之目的也概括为三方面,分别是:培养健全公民;建立良好社会;递进世界文化。❷ 这种概括可谓有高度,有见地。尤其难能可贵的是,他在阐释"递进世界文化"之内涵时说出了类似于波普尔的两个思想实验的观点。❸ 他是这样说的:

> 世界人类,物质文明之所以能提高,精神文明之所以能演进,凡百事业之所以能日新月异,各种学术之所以能愈研愈精,莫不赖图书馆的收藏图书而传递所造成。苟使现今人类,没有前人的思想、方法、发明、伟迹,载之于书,传之于今,取而参考之、研究之,则我们的思想不会演进,我们的生活不会改善,世界的文明无由进步,世界的文化无由继续。❹

这里所用"物质文明""精神文明"二词,与波普尔的"客观知识""主观知识"概念有高度重合性;而且徐旭所用"苟使现今人类……则我们的思想……"这样的假设逻辑,也与波普尔的两个思想实验的假设逻辑极

---

❶ 徐旭. 民众图书馆学 [M]. 上海:世界书局,1935:7-8.

❷ 同❶:10-11.

❸ 为了便于对照理解,这里再次引用波普尔的两个思想实验。实验1:我们所有的机器和工具,连同我们所有的主观知识,包括我们关于机器和工具及怎样使用它们的主观知识都被毁坏了,然而,图书馆和我们从中学习的能力依然还存在,显然,在遭受重大损失之后,我们的世界会再次运转。实验2:像上面一样,机器和工具被毁坏了,并且我们的主观知识,包括我们关于机器和工具及如何使用它们的主观知识也被毁坏了,以至我们从书籍中学习的能力也没有用了,……我们的文明在几千年之内不会重新出现。

❹ 同❶:11.

其相似。徐旭关于"递进世界文化"的上引一段话，出自其1935年出版的《民众图书馆学》一书，而汪长炳于1933年发表的《图书馆教育在都市社会中之重要》一文中就提出了极其类似于波普尔的两个思想实验的观点。这说明汪长炳早于徐旭提出了类似于波普尔的两个思想实验的观点。

需要指出的是，波普尔的"客观知识"之论和两个思想实验之论，是20世纪六七十年代的产物，而汪长炳和徐旭分别在1933年和1935年就提出了与波普尔的两个思想实验基本同样的观点，在时间上远早于波普尔，只不过汪长炳和徐旭未给自己的观点冠之以"思想实验"之名罢了。

其三，创造性地提出了馆员是图书馆教育的重心的观点。图书馆教育以什么为重心？对此徐旭首先回答了四个"不是"，即不是馆舍，不是图书的数量，不是图书的质量，不是对象（读者）；然后他正面回答了"是什么"，即他认为图书馆教育的重心在于馆员。馆员何以成为图书馆教育的重心？徐旭举出三个理由，即馆员是图书馆的动力，馆员是图书的生命，馆员是对象的导师。徐旭用"反题—正题"法论证馆员是图书馆教育的重心的观点，这种论证方法极具逻辑说服力。

汪长炳在自己的论著中也经常使用"图书馆实施的社会教育"意义上的"图书馆教育"一词。汪长炳的图书馆教育思想，有诸多与众不同之处，从中我们可以领略其思想的睿智。

其一，厘清了"社会教育""民众教育""图书馆教育"等概念的内涵及其界限。汪长炳在《图书馆教育在都市社会中之重要》一文中指出，"就民众教育说，普通人常以民众教育与社会教育混用，这是错误的，……社会教育的范围很广，凡学校教育以外的各种教育，都叫作社会教育，而民众教育只是社会教育中的一部分教育，通常是指智识程度较低的一般民众的教育而言。……我们试取民众学校的教育目标为代表，根据部订，其目标是'授予授学民众以公民之基本训练，及简易之智识与技能'。很显然，根据此目标，我们可知其教育对象，亦不在于一个都市人民的全体，仅为其中较落后的一部分。……还有一种教育，其对象为都市民众之全体，而其目标兼摄以上两种（指学校教育和民众教育——引者注）之精华，那是什么？即是我们所谓之图书馆教育是也"。❶

---

❶ 南京图书馆. 汪长炳研究文集［M］. 南京：南京大学出版社，2007：27-28.

其二，明确界定了图书馆教育的对象范围。他说图书馆的"施教范围，既无地区之限制；施教时间，更无年限之间断。……图书馆之施教对象为图书馆所在区之全体民众，并包括本区寄居之外国人士，及本区外之各种社会团体学术机关，是其范围影响普及于整个社会，社会之良窳，胥赖于图书馆教育之推进与否，其社会文化固在一般水准以上，得图书馆而进步益显"❶。这种连外国侨民都包括在内的图书馆施教范围，可谓"覆盖全社会"。由此我们可以看出，汪长炳所言图书馆教育的对象范围，与我们今天所说的"图书馆服务范围"完全等同。

其三，把品格教育作为图书馆教育的重中之重予以强调。这是汪长炳的图书馆教育思想的特点之一。汪长炳认同国民政府教育部于1937年颁布的《图书馆工作大纲》中的规定，即"图书馆之施教目标，在养成健全公民，提高文化水平，改善人民生活，促进社会发展"。其中的"养成健全的公民"，汪长炳把它分为两方面内容，一是"养成品格健全的公民"，二是"养成知识丰富的公民"，并且重点阐述了"养成品格健全的公民"的意义。他说：

"国者，人之积；人者，心之器"，要一个社会好，必须组成社会的各个分子皆好；要一个国家健全，必须组成国家的公民皆健全。但是要使一个人健全，必须先从心理上健全起，此即所谓正心诚意。心所表现于行为者，即形成一个人的品格。品格是教育上的一个重要课题，品格不是本能，品格必待教育而后形成，儒家所谓伦理教育，皆系就此方面而言。品格教育的目的，在导人为善。因此，必须刻画一种典型，作为人的模范，如所谓圣人、贤人之类，皆是一种品格的教育方法。孔孟朱（晦庵）陆（象山）诸哲，与我们相距或者有两千余年，或者八九百年。然而我们现在读其书录，想见其人，我们于熟读其书时，亦觉受其感召，无形中使其精神贯注于我们血脉之中。由此我们可知品格教育不必限于学校范围中。……品格教育的典型——所谓圣人，或贤人者，不能与我们每一个人直接谈话，共同生活，但我们可于图书中，了解其人。因此图书馆是实施品格教育的最好场所，

---

❶ 南京图书馆. 汪长炳研究文集［M］. 南京：南京大学出版社，2007：22.

图书馆于所藏名人传记及其品格教育书籍中，启发人的伦理观念，授予人以正当的行为规范。❶

在这段话中，汪长炳把品格的概念、品格的形成机理及个人的品格对于一个社会、一个国家的发展所具有的重要意义说得很透彻了，在此基础上他认为"图书馆是实施品格教育的最好场所"。一个人品格的形成，有多种途径，如通过家长或长辈的言传身教而形成，通过学习模范人物（如圣人、贤人等）的言说而形成，通过社会实践中的亲身感受而形成等。其中，"通过学习模范人物的言说而形成"，就与图书馆紧密相关，因为许多模范人物的事迹及其言论大多记录于书籍之中，通过阅读这些书籍就能感化人们的心灵，由此塑造国民的品格。这实际上是"以书育人"的过程，也是"读书受教"的过程，而"以书育人"或"读书受教"的最佳场所之一就是图书馆。我们知道，戴志骞、杨昭悊、李小缘、刘国钧、俞爽迷等人也都曾提及图书馆在塑造人的道德修养方面的作用，但都一带而过，没有像汪长炳这样深入分析其机理。汪长炳之所以重视图书馆在"养成品格健全的公民"方面所发挥的作用，这与他对图书馆功用的独特认识紧密相关。汪长炳把图书馆的功用概括为六个方面：训练公德心、培养团结力、养成现代公民、灌输民有民治民享观念、养成求学习惯、铲除不良消遣方法。❷可见，汪长炳概括的这六个方面的图书馆功用，其实大多与"养成品格健全的公民"紧密相关。

其四，提出了图书馆教育价值的"七个更"及其"思想实验"。汪长炳根据上述对图书馆教育功能及其价值的深刻认识，最终用"七个更"概括了图书馆教育的价值：

> 图书馆之教育范围更大，而其功效更广，同时其教育时间更久，其功效更广远，其功效更广远者，所裨益于社会之进步更大，进步更大，即民众之幸福更多，因而其重要性更增。❸

---

❶ 南京图书馆. 汪长炳研究文集 [M]. 南京：南京大学出版社，2007：70-71.
❷ 同❶：22-23.
❸ 同❶：28.

这七个"更"字（在字面上共出现九个"更"字，但在内容上实为七个"更"），足以说明在汪长炳的心目中图书馆教育的价值是何等的重要。更令人惊讶的是，汪长炳还提出了一个极富想象力的"思想实验"：

> 我们设想，假如有一天，所有的图书馆，自社会中完全撤退，请问教育之实施，还有可能么？此因，不待龟蓍而自明也。❶

我们可以把汪长炳的这一假设称之为关于图书馆教育价值的"思想假设"或"思想实验"。我们知道，英国的科学哲学家波普尔在20世纪六七十年代致力于"世界3"理论研究，并提出有以图书馆为例的两个思想实验，以证明他所认为的"客观知识"的客观性与重要性。而汪长炳早在1933年就提出了与波普尔的思想实验同样意义的思想实验。上文已提到，我国学者徐旭也于1935年提出有类似于波普尔的两个思想实验的观点。汪长炳、徐旭和波普尔提出的思想实验，尽管各自的出发点、目的和表述逻辑不同，但他们在提出假设的思想逻辑上有共同之处——都高度强调了图书馆在人类文明进步中所能发挥的重要作用。从时间上看，汪长炳和徐旭提出的思想实验比波普尔的思想实验早三四十年。在此，我们又一次深深感受到历史是何等的相似——不是汪长炳和徐旭相似于波普尔，而是波普尔相似于汪长炳和徐旭！

三、走向信息素养教育

上文所介绍的关于图书馆社会教育功能的英美人的认知和中国人的认知，有一个共同的社会背景，即他们都是以知识匮乏、学校教育不普及和信息技术不发达的传统社会为背景而言的。从历史的眼光看，这些认知反映了当时先进的图书馆社会教育观；如果从今天的角度看，这些认知当然又有其历史局限性。

当今时代已是知识信息爆炸式增长的时代是学校教育非常普及的时代、信息技术日新月异的时代。在这种新时代背景下，社会对图书馆社会教育功能的发挥，必然提出新的要求，以此保证其与时俱进的生命力。与传统

---

❶ 南京图书馆. 汪长炳研究文集［M］. 南京：南京大学出版社，2007：28.

图书馆相比，新时代的图书馆在社会教育功能的发挥上，必然表现出新的内容、新的形式和新的侧重等特点。当然，这种新发展趋势并不否定或放弃原有的支持自学和自我教育、支持正规教育的社会教育功能，而是在此基础上加入新的内容和形式，并形成新的侧重。

当今社会愈发明显的知识化、信息化、数字化、智能化发展趋势，迫使人们树立终身教育理念、终身学习理念和学习型社会理念，并努力使自己具有能够适应新时代要求的新素养。在这种情况下，图书馆社会教育功能的发挥，必须适应和满足这种新时代的发展需求，由此形成了图书馆社会教育功能的新趋势、新侧重——走向信息素养教育。

1. 何谓信息素养

毋庸置疑，当今时代是知识化、信息化、数字化、智能化时代。这种时代特征，前所未有地改变了人们的生存样态。尼葛洛庞帝（Negroponte）的《数字化生存》一书所描绘的就是在知识化、信息化、数字化、智能化时代人们的生活、工作、教育、娱乐等新样态。这种时代，要求人们必须努力具备一种生存和发展所要求的新的素养，即信息素养（information literacy）。

"信息素养"这一术语，首先是由时任美国信息产业协会主席的泽考斯基（Zurkowski）于1974年提出，意指个人在工作中利用信息资源和信息工具解决问题的能力。此后，许多学者和专业组织对信息素养的概念作出了各种阐释，不过这些阐释大多是从"信息能力"或"信息技能"角度界定信息素养内涵的。

◆ 美国学者布雷维克（Breivik）和戈登（Gordon），将信息素养定义为：为了特定需求有效获取和评价信息的能力，包括一套有关工具及资源的知识和技能。

◆ 澳大利亚学者布鲁塞（Bruce）把大学教师的信息素养归纳为七个分面，分别是：使用信息技术跟踪信息和开展交流、从合适的信息源查找信息、利用信息执行一个过程（如决策过程）、控制信息、在新的兴趣领域构建个人知识、利用自身知识和视角获得新洞见、利用信息利人利己。

◆ 国际图联发布的《为了终生学习的信息素养指南》报告指出，信息素养包括下列各项必需的知识和技能：准确确认执行某项任务或解决某个问题所需信息；高效地查询信息；对获取到的信息进行组织和再组织、解释和分析；评价信息的准确性和可靠性，包括合乎伦理地声明信息来源；与他人交流信息分析和解释的结果；利用信息达成行动目标和结果。

◆ 联合国教科文组织发布的《走向信息素养指标》指出，一个人的信息素养表现为：识别信息需求、定位和评价信息的质量、存储和检索信息、有效和合乎伦理地利用信息、利用信息创造和交流知识的能力组合。

◆ 美国大学与研究图书馆协会（ACRL）发布的《高等教育信息素养框架》（2015）指出，信息素养是指涵盖下列方面的整合能力：反思性发现信息、理解信息如何被生产和评价、利用信息创造新知识、合乎伦理地参与学习社群。❶

从信息能力角度去理解信息素养概念，很容易让人想起"具有信息素养的人"是一个什么样的人的问题。对此，澳大利亚大学图书馆员协会（CAUL）于2001年指出，一个有信息素养的人应具有如下十大方面的能力：①识别或确认信息的需要；②确定所需信息的范围；③有效获取所需信息；④评价信息及其来源/出处；⑤将所选择的信息与自身的知识结构融合起来；⑥有效地使用信息实现某种目的；⑦熟悉与使用信息相关的经济、法律、社会和文化问题；⑧能合理合法地获取和使用信息；⑨能对所搜集的信息进行归类、储存、处理、改写或生成；⑩认识到信息素养是终身学习的先备条件。❷

有一些学者认为，信息素养作为信息社会中人们生存和发展所必需的基础素养，具有"元素养"性质。所谓"元素养"（metaliteracy），就是"催生其他素养的素养"，亦即处于源头地位的一种基础素养，其他素养都以此为基础而存在和发挥作用。美国大学与研究图书馆协会发布的《高等教育信息素养框架》（2015）就采用了元素养理念，它指出："元素养是指学生作为信息消费者和创造者成功参与合作性领域所需的一组全面的综合能力，它为我们开启了信息素养的全新愿景。元素养要求从行为上、情感上、认知上及元认知上参与到信息生态系统中。《高等教育信息素养框架》

---

❶ 以上信息素养定义，引自：于良芝，王俊丽. 从普适技能到嵌入实践——国外信息素养理论与实践回顾［J］. 中国图书馆学报，2020（2）：38-55.

❷ Information Literacy Standards, First edition, Canberra, Council of Australian University Librarians, 2001. ［OB/OL］.［2020-11-12］. http://ilp.anu.edu.au/Infolit_standards_2001.html.

基于元素养这一核心理念，特别强调元认知，或叫作批判式反省（critical self-reflection），因为这对于在快速变化的生态系统中变得更加自主至关重要。"❶ 从 ACRL 的观点看，信息素养绝不只是"信息技术素养"，它还包括行为、情感、认知等因素，因而是一种综合素养。众所周知，当今时代是数字时代，是"数字化生存"的时代。当信息社会步入数字时代阶段，信息素养概念必然进一步发展成为"数字素养"（Digital Literacy）概念。本书把"数字素养"概念当作"信息素养"的子概念，即信息素养包含数字素养。

1997 年，基尔斯特（Gilster）出版《数字素养》（Digital Literacy）一书正式提出了"数字素养"这一概念，并将其定义为"理解及使用通过电脑显示的各种数字资源及信息的能力，简称"数字时代的素养"。❷

2011 年，美国图书馆协会成立了"数字素养任务小组"。2012 年，该小组将"数字素养"定义为："利用信息与通信技术检索、理解、评价、创造并交流数字信息的能力，这个过程需具备认知技能及技术技能。"这一定义得到了图书馆界的广泛认可。同时该小组认为，一个具备数字素养的人应该具有如下技能：①掌握查找、理解、评价、创造并交流各种数字信息的能力，包括认知及技术两个层面；②正确并有效地利用各种技术检索信息、理解查询结果、判断信息质量的能力；③理解技术、终身学习、个人隐私及信息管理之间关系的能力；④使用这些技能和技术与同行、同事、家人及一般公众进行沟通、合作的能力；⑤使用这些技能有效参与社会活动、为社区做贡献的能力。❸

综上所述，信息素养对于个人和社会发展所具有的重要意义是显而易见的。这种重要意义表现在如下五个方面。

（1）信息素养是人们有效参与信息社会的一个先决条件，是个人、企业、地区和国家竞争优势的关键要素。

（2）信息素养是发展经济，提高教育、健康和信息服务质量的重要支

---

❶ ACRL. 高等教育信息素养框架［R］. 韩丽凤，等译. 大学图书馆学报，2015（6）：118-126.

❷ Gilster P. Digital Literacy［M］. New York：Wiley，1997：25-48.

❸ 叶兰. 欧美数字素养实践进展与启示［J］. 图书馆建设，2014（7）：17-22.

撑，是人类数字化生存的关键性基础。

（3）信息素养是终身学习的核心，它能使人们在整个一生中有效地寻求、评价、利用和创造信息，以实现个人的、社会的、职业的和教育的目标。

（4）接受信息素养教育的权利是信息社会的一项基本人权。接受信息素养教育的权利，是人的"受教育权"在信息社会中的合理延伸，因而国家和社会必须保障这一基本人权的实现。

（5）在信息社会，信息素养是人们适应学习、工作和生活需求的基础素养和能力（元素养）。信息素养已经成为继"读、写、算"之后的第四种基本能力，是信息社会的基本学习能力、工作能力和生活能力的基础。信息素养不仅是诸如信息检索、信息获取、信息表达、信息交流等信息技能，而且包括独立学习的态度和方法，以及运用信息技能进行问题求解和创新的基础能力。

2. 图书馆的信息素养教育

首先需要明确的是，图书馆开展的信息素养教育活动，属于图书馆社会教育功能范畴。当然，图书馆开展的信息素养教育活动，其具体内容丰富多样，因此往往与提供信息、促进阅读、传承优秀文化传统、开发智力资源等功能交叉融合。

图书馆开展信息素养教育，是图书馆在信息化、数字化时代创新服务的根本表现。或者说，图书馆开展信息素养教育，是图书馆在信息化、数字化时代与时俱进地履行社会教育使命的根本要求。图书馆开展信息素养教育，目的是提升公众的信息意识和技能，使其顺利融入信息社会之中，保障其终身学习，成为"具有信息素养的人"，为弥合全社会的数字鸿沟、实现全社会的信息公平作出图书馆特有的贡献。

图书馆开展信息素养教育的目标人群是全方位的，包括儿童、青少年、老年人。一般情况下，青少年是图书馆开展信息素养教育的重点目标人群。这种重点人群定位，是图书馆服务的公平性、多样性和包容性（EDI）要求所决定的。

提升全民的信息素养水平，其实施主体包括政府、教育、图书馆等。我国国务院在2013年8月印发了《"宽带中国"战略及实施方案》，其目标是在2020年实现宽带网络全面覆盖城乡。2021年，我国又推出《提升全民数字素养与技能行动纲要》,指出数字素养与技能是数字社会公民学习工作生活应具备的数字获取、制作、使用、评价、交互、分享、创新、安全保障、伦理道德等一系列素质与能力的集合。提升全民数字素养与技能,是顺应数字时代要求,是提升国民素质、促进人的全面发展的战略任务,是实现从网络大国迈向网络强国的必由之路,也是弥合数字鸿沟、促进共同富裕的关键举措。《提升全民数字素养与技能行动纲要》确立的发展目标是:到 2025 年,全民数字化适应力、胜任力、创造力显著提升,全民数字素养与技能达到发达国家水平;展望 2035 年,基本建成数字人才强国,全民数字素养与技能等能力达到更高水平,高端数字人才引领作用凸显。

图书馆无疑是开展信息素养教育的重要主体和阵地。《国际图联数字素养宣言》(IFLA Statement on Digital Literacy,2017)对图书馆的数字素养教育作用做了如下概述:

> 在传播、应用知识以及为读者提供(非正式的)终身学习场所方面,图书馆起着关键作用。通过提供公共网络接口和使用各类技术工具,图书馆能迅速弥合各种连接缺口。因此,很多图书馆正循序渐进地寻求各种方法,帮助那些不能熟练使用数字服务和技术、无法适应网络或者难以承受数字时代带来的正面或负面影响的读者提高数字素养。这些图书馆都意识到,应用科技的能力能够极大地促进专业领域以及个人和社会进步。

数字素养教育是信息素养教育的重要组成部分和最新发展阶段。正因如此,数字素养教育已逐渐成为图书馆开展信息素养教育活动的侧重点。毋庸置疑,儿童和青少年是图书馆开展数字素养教育活动的重点人群。也就是说,面向儿童和青少年开展数字素养教育活动,是图书馆在信息化、数字化时代发挥社会教育功能的侧重表现。在这方面美国的做法值得我们借鉴。

我国教育部于 2000 年 11 月 14 日下发《中小学信息技术课程指导纲要(试行)》,指出中小学信息技术课程的主要任务是:

> 培养学生对信息技术的兴趣和意识,让学生了解和掌握信息技术基本知识和技能,了解信息技术的发展及其应用对人类日常生活和科

学技术的深刻影响。通过信息技术课程，要使学生具有获取信息、传输信息、处理信息和应用信息的能力，教育学生正确认识和理解与信息技术相关的文化、伦理和社会等问题，负责任地使用信息技术；培养学生良好的信息素养，把信息技术作为支持终身学习和合作学习的手段，为适应信息社会的学习、工作和生活打下必要的基础。

《中小学信息技术课程指导纲要（试行）》的发布，表明我国的青少年信息素养教育已得到国家层级的重视，并已有了国家层面的顶层设计。这也要求我国图书馆界应该以"有价值的合作伙伴"身份积极参与青少年信息素养教育活动中去。

四、树立和践行社会教育理念的意义

综上所述，树立和秉持社会教育理念对图书馆从业者正确理解图书馆职业的教育属性，具有重要意义。

第一，有助于坚定对图书馆教育属性的认知。社会教育属性是图书馆与生俱来的根本属性；失去社会教育属性，图书馆便不成其为图书馆。对此，《中华人民共和国公共图书馆法》第二条有明确表述："本法所称公共图书馆，是指向社会公众免费开放，收集、整理、保存文献信息并提供查询、借阅及相关服务，开展社会教育的公共文化设施。"可见，公共图书馆的根本属性最终定位于"开展社会教育的公共文化设施"。反过来说，如果图书馆不履行开展社会教育的职责，便失去其社会存在价值。

第二，有助于正确认识和长期坚持图书馆的社会教育功能的发挥。前文引用过沈祖荣的一段话：图书馆之性质，不在培养一二学者，而在教育千万国民；不再考求精深学理，而在普及国民教育。沈先生把图书馆的社会教育功能定位于"教育千万国民""普及国民教育"，这种定位是无可厚非的。但是，我们不能由此认为图书馆的社会教育功能只适用于教育事业落后的"前现代"时期，而不适用于已实现国民教育普及化的当今社会。这是一种误识。首先，从世界眼光看，世上还有很多国家或地区尚未实现国民教育普及化的目标，在这种情况下，图书馆开展社会教育活动是极其必要的。其次，即使是已实现国民教育普及化的国家或地区，图书馆履行社会教育职责仍然是"必须的"责任，只不过开展社会教育的侧重及其手段比以往有所不同而已,如现代的图书馆更多地把开展社会教育的侧重点置于青少年阅读兴趣或习惯的培养、支持个人自学和终身学习、支持正规(学校)教育及国民信息素养的提升工作上。总之,在任何时代图书馆都要履行社会教育职能,这是无可厚非也是无可选择的。

第三,有助于图书馆人充分发挥"以书施教"的社会教育工作者角色作用。因为图书馆具有与生俱来的社会教育属性,所以图书馆人必须责无旁贷地履行好社会教育工作者的角色责任。对图书馆人而言,其社会教育工作者角色主要表现在知识教育工作者和道德教育工作者两方面的角色。我们知道,学校教育也注重知识教育和道德教育两方面,但图书馆人所实施的知识教育和道德教育主要表现为"以书施教"——借助馆藏文献、阅读推广和书香氛围开展教育活动,而不像学校教育那样主要依靠课堂教学。"以书施教"也就是"以书育人"。图书馆人作为社会教育工作者,要尽到"以书育人"的职责。为此,图书馆人应该依据党和国家的有关政策、法律法规及读者的普遍需求,以选择好书、推荐好书、利用好书为己任(以读者或其监护人认同为前提,而不能强加于读者),积极引导读者树立"读好书,做好人"的正确人生观,成为宣传和践行社会主义核心价值观的模范人。

第三节　促进阅读理念

前两部分所论图书馆的社会记忆功能和社会教育功能的发挥,其实都依赖于图书馆促进阅读功能的发挥,因为离开了人们对馆藏资源(包括虚拟馆藏)的阅读利用,图书馆的社会记忆功能和社会教育功能便无法实现。根据图书馆的基本性质与功能,称图书馆为"阅读馆"亦未尝不可。图书馆产生于人类的阅读需要,没有人类的阅读需要,便不会产生图书馆这种设施。满足人们的阅读需要,是图书馆的根本使命所在。图书馆的一切构成要素,其实都是围绕"满足人们的阅读需要"这一中心任务而结合在一起的。反言之,图书馆的任何构成要素如果有碍于满足人们的阅读需要,便失去其存在的价值。所以,图书馆人必须为满足人们的阅读需要而竭尽全力,并以此作为自己的职业操守和职业使命,这就是图书馆人应该秉持的促进阅读的理念。图书馆的价值,就在于促进全民阅读;图书馆人的职业价值,就在于为促进阅读提供竭诚服务。

第四章 现代图书馆基本理念

自20世纪六七十年代联合国教科文组织倡导终身教育、终身学习理念以来，学习型社会建设、阅读社会建设受到越来越多国家和人们的重视。如今，已有越来越多的国家纷纷出台相关政策和法规，大力支持全民阅读社会建设。提起阅读的重要性及建设全民阅读社会的重要性，我们便自然想起图书馆在其中应该发挥的重要作用，因为图书馆就是以满足人们的阅读需要为根本职责的。阅读对于个人成长和社会发展所具有的重要意义，要求图书馆必须把促进阅读作为自己的使命之一，并在全民阅读社会建设中发挥独特作用。

一、阅读与个人成长

在汉语中，"阅"和"读"同义互训而成"阅读"一词，因为二字均有"看"的意思。现代人们所使用的"阅读"一词，有广义和狭义之分。广义的阅读，指主体对外界对象世界的认知过程。在广义上，认知世界就是阅读世界，所以美国的阅读史专家达恩顿（Darnton）说："阅读一个仪式或一个城市，和阅读一则民间故事或一部哲学文本，并没有两样。"❶ 更有甚者，加拿大阅读史研究学者曼古埃尔（Manguel）把人对外界的感知过程均视为阅读，如他所说：

> 天文学家阅读一张不复存在的星星图；日本的建筑师阅读准备盖房子的土地；动物学家阅读森林中动物的臭迹；玩纸牌者阅读伙伴的手势，以打出获胜之牌；舞者阅读编舞者的记号法，而观众则阅读舞者在舞台上的动作；……中国的算命者阅读古代龟壳上的标记；……我们每个人都阅读自身及周遭的世界，俾以稍得了解自身与所处。我们阅读以求了解或是开窍。我们不得不阅读。阅读，几乎就如同呼吸一般，是我们的基本功能。❷

在曼古埃尔看来，我们所看、所听、所嗅、所触、所思、所感的一切，都属于阅读。在此意义上说，世界是我们阅读的对象；我们阅读世界，所

---

❶ 达恩顿. 屠猫记：法国文化史钩沉［M］. 吕健忠，译. 北京：新星出版社，2006：序言.

❷ 曼古埃尔. 阅读史［M］. 吴昌杰，译. 北京：商务印书馆，2002：6-7.

以世界成为我们（主体）认识的客体对象。

然而，在日常语言中，"阅读"一词更多是在狭义上使用。当我们把阅读等同于"读书"或"读文字作品"时，这就是最狭义的阅读。本书所称"阅读"，就是指这种狭义的阅读。狭义的阅读，指主体在特定的环境中利用自身的感官和思维机能从读物中读取意义的过程。从这个定义中可以看出，人的阅读行为的进行需要具备三个要素：阅读主体（读者）、阅读客体（读物或文本）和阅读环境。❶ 三者之间的关系如图4-2所示。需要指出的是，阅读的最终结果是"读取意义"。《说文解字》："读，籀书也。"段玉裁注："籀，读书也。读与籀叠韵而互训，……抽绎其义蕴至于无穷。"这里的"抽绎其义蕴"就是指读取意义；而"至于无穷"，则表明读取意义是一个无穷的过程，即文本的意义是不断生成的，而不是固定不变的。段玉裁把阅读的过程概括为"抽绎其义蕴至于无穷"，这表明段玉裁持有"读者中心论"观点，尽管那时尚未出现"读者中心论"这样一种称谓。

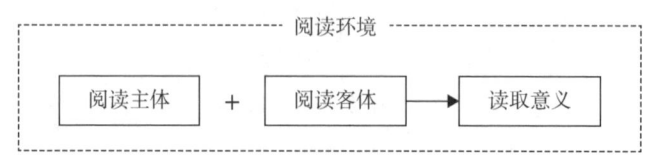

图 4-2　阅读过程示意图

阅读是阅读主体和阅读客体相互作用的过程，而这一过程是在一定的环境中进行的，这个环境就是阅读环境。毋庸置疑，任何阅读行为都要受到阅读环境的直接影响。阅读环境包括内环境和外环境。所谓内环境，指阅读主体（读者）自身的生理与心理状况，如读者在心情愉悦时进行阅读和心情烦躁时进行阅读，其效果可能截然不同。所谓外环境，指读者所处的社会状况，包括置身其中的政治、经济、文化、教育等状况。

阅读对于个人成长和发展所具有的重要意义是无人能够否认的。

其一，阅读是一个人获取知识和信息的主要途径之一。

读书作为基于阅读的学习，是人类特有的学习机制。一般动物也有记

---

❶　这里把阅读客体指认为读物或文本，而读物或文本实际上是阅读对象，所以这里所言阅读客体是在狭义上说的，即把阅读客体和阅读对象同义化了；而广义的阅读客体却可以包含阅读对象和阅读环境两者在内。

忆和学习机能，但没有体外记忆机制，也没有读书学习的机制，而人类却有体外记忆机制和读书学习机制，这是人与动物的根本区别之一。对此，巴特勒说道："人类之所以在高等动物中脱颖而出，部分原因就是因为人类拥有记忆及学习的能力。"❶

从狭义上说，阅读就是读书学习的过程。人为什么要读书？因为书中有个人成长所需的知识和信息。随着社会的知识化、信息化程度越来越高，知识和信息的重要性越发凸显。可以说，适应社会的知识化、信息化趋势及其需要，是自古至今"人的社会化""人的现代化"的主要表现。从个体人的角度而言，个体之间的成长和发展的区别，主要体现在每个人实现的社会化和现代化程度的不同。因此，知识和信息的获取和利用，对每个人的成长和发展具有不可替代的重要意义。东汉王充在《论衡·实知》篇中说"知物由学，学之乃知，不问不识"。古希腊哲人亚里士多德（Aristotle）说"求知是人类的本性"❷。可见，人的生存和发展必须要有知识，知识只能通过学习而得，阅读即为学习的过程，即为求知的过程。

通过读书获取所需知识和信息，属于间接途径的知识、信息获取方式。随着人类生产和积累的知识、信息的海量化，通过读书这种间接途径获取知识和信息已成为人们获取知识和信息的主要途径。对此，著名作家廖沫沙说道：

> 我主张人们不仅要读书，而且要多读书。"人不读书，不能成人"，我很想提出这样一个口号。……人的知识主要是从实践中取得的，但不能只靠个人直接的实践，还要靠间接的社会实践，即保存在书本中的社会实践的总结与总和。人通过书本，就可以取得比自己的直接经验更广泛更丰富得多的知识，也就可以对眼前的事物（自然界和社会历史）认识得更清楚、更全面、更深刻。❸

人类正是靠间接途径获取知识的能力而在动物世界傲视群雄的，因为"人并不像昆虫那样生来就具备了充分的生活条件，而是几乎事事要间接地

---

❶ 巴特勒. 图书馆学导论[M]. 谢欢, 译. 北京：海洋出版社, 2018：44.
❷ 亚里士多德. 形而上学[M]. 吴寿彭, 译. 北京：商务印书馆, 2018：1.
❸ 廖沫沙. 廖沫沙杂文集[M]. 北京：生活·读书·新知三联书店, 1984：864.

向别人学习。假如我们自囿于直接的亦即感官的经验，则我们现在可能仍然生活在树上，仍以生果蔬菜为食"❶。通过读书这种间接途径获取知识和信息，是人所独有的能力。此故，著名哲学家贺麟说"人是能读书著书的动物"❷。由此而言，读书是人所独有的基本能力和基本权利。从人与社会的关系而言，阅读不仅是人的一种权利，同时也是一种责任，即人作为社会人（类存在）有责任为社会贡献自己的知识才华，为此他或她首先需要通过阅读掌握知识，因为掌握知识是贡献知识的前提。对此，巴特勒（Butler）指出："作为社会之子，人类继承并拥有了社会的丰富遗产。当然，站在社会本身的立场来看，继承这些遗产并不是人类的特权，相反这是他们的一种责任。如果一个人把自己当作社会的一个成员，并且积极为社会创造财富、贡献力量，那么他必须拥有作为'人'的各种应有的知识。"❸显然，在此巴特勒认为拥有知识是人作为"社会之子"的应然条件，而为了拥有知识，人有必要阅读，因而阅读是人履行"社会之子"角色义务的一种责任，也是人的自我良知所在。

对知识的获得方式而言，通过实践途径获得知识（直接经验）和通过读书学习获得知识（间接经验），这两者结合起来才是最佳的知识获得方式。诚如毛泽东所言：

> 有书本知识的人向实际方面发展，然后才可以不停止在书本上，才可以不犯教条主义的错误。有工作经验的人，要向理论方面学习，要认真读书，然后才可以使经验带上条理性、综合性，上升成为理论，然后才可以不把局部经验误认为即是普遍真理，才可以不犯经验主义的错误。❹

毛泽东的这段话，虽然是从防止教条主义和经验主义错误的角度立意，

---

❶ 培根，等. 读书的情趣与艺术[M]. 林衡哲、廖运范，译. 北京：中国友谊出版公司，1988：15.

❷ 《博览群书》杂志社. 读书的艺术：如何阅读和阅读什么[M]. 北京：九州出版社，2004：83.

❸ 皮尔斯·巴特勒. 图书馆学导论[M]. 谢欢，译. 北京：海洋出版社，2018：44.

❹ 中共中央文献编辑委员会. 毛泽东著作选读[M]. 北京：人民出版社，1986：495.

但也可以把它视为知识获得方式上的"两点论"——直接途径和间接途径不可偏废。我们知道,在西方近代哲学史上,始终贯穿着"唯理论"与"经验论"的论争,而从上引毛泽东的一段话看,"唯理论"和"经验论"各有其偏颇,两者应该各自从对方中汲取合理因素,从而走向互补。

读书是为了获取书中的知识和信息。这里所言"知识和信息",若按中国古人的说法而言就是"道"。所以,中国古人几乎都主张"学以明道",即读书学习是为了明道。清代顾炎武说"君子之为学,以明道也"❶。清代章学诚认为,学者致力于学问,其实是在致力于明道,"学术无有大小,皆期于道。……是故,遑遑汲汲,自力于学,将以明其道也"❷。在中国古人看来,道是由圣人发现和诠释的,圣人之言便是道,道就是圣人之道,"学道便是学圣人,学圣人便是学道"❸;"学所以明道也……儒者之学,所以至乎圣人之道也"❹。

那么,圣人之道在哪里见得到?答案是道在书中。用东汉王符的话就是"夫道成于学而藏于书"❺。王符这里所言"道藏于书",可以视为后世人们所言"文以载道"的先声。尤其是中国古人推崇备至的"经典"(这里指从六经演变为十三经的经书,扩大而言指图书四分法中的经部书),始终被确认为"道之所寓"之处,诚如清代张伯行所言"六经者,道之所寓也"❻。明成祖朱棣在《性理大全·御制序》中说"厥初圣人未生,道在天地;圣人既生,道在圣人;圣人已往,道在六经",这句话最简练地概括出了中国古人崇圣、崇道、崇经的思想根源。自宋代理学盛行以来,在人们的思想意识中崇理与崇道并行,因而"道藏于书"与"理藏于书"的观念并行,于是人们普遍认为书是用来"明道"或"明理"的,所以明代胡居仁说"有是书则是理明,无是书则是理缺"❼。在此,胡居仁几乎是说"书即理,理即书",这与包恢所言"书即道,道即书"一语具有逻辑等价意

---

❶ 顾炎武. 日知录校释[M]. 张京华,校释. 长沙:岳麓书社,2011:1429.
❷ 章学诚. 章学诚遗书[M]. 北京:文物出版社,1985:83-84.
❸ 黎靖德. 朱子语类[M]. 北京:中华书局,1986:3117.
❹ 张伯行. 困学录集粹[M]. 上海:商务印书馆,1936:60.
❺ 王符. 潜夫论校注[M]. 张觉,校注. 长沙:岳麓书社,2008:11.
❻ 张伯行. 困学录集粹[M]. 上海:商务印书馆,1936:23.
❼ 胡居仁. 胡居仁文集[M]. 冯会明,点校. 南昌:江西人民出版社,2013:175.

义。这种思维逻辑，与麦克卢汉（McLuhan）所言"媒体即信息"（the medium is the message，又译为"媒介即讯息"，此话首出于1968年出版的《理解媒介》一书）的思维逻辑也具有等价意义。当生活在20世纪的麦克卢汉因说出"媒体即信息"一语而备受人们尊崇时，西方人未曾想到，生活在12世纪和13世纪之交的包恢早已说出"书即道，道即书"一语，至少比麦克卢汉早了七百多年。

可以说，明道知理，是中国古代文人的理想境界所在，也是阅读学习的目标所在。所谓明道知理，用王阳明的话来说就是"致良知"的过程。"致良知"是王门理学所追求和倡导的最高人生境界，而为了"致良知"，当然不可避免地要阅读学习，因为通过阅读学习可以了解和加深对"何谓良知"问题的认识。❶ 孔子的"朝闻道，夕死可矣"一语，一向被认为是中国古代文人的人格志向所在，而"闻道"就是学习的过程，这种学习过程当然包括阅读学习的过程。由此而言，明道知理的重要性，也就是阅读学习的重要性；明道知理不止，也就是阅读学习不息。博大精深的中华文化，就是在这种阅读学习不息的历史长河中源源流淌出来的。

阅读是人类以间接途径求知的主要形式。随着人类直接经验领域的不断扩大，以间接途径求知的范围也随之扩大。据有关调研和测算，一个人终生掌握的知识总量中，通过直接的实践经验途径获得的知识不足20%，而通过阅读途径获得的间接经验却高达80%。❷ 就个人学习而言，阅读是自我学习、自我求知的主要形式。人生有限，知识无涯。因此，一个人的阅读学习应该是终身阅读、终身学习的过程。可以肯定地说，在现代社会，如果一个人不通过阅读掌握相应的知识和信息，那么这个人必然在一定程度上处于"落伍"状态。不断阅读的人生，就是不断进步的人生；不断进步的人生，就是值得赞美的人生。

其二，阅读给人以智慧和力量。

培根（Bacon）说过"知识就是力量"，东汉王充在《论衡·效力》篇中也说过"人有知学，则有力矣"。

人能够把知识转化为现实的力量，体现出了其他动物所不具备的特殊

---

❶ 至于王门后学偏离王学正宗而走向"束书不观"，这是另外一个问题，在此不论。

❷ 曾祥芹，韩雪屏. 阅读学原理 [M]. 郑州：大象出版社，2002：299.

的智慧。这种智慧往往表现为人的"化性起伪"(荀子语)的能力,即能够克服人自身原有的弱点而将其转变为"正能量"的能力。孔子的"六言六蔽"就说明了这一道理:

> 好仁不好学,其蔽也愚;好知不好学,其蔽也荡;好信不好学,其蔽也贼;好直不好学,其蔽也绞;好勇不好学,其蔽也乱;好刚不好学,其蔽也狂。(《论语·阳货》)

所谓"六言六蔽",其实是分六种情况分别说明"不好学"的弊端,即一个人若不好学就有可能带来自身所原有的愚、荡、贼、绞、乱、狂诸种弊端中的一项或多项。反过来说,若一个人好学,则可以避免愚、荡、贼、绞、乱、狂诸种弊端,而这种"以学避蔽"的能力或方法,用荀子的思想逻辑而言就属于"化性起伪"的范畴。可以说,孔子的这一"六言六蔽",对今人亦有重要的诫勉和启发价值。

孔子所言"不好学",当然包括不爱好读书之人;反过来说,"好学"当然包括爱好读书之人。爱好读书学习,才能转愚昧无知为聪明才智,才能转"负能量"为"正能量",才能成为有智慧、有力量的人。对此,康纳(Connor)在《书籍之价值》一文中说道:"没有一个不学无术的人能够有富于趣味的思想,更没有一个不读好书的人,能够有广博的知识,更不必谈他的思想了。好书实是思想与观念的源泉,是防范无知、失望、寂寞、迷信、固执、小气,以及老年时的冥顽不灵的保险单。"❶ 康纳这里所言无知、失望、寂寞、迷信、固执、小气等,其实对一个人来说就是"负能量",而通过读书学习克服这些负能量,就等于增加了相应的正能量。正能量就是力量,所以说阅读就是力量。

阅读的力量,主要表现为知识的力量和道德的力量两大方面。也就是说,阅读能够使人掌握知识,提升道德境界。费希尔(Fischer)认为"阅读这种神圣行为具有双重效果:要么用知识武装头脑,要么用道德武装思

---

❶ 培根,等. 读书的情趣与艺术 [M]. 林衡哲,廖运范,译. 北京:中国友谊出版公司,1988:155.

想"❶。不过,费希尔这里用了"要么用知识……要么用道德……"这样的表述方式,说明阅读并不必然同时带来知识和道德两方面的双重效果,有时可能只带来知识效果而无道德效果,有时可能只带来道德效果而无知识效果,甚至可能带来知识效果和道德效果之间形成负相关关系的结果。

显然,同时用知识和道德武装头脑的人是值得尊敬的人,是有力量的人。然而,知识和道德两者并不天然地具有"结合在一起"的属性,有时反而处于背离状态。对此,中国古人以圣人的人格——智慧与道德的统一——作为标准来要求人们"成圣"。子路当年评价孔子为"仁且智"的圣人;王充在《论衡·知实》篇中说"贤圣者,道德智能之号";王符在《潜夫论·赞学》篇中说"上圣也,犹待学问,其智乃博,其德乃硕"。这些言论都在强调智与德的统一乃圣人人格的主要特征。

就拿知识效果来说,知识不等于智慧或能力,智慧和能力必须体现在对知识的实际应用过程之中。从这个意义上说,智慧和能力高于知识。不过,为了获得智慧和能力,还必须从学习知识开始,也就是说,知识是智慧和能力的基础。这就是"知识就是力量"的原理所在。但是,人类所追求的知识的力量,必须是正义的力量,即必须是"正能量",而绝不应该是邪恶的力量,即绝不应该是"负能量"。显然,为了保证知识力量的正义性,必须首先保证掌握知识的主体(人)的道德性与正义性。也就是说,我们应该保证知识和道德之间的正相关关系,而要防止出现两者之间的负相关关系,尤其要防止把知识用于非道德、非正义事业的情况的发生。对此,马克威克和史密斯(Markwick and Smith)在《对知识的热爱》一文中指出:

> 聪明才智若没有伦理道德来约束,那是有害无益的。有人说教育可以消灭监牢,其实不然。许多犯罪行为,小而伪造欺骗,大而科学毒剂等,都是受过良好教育的人干出来的。最近甚至有人说,"现在是'科学化犯罪'和'科学侦查及预防'在较量的时代。品德是一个人学问的表征。问题不在于他有怎样的学问,而在于他是怎样的人。心灵

---

❶ 史蒂文·罗杰·费希尔. 阅读的历史 [M]. 李瑞林,贺莺,杨晓华,译. 北京:商务印书馆,2009:161.

的好坏，比知识的多寡重要得多。我们要追求的是心灵的完善，惟其如此，学问方面的成就，才能发挥其高超的效用。此外，还要服膺真理，那才不枉你身受的教育了。❶

马克威克和史密斯说的话是有道理的。我们知道，受过高等教育的人不一定都能作出高尚的事情；掌握知识或有学问的人不一定都能作出正义的事情。由此而言，我们应该说：同时具有知识和道德的人才有正义的力量！对一个人来说，为了具有丰富的知识和高尚的道德境界，阅读学习不可或缺。因此我们又应该说：阅读是一个人同时获得知识和道德修养的必经之路！

读书，实际上是在读他人的智力成果，这种阅读并不是照相式地摄取他人的成果，而是在读取他人成果的同时渗入自己的思考从而形成自己的思想和智慧的过程。美学家、文艺理论家朱光潜（1897—1986）说："读书是要清算过去人类成就的总账，把几千年的人类思想经验在短促的几十年内重温一遍，把过去无数亿万人辛苦获来的知识教训集中到读者一个人身上去受用。有了这种准备，一个人总能在学问途程上做万里长征，去发现新的世界。"❷ 俄国图书馆学家鲁巴金（Рубакин）说"读书是在别人思想的帮助下，建立自己的思想"❸。对此，塞托（Certeau）有一个形象的比喻："读者是一个偷儿。"他的意思是说，真正的阅读行为，是一种彻头彻尾的、悄无声息的生产行为，即读者借助他人的成果生产自己的思想，因而读者就像一个擅闯他人领地顺手牵羊的偷儿，偷取他人的思想并与自己原有的思想进行嫁接，从而生成自己的新思想。❹ 塞托的比喻可谓形象贴切。不过，从读者的角度而言，可以把阅读比喻为"偷取"行为，但从作者的角度而言，则可以把读者的"偷取"过程视为作者的慷慨给予。这种给予比任何其他给予更珍贵，因为作者所给予的是世上最珍贵的思想和智慧。正

---

❶ 培根，等. 读书的情趣与艺术 [M]. 林衡哲、廖运范，译. 北京：中国友谊出版公司，1988：135.

❷ 《博览群书》杂志社. 读书的艺术：如何阅读和阅读什么 [M]. 北京：九州出版社，2004：56.

❸ 黄晓新. 阅读社会学——基于全民阅读的研究 [M]. 北京：人民出版社，2019：30.

❹ 戴联斌. 从书籍史到阅读史：阅读史研究理论与方法 [M]. 北京：新星出版社，2017：75.

因如此，文学家秦牧感叹说：

> 世界上，外表十分平凡而内涵非常丰富的东西，我想再无过于书了。它简直像童话中的宝库似的，门户打开之后你走了进去。啊！原来这里面有这样壮丽深邃的境界呀，智慧的珍珠宝石到处在熠熠放光，使你喜悦，使你震动；知识的河流琤琤琮琮地流着，一直通到无边无际的海洋。这个宝库的巨大使我们感到自己的渺小，又使我们认识到人类的伟大。我们在这个宝库里可以和千百代的先驱者亲密攀谈，接触到他们的音容笑貌。我们又可以在这里和当代的卓越思想家、科学家、艺术家以至于具有各种奇异经历的人促膝而坐，娓娓倾谈，仿佛看到他们明亮的眼睛，听到他们心脏的搏动，感受到他们温热的气息。在这个宝库里，我们甚至还依稀看到了未来人类的脸孔，明日地球的景观。总之，一个人真正步入这个宝库，接触到那些智慧的珠宝以后，他也就像是一个童话中的人物似的，在里面流连忘返，不再退出原来的进口处，而是一直往前走，找寻新的道路了。真正反映了真理，传播了科学，喧腾着崇高心灵声音的书籍，的确有这么一种神奇的力量。❶

秦牧把书中的知识和思想视为"智慧的珠宝"，这显然是世上最珍贵的东西了！正因为书籍能够给人以"智慧的珠宝"，所以说它有"神奇的力量"。这就是阅读给人以智慧与力量的证明。

当年，雷锋的精神动力就是从阅读毛泽东著作中来的。以下几段雷锋日记证明了这一点：

> 敬爱的毛主席，我看到您写的《纪念白求恩》这篇文章，深受教育，被感动得流下热泪。过去有人讽刺我说："你积极有什么用，那么点的小个子，给你150斤重的担子，你就担不起来。"我听了这话，还埋怨自己为啥长这么点个子呢！可是，你老人家说："一个人能力有大小，但只要有这点精神，就是一个高尚的人，一个纯粹的人，一个有道德的人，一个脱离了低级趣味的人，一个有益于人民的人。"这话给我很大鼓舞……（1960年2月15日）

---

❶ 曾祥芹. 百家读书经［M］. 郑州：中原农民出版社，1989：5.

第四章 现代图书馆基本理念

人的生命是有限的,可是,为人民服务是无限的,我要把有限的生命,投入到无限的"为人民服务"之中。(1961年10月20日)

我学习了《毛泽东选集》一、二、三、四卷以后,感受最深的是,懂得了怎样做人,为谁活着……我觉得要使自己活着,就是为了使别人过得更美好。(1961年11月26日)

上引雷锋的话表明,雷锋是从阅读毛泽东著作的过程中树立起了全心全意为人民服务的理想信念,是一位伟人的著作感染了一个战士,使一个战士与一位伟人之间产生了思想和情感共鸣。这实际上是作者感染了读者,是"作者—作品—读者"之间的强烈共振,由此塑造了一位"博学之,审问之,慎思之,明辨之,笃行之"的读者形象——雷锋。这就是伟大著作的力量,这就是阅读的力量。

其三,阅读越来越成为人的一种生活方式。

纵观人类的阅读史,我们就会发现,越是远古的时代,阅读越是被极少数人所垄断,对绝大多数人来说,阅读无法成为他或她的生活必需,反而是一种无法企及的奢侈生活。总而言之,人类的阅读史是从精英阅读到平民阅读转变的历史。在文字社会化和社会文字化的双重推进下,阅读越来越平民化、普及化、社会化,最终导致了阅读的生活化,即阅读越来越成为人的一种生活方式。

随着社会文明的进步和加快,在人们的爱好和习惯中,越来越多的人养成了读书学习的爱好和习惯。而且,读书学习的爱好和习惯,其价值越来越突出和明显。在这种情况下,生活阅读化、阅读生活化,越来越成为人们的一种基本生存方式。这就是阅读成为人的一种生活方式的历史必然性所在。因此我们可以说,"生活就是阅读,阅读就是生活",这样的说法是有道理的,是值得提倡的。

纵观历史,我们就会发现,大多成就非凡的人,大都是爱阅读的人。无论是政治家、文学家、科学家、思想家等,无不如此。古今中外这方面的实例很多,举不胜举。

我们知道,毛泽东是真正博览群书的人。博览群书,是毛泽东年轻时就立下的志向。1920年,毛泽东在给自己的一位老师写的一封信中说:"我对于学问,尚无专究其一种的意思,想用辐射线的方法,门门涉猎一下。"

在这封信中,毛泽东还回顾了自己在湖南图书馆博览群书的情况:

> 在这段自修期间,我读了很多书,研究了世界地理和世界历史。在图书馆里第一次看到并以很大的兴趣研究了一幅世界地图。我读了亚当·斯密的《原富》、达尔文的《物种起源》和约翰·斯·密勒的一部关于伦理学的书。我读了卢梭的著作,斯宾塞的《逻辑》和孟德斯鸠写的一本关于法律的书。我在认真研究俄、美、英、法等国的历史地理的同时,也穿插阅读了诗歌、小说和古希腊的故事。❶

从这段话中可以看出,毛泽东所读之书包括政治、经济、历史、地理、生物、逻辑、法律、文学等无所不包,真正做到了"门门涉猎"。毛泽东临终前几个小时,还在复读宋代洪迈所著《容斋随笔》一书。可以说,毛泽东的一生是读书的一生,读书造就了毛泽东的伟大。

习近平总书记也是热爱读书的人。2013年,习近平总书记在接受记者采访时说:

> 我爱好挺多,最大的爱好是读书,读书已成为我的一种生活方式。❷

我们知道,习近平总书记在各种场合讲话中经常引经据典,其引经之多、之恰当,无不令人赞叹。试想,如果习近平总书记没有读书的爱好且读书不多,何以能做到如此广征博引且恰到好处?

阅读对于生活的价值,主要表现在它有助于改善人的精神生活。阅读可以使人更加有教养,可以使心灵更加纯洁,可以使生活更加有意义、有品位。这种有意义和品位的生活,才是有别于其他动物的"人的生活"。法国著名传记文学作家莫洛亚(Maurois)说过:"使我们变成一个有教养的人的,就是读书。"❸ 英国著名作家赫胥黎(Huxley)也说过:"每个知道读书方法的人,都有一种力量可以把他自己放大,丰富他的生活方式,使他的

---

❶ 徐中远. 毛泽东的读书十法 [M]. 北京:中央文献出版社,2013:298-299.

❷ 习近平. 接受金砖国家媒体联合采访 [N]. 人民日报,2013-03-20.

❸ 《博览群书》杂志社. 读书的艺术:如何阅读和阅读什么 [M]. 北京:九州出版社,2004:309.

一生内容充实，富有意义。"❶

在中国古人的心目中，阅读学习对于人的生活的重要性，主要表现在它能够提升人的修养，从而保证自己成为更加有价值的存在。今阅唐太宗命魏徵等人编辑的《群书治要》，其中有尸佼的《劝学》一篇。在此篇中，尸佼为了论证学习对于人的重要价值，举了三个例证：①蚕茧已成，若不加治理，就会变质蠹蚀而被抛弃，若使女工缲丝，就可将其制成漂亮的衣服；②子路、子贡、颜涿聚、颛孙师等人原本都是粗鄙之人，而经过孔子教导之后都成了名士；③铜剑若不加磨砺便不能刺穿硬物，而经过磨砺之后便成为锋利无比，无物不穿。通过这三例，尸佼最后得出结论说："夫学，身之砺砥也。"尸佼利用例证法论证了学习是砥砺自身、提升自我的必要途径之理。《太平御览》六〇七卷引尸佼佚文说"未有不因学而鉴道，不假学而光身者也"，这也在说明学习是一个人明道、光身的必要途径之理。当然，尸佼这里所论学习，必然包括阅读学习的方式在内。通过尸佼的论说，我们可以确认这样一个道理：通过阅读学习，人可以提升自己的素养，可以改变自己的生存命运，可以使自己成为优秀的人才，从而使自己的生活更加有价值、有品位。

英国史学家麦考利（Macaulay）是一个名利双全的人，但是他在给妹妹的信中说：

> 假如有人要我做一位最伟大的帝王，住的是金殿华苑，吃的是山珍海味，穿的是锦衣华服，乘的是高车骏马，一呼百诺，应有尽有，但却不准我看书。果真如此，那我决不干这劳什子的皇帝，与其是一个不爱念书的国王，我宁愿自己是一个住在满屋是书籍的陋室里的穷光蛋。❷

宁愿做能够读书的穷光蛋，也不愿做荣华富贵的国王，表明了绝不放弃阅读学习之精神生活的坚定意志。这也说明，对一个注重精神生活的人来说，阅读学习的生活是其他物质生活方式所不能替代的。由此我们可以

---

❶ 培根，等. 读书的情趣与艺术［M］. 林衡哲，廖运范，译. 北京：中国友谊出版公司，1988：7.
❷ 同❶：137.

说：阅读的价值独一无二，无可替代；阅读的人生是最充实的人生，也是最幸福的人生，无可替代。

培根（Bacon）说"读书能给人乐趣、文雅和能力。人们独居或退隐的时候，最能体会到读书的乐趣；谈话的时候，最能表现出读书的文雅；判断和处理事务的时候，最能发挥由读书而获得的能力"。❶ 可见，独居、退隐、谈话、判断、处事等各种形式的生活中，阅读都能发挥其应有的作用。所以，我们可以把培根的这段话的旨意概括为这样一句话：阅读的好处无处不在。

那么，一个人若不读书会怎么样？《吕氏春秋》有这样一段话："且天生人也，而使其耳可以闻，不学，其闻不若聋；使其目可以见，不学，其见不若盲；使其口可以言，不学，其言不若爽；使其心可以知，不学，其知不若狂。"❷ 人虽然具有能视、能听、能言、能思的潜能，但如果后天不学习，其潜能便得不到开发，其结果是等于没有这些潜能一样。关于不读书的人的生存状态，林语堂曾说："一个没有读书习惯的人是被拘束在他的身边世界中的，在时间与空间上说来，他的生活只能陷在一些日常琐事中，他的接触和交谈只限于同几个少数相识的人，他的见识只限于身边的环境。"❸ 按照林语堂说的逻辑，如果把常读书的人喻为"知多识广"，那么不读书的人可喻为"知少识寡"。清代刘大櫆在《论文偶记》中言"盖人不穷理读书，则出词鄙倍空疏"。刘大櫆的这句话实际上点明了读书、穷理、作文之间的关系，即不读书便无以穷理，理不明则文必拙。北宋黄庭坚在《与子飞子均子予书》中言"人胸中久不用古今浇灌之，则尘俗生其间，照镜觉面目可憎，对人亦语言无味也"。这当然是黄庭坚对自己的鞭策之语，但我们可以从中感受到阅读对于一个人气质的影响之大。北宋理学家张载说"为学大益在自求变化气质"❹，苏轼在《和董传留别》一诗中说"腹有诗书气自华"，从中我们可以领悟出一个人的读书学习与气质的关系——学识丰富的人必有非凡的气度。人们都向往自己也能成为有非凡气度的人，

---

❶ 《博览群书》杂志社. 读书的艺术：如何阅读和阅读什么［M］. 北京：九州出版社，2004：105.

❷ 张双棣等. 吕氏春秋译注［M］. 北京：北京大学出版社，2011：87.

❸ 同❶：318.

❹ 张载. 张载集［M］. 章锡琛，点校. 北京：中华书局，1978：321.

而作为外在表现的气度源于内心的充实与自信,这种充实与自信又来源于"腹有诗书",所以说阅读可以改变一个人的气质,可以造就非凡气度的人生。

毋庸置疑,现代社会是文字社会,人们生存的世界是文本世界、印刷世界、数码世界;当今时代是读字时代、读图时代、(扫码)读码时代。可以说,生活在这样的环境中,不能阅读或不阅读将寸步难行。何况人的生存不只是为了"活着",而是为了活得更有尊严、更有意义、更有品位,那就更需要追求阅读的人生,把阅读当作一种基本的生活方式——生活在阅读之中。

生活在阅读之中,也就是生活在理解之中,因为阅读的过程实质上是理解的过程。阅读的本质是"读取意义",而读取意义的过程就是理解的过程,所以伽达默尔(Gadamer)说"阅读同时也是一种理解,……阅读是一种独特的在自身完成的感性实施,是一种开放性的理解方式"❶。海德格尔(Heidegger)的存在主义哲学认为,存在就是被理解,因为不能被理解的东西在价值论意义上等于不存在。人"在世界中存在",人就是为了理解这个世界而存在。伽达默尔的哲学诠释学认为,人一出生就开始他或她的理解历程——理解周围的世界,因此人是理解的动物。人作为理解的动物,存在于理解之中,这种存在于理解之中的人就是"此在"(Dasein)。随着人类文明程度的加速,通过阅读理解世界,越来越成为人的基本存在方式。也就是说,人越来越成为通过阅读理解世界的动物。狄尔泰(Dilthey)曾说,"理解的本质在于,它不仅是一个人与另一个人之间的情感、理智的交流,它就是我的存在,我的存在方式"❷。阅读就是理解,所以阅读已成为人的存在方式,也就是说人是阅读的动物。

二、阅读与社会发展

从本体意义上说,人是一种"类存在",所以人的行为大多具有社会属性。人的阅读行为,既是个体行为,也是社会行为。首先,阅读主体(读者个体)作为"类存在",他或她的生存和发展都在一定的社会历史环境中

---

❶ 严平. 加达默尔集 [M]. 上海:远东出版社,1972:32-33.

❷ 王岳川. 现象学与解释学文论 [M]. 济南:山东教育出版社,1999:190.

进行，因而他或她既是个体人，也是社会人。其次，阅读客体（读物）是社会的产物。每一读物的思想内容都是针对社会事物（包括人）而书写出来的；而且读物的制作包括编辑、复制、印刷、发行等各环节及读物的材质（如纸张等）都是社会分工的产物，如果没有这样的社会分工，读物便无法生产出来供读者阅读。最后，阅读是读者从读物中读取意义的过程。读取意义的过程实际上就是理解和诠释的过程，而人的任何理解和诠释过程都是以特定的社会历史环境为背景的，也就是说，人的理解和诠释过程其实不是天马行空的过程，而是在一定的社会历史条件的影响与制约下进行的。总之，阅读主体、阅读客体、阅读环境都具有社会属性，所以说阅读是一种社会行为。

研究阅读的社会属性，分析阅读与社会发展的关系，这是阅读社会学研究的核心任务。从全民族、全社会乃至全人类视野考察阅读的重要性，由此出现了一系列重要概念，如"全民阅读""书香社会""全民教育""终身教育""学习型社会""学习型政府""学习型政党""学习型城市""学习型家庭""终身学习"等。

1965年12月，UNESCO继续教育部部长兰格拉德（Lengrand）发表了"终身教育"为题的工作报告，指出教育不应局限于儿童期和青年期，人只要活着就应该不断地学习。20世纪70年代，终身教育理念进一步发展为学习型社会理念。1972年UNESCO发布《学会生存——教育世界的今天和明天》报告，标志着学习型社会理论的正式确立。该报告指出，所谓学习型社会（该书称"学习化社会"），"只能理解为一个教育与社会、政治及经济组织（包括家庭单位和公民生活）密切交织的过程。这就是说，每个公民享有在任何情况之下都可以自由取得学习、训练和培养自己的各种手段"❶。学习型社会理论强调了这样一个变化：在未来教育中，教学活动让位于学习活动。人们从教育活动中的客体，变为学习活动中的主体，受教育者成为获取知识的主动者，而不是传统教育中那种消极的知识接受者。美国未来学家托夫勒（Toffler）指出，"未来的文盲不再是不识字的人，而

---

❶ UNESCO国际教育发展委员会. 学会生存——教育世界的今天和明天［M］. 华东师范大学比较教育研究所，译. 北京：教育科学出版社，1996：203.

是没有学会学习的人"❶。

显然,学习型社会的建设离不开阅读。所以,学习型社会首先应该是阅读社会。为了倡导人人阅读,UNESCO 从 1996 年起,把每年的 4 月 23 日定为"世界读书日"(或译"世界图书日""世界书香日")。读书日源于中世纪西班牙加泰罗尼亚地区民间供奉图书的风俗——每年的 4 月 23 日,在加泰罗尼亚到处可以见到男士手中拿着女友赠送的书籍,女子手捧男友赠送的玫瑰花,携手漫步在飘逸着书香和花香的街头。之所以选择这一天,是因为这一天是西班牙加泰罗尼亚地区守护神乔治(George)的复活日,更重要的是,这一天也是莎士比亚(Shakespeare)、塞万提斯(Cervantes)、维加(Vegay)三位大文豪逝世的纪念日。

学习型社会具有六个特征。

(1) 学习与教育的终身性。学习和教育是一个人终其一生的持续不断的过程。社会应该为这种学习和教育提供全面的机会。

(2) 学校教育的有限性。学习不限于在学校中受教育,学校教育只是终身学习的一环。

(3) 学习的主动性。在学习型社会中,每个人都应该主动寻找学习的机会,学其所好,学其所需,而不一味地被动接受课堂教育。

(4) 考试成绩的相对性。在学习型社会,考试在人才选择中仅具有相对意义。

(5) 注重人的全面发展。重视每个人在生理、心理、兴趣、爱好的全面发展,重视个性的健康发展,重视每个人创造潜力的充分发挥。

(6) 重视创新。学习型社会通过终身学习和教育使人们建立理性的历史观和人生观,善于接受新思想,激发创新意识和行动。

1970 年,UNESCO 第 16 届大会决定把 1972 年确定为"国际图书年",口号为"全民读书"(Books for All),目的在于倡导人们养成阅读的良好习惯,朝着"阅读社会"方向迈进。1982 年 6 月,UNESCO 在伦敦举行世界图书大会,会上提出"20 世纪 80 年代的目标:走向阅读社会"活动项目。1997 年 3 月 5 日,UNESCO 总干事和埃及文化部长签署了关于发起国际

---

❶ 宗秋荣. 终身学习与家庭教育 [J]. 教育研究,1998 (8):54-59

"全民阅读"（Reading for All）活动的备忘录；同年7月，第一届国际全民阅读专门委员会召开会议，向国际社会发出深入开展阅读推广活动的号召，由此"全民阅读"概念广泛流行。

在我国，1997年，中宣部、国家新闻出版总署等九个部门联合印发《关于在全国组织实施"知识工程"的通知》，首次提出"倡导全民阅读，建设阅读社会"的倡议。2006年，国家新闻出版总署会同中宣部等十一个部门共同发出《关于开展全民阅读活动的倡议书》，这标志着党和政府推动全民阅读活动走向常态化。2011年召开的党的十七届六中全会和2012年召开的党的十八大历史性地将"开展全民阅读"分别写入决议和报告之中；从2014起，每年的政府工作报告都把"开展全民阅读活动"写入其中；2013年，《全民阅读促进条例》已进入后期审读阶段；2015年，深圳率先出台《深圳经济特区全民阅读促进条例》（2019年修订）；2016年，国家新闻出版广电总局专门发布《全民阅读"十三五"时期发展规划》。如今国内已有越来越多的省、市、县（区）制定本区域的促进阅读政策或法规，设立自己的阅读活动项目或品牌，定期或不定期开展全民阅读活动。这些举措都表明，我国已进入全面建设全民阅读社会的快车道。

阅读对于社会发展所具有的重要价值是毋庸置疑的。具体地说，阅读对于提升劳动者素养、传承优秀文化传统、增强民族凝聚力、促进社会和谐等，都具有不可替代的重要意义。对一个地区或国家而言，建设全民阅读社会的意义在于：有助于提升全民族的文化素养、知识素养、民主素养、法治素养、品德素养和生活情趣；有助于促进全民族的文化认同感、历史认同感和社会凝聚力；有助于形成文明、和谐、稳定发展的良好社会环境。如果用最凝练的话概括全民阅读的重要性，那就是：全民阅读有助于提升一个国家的文化软实力。对我国而言，增强文化软实力的重要意义，可从以下四个方面领会。

其一，有助于增强中华民族的文化自信。我国是世界四大文明古国之一，而且是唯一未中断文化传统的文明国度，有着极其悠久且优秀的文化传统。这一文化传统是全体中华民族的文化生命的根脉所在，凭借它我们才能树立起民族的自信心、自尊心和自豪感；凭借它我们才能继续创造顺应时代潮流的先进文化，才能保持和发扬以爱国主义为核心的民族精神。

其二，有利于促进经济的发展，提升综合国力。在和平与发展成为时代主题的今天，文化软实力已经成为综合国力的重要组成部分。文化软实力的提升，为经济的发展提供精神动力和智力支持，为经济的发展提供和谐、稳定的环境，而且文化本身也在源源不断地创造经济价值。

其三，有助于巩固我国社会主义政治制度，提升国际地位。只有通过不断提升文化软实力，提高国民的整体素质，提升整个国民对中华民族文化的了解和认同，才能坚定社会主义的方向，才能巩固社会主义政治制度。也只有通过提升文化软实力，才能促进不同国家、不同民族对我们的了解和认同，赢得他国的尊重。这就是"远人不服，则修文德以来之"的道理所在。

其四，有助于保持应对时代变化格局的定力。文化软实力正在深刻改变人们的精神世界。处于这样一个变革的时代，人们在享受物质生活进步的同时，也遭遇到失控、失衡、失序、失范所带来的精神之痛。增强文化软实力，有助于重塑民族的文化传统，使其与时俱进，焕发出勃勃生机，在享受安全感、获得感和幸福感的前提下，从容应对各种变化所带来的冲击，保持定力，稳中求进。

毋庸置疑，全民阅读素养或全民阅读能力是文化软实力的重要组成部分，提升文化软实力，离不开阅读社会建设。从我国目前的全民阅读素养看，并非尽如人意，还有很大的提升空间。据第十七次全民阅读调查结果，2019年我国成年国民包括书报刊和数字出版物在内的各种媒介的综合阅读率为81.1%，较2018年的80.8%提升了0.3%。数字化阅读方式（网络在线阅读、手机阅读、电子阅读器阅读、Pad阅读等）的接触率为79.3%，较2018年的76.2%上升了3.1%；图书阅读率为59.3%，较2018年的59.0%上升了0.3%，但比2017年67.5%下降了8.2%；报纸阅读率为27.6%，较2018年的35.1%下降了7.5%；期刊阅读率为19.3%，较2018年的23.4%下降了4.1%。数字化阅读的发展，提升了国民综合阅读率和数字化阅读方式接触率，整体阅读人群持续增加，但也带来了纸质阅读率增长放缓的新趋势。

年人均图书阅读量，是衡量国民阅读能力的重要指标。2019年，我国城镇居民的纸质图书阅读量为5.48本，低于2018年的5.60本；农村居民的纸质图书阅读量为3.73本，较2018年的3.64本多0.09本。相比而言，2012年日本人均图书阅读量为22本，韩国为11本，法国为20本，美国为

50 本,以色列为 64 本。❶ 可见,我国目前的年人均图书阅读量过少。

还有一组数据不容乐观。有关专家对中美两国各十所大学图书馆借阅量排前十名的图书进行了调查对比,其差别之大令人深思。该调查所涉及的中国的十所大学包括北京大学、清华大学、中国人民大学、南开大学、天津大学、山东大学、东南大学、浙江大学、武汉大学、中山大学,排在 2015 年借阅率前 10 名的图书分别是《平凡的世界》《明朝那些事儿》《盗墓笔记》《藏地密码》《冰与火之歌》《天龙八部》《三体》《追风筝的人》《活着》《狼图腾》,这十部书全部是当代流行文学作品,而无一部学术名著;美国的 10 所大学包括哈佛大学、普林斯顿大学、耶鲁大学、哥伦比亚大学、斯坦福大学、杜克大学、麻省理工学院、宾夕法尼亚大学、芝加哥大学和布朗大学,排在借阅率前 10 名的图书分别是《理想国》《君主论》《文明的冲突》《利维坦》《共产党宣言》《忏悔录》《国富论》《季度回顾》《领导大不易》《公司理财》,这些书大部分是在人类思想文化发展史上具有重要影响的学术名著,其余的基本也是在当代具有重要影响的学术名著。❷ 这说明,我国年轻一代国民的阅读品质有待提升。

众所周知,犹太民族是出了名的热爱读书的民族。犹太民族培养人们的阅读习惯和阅读能力是从娃娃抓起的。当犹太小孩接触图书之际,往往举行特定的仪式,并让小孩在触摸书籍时能够尝到蜂蜜的甜味,以此加深小孩对书籍的喜爱与亲密印象。曼古埃尔的《阅读史》一书对此做了如下描述:

> 在中世纪的犹太社会中,学习阅读是以公开的仪式来加以庆祝的。在五旬节(Feast of Shavuot)——这是摩西从上帝之手接受《托拉》(*Torah*)的日子——正准备开始受教的男孩戴上了有穗饰的长方形披巾,并由父亲带着走向老师。老师引领男孩坐在他的大腿上,并展示一块石板给他看,上面写着希伯来文的字母、《圣经》上的一段引文,及"但愿《托拉》成为你的终身职志"的祝词。老师宣读每一个字,

---

❶ 黄晓新. 阅读社会学——基于全民阅读的研究 [M]. 北京:人民出版社,2019:112.

❷ 周蔚华. 从中美大学图书馆借阅率排行看阅读差异 [J]. 新阅读,2018(5):23-25.

小孩跟着念。然后,石板上沾满蜂蜜,小孩去舔它。同时,《圣经》的诗歌也被写在煮熟剥壳的蛋上和蜂蜜蛋糕上,小孩在向老师大声朗读这些诗歌之后将其吃下。❶

小孩刚会说话就教其阅读,并举行仪式,把蜂蜜涂在书本上让孩子舔净,让孩子感受到阅读的甜美。早在中世纪,犹太人就基本消灭了文盲,几乎人人具有阅读能力,迄今仍保持年人均阅读 64 本的世界最高水平。正因如此,犹太民族的整体素养之高是世人皆知的。2016 年,以色列犹太人有 637 万,加上散居世界各地的犹太人共约 1600 万,占世界总人口不到 0.25%,但犹太人却获得 27% 的诺贝尔奖及大量知名的科学、文化、教育奖,诺贝尔奖获得率是全球平均水平的 108 倍,出现了马克思、爱因斯坦、弗洛伊德、贝多芬、毕加索、海涅等思想、科学、文学、艺术大师。

世上知名的阅读强国还有德国。德国人口只占世界总人口的 1.2%,却出版了占全世界 12% 的德语书;德国每 1.7 万人口就有一家书店,首都柏林每 1 万人有一家书店;全国有 91% 的人每年至少读过一本书,其中 23% 的人年阅读量在 9~18 本,25% 的人年阅读量超过 18 本。目前德国人口 8180 万人,却拥有全球第二大图书市场,仅次于美国,年市场销量达到 96 亿欧元,比中国高出 17%。全德国有公共图书馆 11 322 座,平均约 6600 人就拥有一座。德国史上获得诺贝尔奖的人数迄今已达到 102 人,优秀人才辈出,出现了大量优秀的思想家、科学家、艺术家、企业家、工程师等。❷

显然,国民的阅读习惯、阅读能力、阅读品质对国家富强与民族振兴具有极其重要的影响作用。美国学者波兹曼(Postman)在论及印刷术的发明与应用对于阅读能力的提升所具有的重要意义时说道:"具备阅读能力可以产生巨大效力,甚至魔力。……印刷术首次使方言进入大众媒介,这个事实不仅对个人,而且对国家产生重大影响。不容置疑,固定的视觉语言在国家民族主义的发展上产生巨大的影响。"❸ 我国的近邻韩国于 2013 年 3 月 23 日颁布了《阅读文化振兴法》。该法《总则》开篇即言"此法规定与

---

❶ 曼古埃尔. 阅读史[M]. 吴昌杰,译. 北京:商务印书馆,2002:89.

❷ 黄晓新. 阅读社会学——基于全民阅读的研究 [M]. 北京:人民出版社,2019:111.

❸ 尼尔·波兹曼. 童年的消逝 [M]. 吴燕莛,译. 北京:中信出版社,2015:47-48.

振兴阅读文化相关的基本事项,致力于提高国民智力水平,逐步培养健全的情感,并为国民打造终身教育环境,从而提升国家经济竞争力,保障国民享有平等的阅读活动机会,改善国民整体生活质量"❶。在这短短数语中,点明了阅读文化对于提高国民智力水平、培养健全的情感、打造终身教育、提升经济竞争力、保障国民的阅读权利、改善生活质量等方面所具有的重要意义。这就是促进阅读对于社会发展所具有的重要作用与意义所在。正因如此,越来越多的国家把全民阅读、建设阅读社会纳入到国民经济和社会发展规划之中,并予以立法保障和政策支持。

三、图书馆与阅读

阮冈纳赞提出的图书馆学五定律中的第一条就是"书是为了用的"。其实,"书是为了用的"与"书是为了读的"并无二意,因为对书来说"读"就是"用",而且只有"读"才能体现"用"。也许有人认为"藏"也是"用"的表现,因为没有"藏"也就无法"用",其实不然。这种认识不符合中国古人的"体用一源"的思路,"体"(本质属性)只有在"用"(实践应用)的过程中显现;若无"用"的实践,"体"便无以体认和确证,就会成为康德(Kant)所言的"物自体"而已。书的存在价值,若从存在论的意义上说,"藏"只是一种物体性存在,而不是价值性存在;而"用"却能同时表征物体性存在和价值性存在。正因如此,法国哲学家萨特说"无人阅读的书是不能算存在的;不予演奏或无人听的音乐不能算音乐,仅仅是一些音符而已。……一件印刷文本只有被人阅读的时候,才会获得美学价值,倘若无人问津,那只是一组文字而已"❷。

图书馆,因有馆藏资源(包括虚拟馆藏)而成其为"馆",但是,馆藏资源若无人阅读(也就是萨特所说的"无人问津"),那么这种馆藏资源乃至图书馆本身对读者来说便等于"无"。所以,从存在哲学的意义上说,只有被读者阅读的馆藏资源才有存在价值,只有为人们的阅读提供相应服务

---

❶ 中国新闻出版研究院,江苏省全民阅读办. 国外全民阅读法律政策译介 [M]. 南京:译林出版社,2015:6.

❷ 罗贝尔·埃斯卡皮. 文学社会学 [M]. 于沛,选编. 杭州:浙江人民出版社,1987:134.

的图书馆才有存在价值。由此我们可以说：图书馆因阅读而存在，图书馆是为读者阅读提供读物、环境及其相关服务的公共文化设施。

谢拉曾用三角形图形来说明图书馆员的职责（图4-3）。他认为，"图书馆员的职责就在于用最适合读者需要的方法向他们提供最佳书籍"，亦即图书馆员的职责是通过"采购图书"和"组织图书"的工作连接读者与读物，从而起到桥梁的作用。❶ 所谓连接读者与读物的职责，用阮冈纳赞的话来说就是要做到"每本书有其读者"或"每个读者有其书"，以此达到"书是为了用"的目的。应该说阮冈纳赞和谢拉的这种认识的正确性是毋庸置疑的，由此我们可以说：图书馆员是连接读物与读者的使者，图书馆是连接读物与读者的公共空间。

前文已指出，所谓"书是为了用的"，其实质含义是"书是为了读的"，因为"读"是"用"的根本表现。从狭义上说，人们阅读的客体是文字作品，亦即各类文献。图书馆收集和组织文献，就是为了让读者阅读。为了更好地满足读者的阅读需求，图书馆需要做大量的收集文献、揭示文献、组织文献、组织读者、提供设施设备等工作，这就是图书馆员从事的日常工

图4-3　图书馆员职责示意图

作。对此，谢拉曾指出，图书馆是一个由三大互相联系、互相依存的部分组成的综合系统，这三个部分即收集、组织和服务，这三个部分的协调运作过程就是图书馆管理活动。❷ 谢拉的意思是说，图书馆就是收集和组织文献以供读者阅读的一个系统。

中国古代亦不乏藏书以供阅读的思想与实践。明代万历时期的姚士粦（具体生卒年不详）曾提出有独特的藏书传布思想——"以传为藏"思想。其曰："吾郡未尝无藏书家，卒无有以藏书闻者。盖知以秘惜为藏，不知以传布同好为藏耳。何者？秘惜则箧橐中有不可知之秦劫，传布则毫楮间有

---

❶ 谢拉. 图书馆学引论［M］. 张沙丽, 译. 兰州：兰州大学出版社，1986：97-98.
❷ 谢拉. 图书馆哲学［J］. 卿家康, 詹新文, 译. 大学图书馆通讯，1987（4）：49-53.

递相传之神理。此传不传之分，不可不察者。……以传布为藏，真能藏书者矣。"❶姚士粦认为，在"以传为藏"的举动中蕴含着一种"神理"，即藏书只有在传布过程中才能得到生命的延续；藏书的生命之延续在于传布，而不在于"秘惜"，因为"秘惜"总难免"秦劫"（指秦始皇焚书之劫）的命运；只有"以传为藏"，才能算"真能藏书者"。所谓"以传为藏"，实际上是指以供人阅读作为藏书的目的。

明末清初的曹溶，对藏书家珍藏而不轻借人之举深有感触，其曰："不善藏者，护惜所有，以独得为可矜，以公诸世为失策也。故入常人手犹有传观之望，一归藏书家，无不缔锦为衣，扃钥以为常，有问焉则答无，有举世曾不得寓目，……使单行之本，寄箧笥为命，稍不致慎，形踪永绝，只以空名挂目录中，……然其间有不当专罪吝惜者，时贤解借书，不解还书，改一瓻为一痴，见之往记，即不乏忠信自秉、然诺不欺之流。书既出门，舟车道路，摇摇莫定，或僮仆狼藉，或水火告灾，时出意料之外。不借未可尽非，特我不借人，人亦决不借我，封己守株，纵累岁月，无所增益，收藏者何取焉？"在此曹溶指出了"我不借人，人亦决不借我"的道理，批评了那些不善藏者"护惜所有，以独得为可矜，以公诸世为失策"的做法，这实际上是在表达藏书须流通借阅的观点，为此曹溶曾作有《流通古书约》。❷

清代藏书家宋咸熙主张藏书须借阅利用，其曰："藏书家每得秘册，不轻示人，传之子孙，未尽能守。或守而鼠伤虫蚀，往往残缺，无怪古本之日就湮没也。先君子藏书甚富，生时借钞不吝，熙遵先志，愿借与人，有博雅好古者，竟持赠之。"❸"借钞不吝，愿借与人"的藏书开放观，确实体现了"爱物有道""仁者爱人"的高尚精神。"借钞不吝，愿借与人"的藏书开放阅读观，实际上是一种"与人共之"的藏书伦理观——围绕藏书而形成的人际关系规范。"愿借与人"就是供人阅读，供人阅读就是与人共享，与

---

❶ 叶昌炽. 藏书记事诗（附补正）[M]. 王欣夫，补正. 上海：上海古籍出版社，1989：272-273.

❷《流通古书约》的全文请参阅：祁承爜，等. 藏书记[M]. 扬州：广陵书社，2010：97-98.

❸ 徐雁，王雁均. 中国历史藏书论著读本[M]. 成都：四川大学出版社，1990：620.

人共享就是一种藏书伦理。在《礼记·祭统》篇中有一句话，叫作"知而弗传，不仁也"，这句话可视为中国古人的藏书伦理观的思想渊源所在。若从藏书伦理观的角度而言，"知而弗传，不仁也"可以改为"藏而不传，不仁也"。

乾、嘉时期的张金吾，其藏书楼"爱日精庐"藏书曾达到十万六千卷之多。张金吾曾购得包希鲁撰《说文解字补义》十二卷元刊本，他在为此书解题时指出，"若不公诸同好，广为传布，则虽宝如球璧，什袭而藏，于是书何裨？且予喜藏书，不能令子孙亦喜藏书；聚散无常，世守难必；即使能守，或童仆狼藉，或水火告灾，一有不慎，遂成断种，则予且为包氏之罪人。用倩善书者录副以赠。予之不敢自秘，正予之宝爱是书也"❶。张金吾认为，对《说文解字补义》之类"宝如球璧"之书而言，"用倩善书者录副以赠"之法，"公诸同好，广为传布"，才是"宝爱是书"的表现，这就是他"爱书须传布"的思想观点。什么样的做法才是真爱书之举？在张金吾看来，只是珍藏并非真爱书，诚如其言"虽宝如球璧，什袭而藏，于是书何裨"？何况"一有不慎，遂成断种"，反而成为"罪人"，何谈爱书？反过来，"公诸同好，广为传布"，才是真爱书的表现，因为只有"广为传布"，才能延续书之生命，亦能传播书中思想，使其"永远活在人们心中"。在此，张金吾充分表达了书的生命与价值在于供人阅读的观点。"爱书须传布"的思想体现了藏书家的藏书伦理观。若从图书馆伦理观的角度而言，我们完全可以说：图书馆的藏书须供人阅读，才能算作图书馆尽到了自己的伦理责任。

中国古人所说的"文以载道""道成于学而藏于书""书即道，道即书"等，其实都蕴含着"书的价值在于阅读"的道理，因为书中之道必须通过人的阅读才能显现、才能被把握、才能"垂之于世"（传播）。中国古人重视文献、重视藏书、重视馆阁（图书馆），其目的不只在于"存道""闻道"，更是为了"传道"。《礼记·经解》篇引孔子语说：

> 其为人也温柔敦厚，《诗》教也；疏通知远，《书》教也；广博易良，《乐》教也；洁静精微，《易》教也；恭俭庄敬，《礼》教也；属

---

❶ 张金吾. 爱日精庐藏书志［M］. 冯惠民，整理. 北京：中华书局，2012：98.

辞比事，《春秋》教也。

显然，这里所言"教"的过程，其实就是"传道"的过程，其内容就是《诗》《书》《乐》《易》《礼》等文献所载之道。"教"者之所以能教，是因为他首先阅读和研究了这些书中之道。教与学相对，有教者必有学者。从"学"的角度而言，学则必然离不开阅读的过程。所以，无论是教者还是学者，都离不开阅读。可见，传道者须阅读，学道者亦须阅读。由此我们可以说，道在书中，道在阅读中。

图书馆因读者的阅读需求而存在。图书馆之所以强调读者的重要性，就是因为读者是馆藏文献（包括虚拟馆藏）的阅读者、利用者和传播者，亦即因为读者是馆藏文献价值的实现者，也是图书馆存在价值的实现者。"读者无疑是图书情报机构开展活动的必不可少的组成部分。图书情报机构脱离了自己的读者对象，就无法履行其社会职责，植根于交流职能上的情报性、教育性和服务性就无法谈起。没有读者的图书情报机构非但不是一个健全的组织，并且必将成为社会的负担和累赘。图书情报机构只有通过读者，才能把文献、知识和情报传播开来，进而转变为社会的生产力。"❶

我们知道，杜定友先生曾提出有图书馆"三位一体"说："一为'书'，包括图与书等一切文化记载；次为'人'，即阅览者；三为'法'，图书馆之一切设备及管理方法、管理人才是也。三者相合，乃成整个之图书馆。……若以人为目标而办理图书馆，则图书馆事业始能生动而切合实际，且有继续进化作深潜研究之余地也。"❷ 对照上引谢拉的图书馆员职责示意图，可以发现，杜定友与谢拉的观点非常相似，二人都强调了书与人的连接，即都强调了图书馆（员）的职责是促成书与人的结合。不过，仔细分析二人所言内容，可以发现二人的观点也有不同之处，主要表现在杜定友明确提出了"以人为目标"的观点，而谢拉未明确强调这一点。杜定友所言"以人为目标"，实际上就是指以读者为本，以促进阅读作为图书馆的根本宗旨，因为促进阅读是图书馆满足读者需求的根本途径。

从阅读社会学的角度而言，图书馆是为人们的阅读提供读物与相关设

---

❶ 周文骏. 文献交流论 [M]. 北京：书目文献出版社，1986：67.

❷ 王子舟. 杜定友与中国图书馆学 [M]. 北京：北京图书馆出版社，2002：28-29.

施及服务的公共空间（包括延伸服务形成的馆舍外空间及网络服务形成的虚拟空间）。公共图书馆所提供的读物与相关设施及服务是免费的，故在西方社会公共图书馆往往又被称为免费图书馆。在现代民主法治国家，一般用法律规定的形式保证图书馆基本服务的免费性，如日本《图书馆法》（1950年制定，2011年修订）规定，"公立图书馆不得征收入馆费及任何针对图书馆资料利用的费用"；《挪威公共图书馆法》（1985年颁布实施）规定，"公共图书馆应免费为居住在挪威的每一个人提供信息、图书及其他合适的文献资料服务，促进知识、教育和其他文化活动的发展"。❶ 我国于2017年末颁布的《中华人民共和国公共图书馆法》在总则部分规定"本法所称公共图书馆，是指向社会公众免费开放，收集、整理、保存文献信息并提供查询、借阅及相关服务，开展社会教育的公共文化设施"；其法律责任部分又规定"公共图书馆及其工作人员对应当免费提供的服务收费或者变相收费的，由价格主管部门依照前款规定给予处罚"。

图书馆馆藏信息资源的丰富性，以及所提供服务的公共性、共享性和免费性，使图书馆服务具有了特定的"经济性"功效，这种功效是个人收藏望尘莫及的。对此，李小缘曾指出，"一人之经济力有限，一社会之经济力亦有限。合众人之力来购一书则易，合众人之力来建立一图书馆则更易。故合群办之公益事皆社会经济事。……公共图书馆者，社会之各份子合资组织者也"。❷ 沈祖荣也认为，如果图书馆服务"取资"，那将是一种"得不偿失"之举，如其言"盖图书馆为公共求学之所，应实行开放主义，不取分文，以资提倡。欧美图书馆无一取资者，日本公共图书馆亦然，故阅书人纷至沓来，倍形踊跃。中国仿而行之，洵诱导人民阅书之良法；况取有限之资财，生极大之障碍，所得亦不偿所失也"❸。所谓"取有限之资财，生极大之障碍"，指的是若图书馆服务采取收费方式，那么必将极大地阻碍无力支付者利用图书馆的机会，这实际上是对无力支付者阅读权利、求知权利的剥夺。

---

❶ 国家图书馆立法决策服务部. 国外图书馆法律选编［M］. 卢海燕, 主编. 北京：知识产权出版社, 2014：91, 343.

❷ 马先阵, 倪波. 李小缘纪念文集［M］. 南京：南京大学出版社, 1988：118.

❸ 丁道凡. 中国图书馆界先驱沈祖荣先生文集［M］. 杭州：杭州大学出版社, 1991：7.

图书馆作为"社会经济事",为那些个人经济力不足的人们提供了极佳的阅读学习机会。从这个意义上说,有的人称图书馆为"穷人的图书馆"亦不为过。当然,我们不能由此认为图书馆对富人无意义,因为无论是穷人还是富人都有利用图书馆来获取所需的知识和信息的必要;从图书馆的角度而言,无论是穷人还是富人在图书馆面前一律平等——都有利用图书馆的平等权利。由此我们可以说,图书馆是保障公民的免费阅读权利的公共文化设施之一。

图书馆人不能代替读者阅读(除对特殊读者提供代读服务之外),但图书馆人应该为读者阅读提供一切可能的服务。图书馆馆舍的大部分面积用于藏书与阅览,每一座图书馆其实都是一个温馨的、充满书香味的阅读空间环境。图书馆的读者服务工作,大部分属于阅读服务范畴;经常性的阅读推广工作更是图书馆一线人员的主要工作内容之一(表4-2)。

表 4-2 波士顿剑桥图书馆读者活动安排(某一天)

时间	内容	地点
10:00	婴幼儿唱歌、讲故事	柯林斯分馆
11:00	成人远足	剑桥主馆
12:30	午餐读书会;讨论某一读物	柯林斯分馆
16:00—17:00	指导少儿家庭作业	瓦伦蒂分馆
16:00	学龄前儿童故事会、做游戏	剑桥主馆
17:30—18:15	英语会话小组活动	奥康纳尔分馆
18:00	亲子读书会	剑桥主馆
19:30—21:00	读书讨论会	中央广场分馆

四、树立和践行促进阅读理念的意义

综上所述,树立和践行促进阅读理念,对图书馆人自觉发挥服务读者、服务社会的职责作用具有重要意义。

第一,有助于养成"服务为本"的意识。图书馆职业,对内而言是一种专业性职业,对外而言是一种服务性职业。图书馆职业的服务性,主要体现在满足读者的阅读需求。读者有什么样的阅读需求,图书馆就应该提供相应的服务,所以,"你阅读,我服务"应该成为图书馆人的职业信念。

为读者阅读服务是图书馆人的天职。图书馆人为读者而存在,满意读者也就是满意自己。对读者而言,我们应该提倡读者铸就阅读的人生;对图书馆人而言,我们应该铸就服务的人生。图书馆应该以读者为本,也就是以服务为本。

第二,有助于认清促进阅读是图书馆价值实现的基本形式。图书馆产生于人们的阅读需要;为人们的阅读提供读物和相关服务,满足人们的阅读需求,是图书馆的主要职责所在。从图书馆与社会的关系角度而言,图书馆的价值在于它能够促进全民阅读,以此推动学习型社会建设,助力文化软实力的提升。也就是说,促进阅读是图书馆价值实现的基本形式和途径。每一个图书馆人应该牢记,促进全民阅读是图书馆的根本价值所在,同时,促进阅读是图书馆价值实现的基本形式,也是图书馆人职业价值实现的基本形式。为此,全身心投入于阅读服务之中,从中体认图书馆职业的神圣使命与无上光荣,以此作为职业人生目标,就是图书馆人树立促进阅读理念的根本表现。

第三,有助于凸显图书馆作为社会阅读推广主体的地位及其作用。我们知道,社会阅读推广的主体不仅有图书馆,还有各类学校、出版、科研、新闻媒体、学术组织、民间团体等多部门、多领域。但是,图书馆无疑是影响力最大、最广的阅读推广主体之一。可以说,广泛持久地开展阅读推广活动,以此助力阅读社会建设,是图书馆的根本使命,也是图书馆这一组织的"比较优势"所在。若失去这一"比较优势",图书馆的社会影响力和社会公认度将大打折扣。所以,树立促进阅读理念,是图书馆凸显其社会阅读主体地位和作用的根本要求。

第四节 职业责任理念

图书馆是一种组织,具体地说是一种公共文化组织。任何一种组织,都是责、权、利的综合体,或者说任何一种组织都是权利与义务的统一体。一个组织承担权利与义务及其后果,就是承担组织责任。这种责任可以分为分内责任与分外责任,亦可分为法定责任与道德责任等。所谓图书馆职业责任,既包括图书馆作为一种组织而承担的职责(组织责任),又包括图书馆从业者应该履行的个体职责(个体责任);前者一般称为"图书馆权利",后者一般称为"图书馆员伦理"。在现实生活中,组织责任与个体责任往往交织在一起。图书馆从业者作为图书馆这一组织的成员,既要为实现图书馆的组织责任而贡献自己的能力,也要为履行自己的个体责任尽力,并以此作为自身的职业价值目标,这是图书馆人的职业责任理念。可以说,图书馆人的职业责任理念及其践行,是图书馆事业发展的内生原动力所在。本书前面所论图书馆的社会记忆功能、社会教育功能、促进阅读功能的实现,在很大程度上取决于图书馆人的职业责任理念的践行程度。职业责任的落实主体,归根结底是人。所以,从根本意义上说,强调职业责任理念的重要性,实际上是在强调图书馆人的重要性。

图书馆人的职业责任,用现代的语言概括就是:实现馆藏信息资源的价值,保障读者利用图书馆的正当权利;用中国古人的话说就是:藏书以资传道,或者说治书以资阅用。图书馆人的职业责任理念,其内容表现在多方面,这里选取若干宏观层面的职业责任理念,包括平等服务理念、社会包容理念、开放共享理念、社会责任理念等,作一概述。当然,这些理念之间有相互交叉的内容,但各自的侧重点不同。

一、平等服务理念

阮冈纳赞提出的图书馆学五定律的第二定律是"每个读者有其书"。从内涵上说,"每个读者有其书"完全可以译为"人人有其书"或"书为人人"。我们常说"图书馆面前人人平等",其实在这句话当中必然包含"图书面前人人平等"之意,而"图书面前人人平等"就意味着"人人有其书"或"书为人人"。所以说,阮冈纳赞提出的图书馆学第二定律,实际上是"平等服务定律"。阮冈纳赞在《图书馆学五定律》一书中,用一段唱词(称"图书馆合唱曲")形象生动地阐释了这一平等服务定律的内涵:❶

> 图书馆大门向一切人敞开,
> 绝不能让我们的图书被少数受优惠者——
> 饱学之士所垄断,

---

❶ 阮冈纳赞. 图书馆学五定律 [M]. 夏云, 等译. 北京: 书目文献出版社, 1988: 113-114.

我们的图书
人人可借,人人可看。

书为富人,
书为穷人;
书为男人,
书为女人。

书为病人,
书为健康人;
书为盲人,
书为聋哑人。

书为工作笨拙的人,
书为能言善辩的人;
书为城里的自由人,
书为身居乡下的农民。

书为有学问的人,
书为犯罪的人;
书为人人,
为每个人和一切人。

阮冈纳赞所言"书为人人,为每个人和一切人",不啻是说"每个人都有读书的平等权利"。立志读书的每个人都可以自称"我读书,故我在";对图书馆而言,则可以说"你读书,故我在"。图书馆就是为了保障每个人读书的平等权利而存在的一种文化设施平台。

任何理性人都会意识到,平等(equality)与自由(liberty)一起构成人类共同追求的两大基本价值目标。法国启蒙思想家卢梭(Rousseau)曾指出:"如果我们探讨,应该成为一切立法体系最终目的的全体最大的幸福究竟是什么，我们便会发现它可以归结为两大主要的目标：即自由与平等。"❶ 人们谈论社会政治问题，"不是用平等就是用自由作为探讨正义问题的焦点"。❷

平等意味着人们在社会生活中的某种等同性，这种等同性是指人们在享有权利方面的等同性。"作为人，我们都是平等的。我们作为个人是平等的，在人性上也是平等的。一个人，在人性和个性上都不可能超过他人或低于他人。我们认为，人（而不是物）所具有的尊严是没有程度差别的。世间人人平等，是指他们作为人在尊严上的平等"。❸ 平等的实质是权利平等，"正义的社会将结束基于种族、性别、宗派、性取向、身体残疾、种族关系或经济背景方面的不平等，赋予全体公民以平等的权利"❹。

图书馆提供的服务必须是平等服务，其基本含义是平等对待所有读者。平等对待所有读者，目的是保证读者平等获取知识或信息的权利。平等的对立面当然是不平等；为了实现平等，就得消除不平等。图书馆为了平等对待所有读者，就得消除一切不平等的现实和做法；这种不平等的现实和做法，对读者而言是一种障碍，即阻碍读者平等获取知识和信息的权利的实现。从这个意义上说，为读者消除一切造成不平等的障碍，就是图书馆平等服务的根本要求。在图书馆服务中应该消除的不平等障碍包括身份障碍、经济障碍、行动障碍、空间距离障碍等。

1. 消除身份障碍：平等对待

平等意味着无歧视。图书馆的平等服务必须消除读者人格意义上的身份歧视。人格意义上的身份歧视，必然给一部分读者造成知识和信息获取过程中的身份障碍。图书馆服务秉持"图书馆面前人人平等"的基本原则，消除一切不人道、不正义的身份歧视。消除身份歧视，要求平等对待所有读者，即按照无贵贱之分、无贫富之分、无性别之分、无年龄之分、无信

---

❶ 卢梭. 社会契约论［M］. 何兆武，译. 北京：商务印书馆，1980：69.

❷ 博登海默. 法理学——法哲学及其方法［M］. 邓正来，等译. 北京：华夏出版社，1987：242.

❸ 艾德勒. 六大观念［M］. 郗庆华，等译. 北京：生活·读书·新知三联书店，1991：200-201.

❹ 戈伊科奇，卢克，马迪根. 人道主义问题［M］. 杜丽燕，等译. 北京：东方出版社，1997：431.

仰之分、无种族之分、无肤色之分的原则平等对待所有读者。

2. 消除经济障碍：免费获取

公共图书馆提供的基本服务必须免费，这是国际公共图书馆界的基本规则。若公共图书馆的基本服务采取收费服务方式，必然对支付能力弱者产生经济障碍。设置经济障碍，实际上是一种"富者通吃"，必将演变成经济歧视、财富等级歧视。ALA 的《信息利用的经济障碍》明确指出：免费提供信息是公共资助的图书馆的根本使命，……收费为自由、平等利用信息和服务制造了障碍；支付能力不应限制"知情"能力和"求知"能力。❶

3. 消除行动障碍：人文关怀

消除行动障碍，指的是消除残疾人等行动不便人群利用图书馆时的行动障碍。为行动不便的人群提供"绿色通道"，使其便于行动，是图书馆应尽的社会责任，也是图书馆服务人性化的表现。为此，《服务爱荷华：公共图书馆质量标准》（2004 年）规定："使用轮椅的图书馆读者可以从停车位到人行道，从人行道进入建筑，建筑大门必须易于开启。如进入建筑内部，使用轮椅的读者可以到达所有的公共区域，甚至包括卫生间。卫生间必须提供一台轮椅，必须有拉手横栏，水槽下必须留有空隙，水槽下的水管周围必须有相应的隔离材料。"❷

4. 消除距离障碍：普遍服务

图书馆资源人人可获取，图书馆服务人人可获得。这是图书馆普遍服务的基本要义。对图书馆来说，普遍服务就是平等服务；不普遍服务，就是不平等服务。如果图书馆所提供的服务，只有一部分人能够获得而另一部分人无法获得，那么这种服务便是一种不平等服务，这样的服务不能称其为普遍服务。在一部分人无法获得图书馆服务的原因中，空间距离障碍是重要原因之一。也就是说，一些人有经常利用图书馆的愿望，但由于图书馆距离远而无法经常利用，就是距离障碍所造成的服务缺位。消除距离障碍的最好办法就是加大图书馆的设立密度或扩展图书馆服务的空间覆盖

---

❶ 罗曼. 美国图书馆政策体系及其带来的思考［J］. 中国图书馆学报，2005（1）：78-81.

❷ 张广钦. 国外公共图书馆建设标准与规范概览［M］. 北京：国家图书馆出版社，2009：55-56.

范围，使有经常利用图书馆愿望的人群都能够不受距离障碍的限制。这要求图书馆必须提供就近服务。在国际图书馆界，一般用"服务半径"来衡量就近服务的程度。

二、社会包容理念

这里所言社会包容理念与上文所言平等服务理念，在内容上具有紧密联系，甚至在某些方面具有交叉性。"平等"和"包容"都是主体间性（intersubjectivity）概念，都是表示人际关系的范畴。平等的人际关系必然表现为包容和谐的氛围，包容性的人际关系必然带来平等相待的局面。但是，两者之间也存在着内在的区别：平等指的是主体之间人格和权利的相等性，而包容指的是有差异的主体之间的和平共处；平等意味着"平起平坐"，包容意味着"和而不同"；平等强调的是"求同"，包容强调的是"存异"。

1. 社会包容的概念

"社会包容"概念的含义，可以从"社会排斥"（social exclusion）概念的含义中得到反向意义上的说明，因为这两个概念之间是"这一个正好是那一个的负数"❶的关系。也就是说，社会包容与社会排斥之间正好是相互对立的概念，从其中一个概念可以反向映射另一个概念。

1974年，法国学者勒努瓦（Lenoir）首次提出了"社会排斥"概念。在界定法国的受排斥人口时，勒努瓦认为以下群体是"受排斥的"：精神或身体有残障者、自杀者、老年病患、受虐儿童、药物滥用者、过失者、单亲父母、多问题家庭、边缘群体、叛逆者及其他一些不适应社会环境的人，这些人约占法国总人口的十分之一。❷

斯尔维（Silver）在对西欧和美国有关社会排斥的文献进行分析和总结之后，概括出了著名的理解社会排斥的三个范式：团结范式（solidarity paradigm）、专业化范式（specialization paradigm）和垄断范式（monopoly paradigm）。团结范式强调社会排斥是一种个人和社会之间的联系纽带的中断；专业化范式强调社会排斥是社会分化、劳动分工及领域的分割等专门化的

---

❶ 维纳. 控制论 [M]. 郝季仁，译. 北京：科学出版社，1963：11.
❷ 阿马蒂亚·森. 论社会排斥 [J]. 王燕燕，译. 经济社会体制比较，2005（3）：1-7.

结果；垄断范式则强调社会排斥是社会上形成了垄断群体的结果。欧盟（European Union）非常重视社会排斥问题及其研究。1998年，欧盟进行了十三个成员国范围内关于人类尊严和社会排斥项目的调查研究，调研报告起名为《机会和危机的研究：欧洲社会排斥的趋势》。此项调研讨论了国家、市场（特别是劳动力市场）和市民社会（特别是家庭、个人网络、非政府组织）三个方面存在的社会排斥，以及制度安排对于解决社会排斥的作用。在制度安排上，欧盟制定了旨在阻止社会排斥的融入（include）标准，其内容包括教育，能熟练地掌握基本技能，培训，工作，住房，社区服务，医疗照顾等。❶

关于社会排斥的定义，人们普遍认同英国"社会排斥部"（Social Exclusion Unit）的定义："社会排斥指的是某些人或地区受到的诸如失业、技能缺乏、收入低下、住房困难、罪案高发的环境、丧失健康及家庭破裂等交织在一起的综合性问题时所发生的现象。"❷ 不过，这一定义主要强调的是由于个人原因造成的社会排斥，而没有包含由于社会权利、政治权利和文化权利被剥夺（deprivation）所造成的社会排斥现象。鉴于此，我国学者石彤认为，社会排斥是指某些个人、家庭或社群缺乏机会参与一些社会普遍认同的社会活动而被边缘化或隔离的系统性过程。❸

根据以上关于社会排斥概念的认识，我们可以对社会包容作出如下认识：它是指社会对其成员予以宽容对待，允许求同存异，给予弱者以平等参与、共同发展的机会，从而避免社会排斥的状态。能够容纳异己者并与之和平相处，尊重少数族群的特殊需求和正当权利，给失去自由的人（如犯人）以人格尊严，对失当言行者不予训斥并给予改过机会，同情弱者并尽可能帮助他们克服或摆脱困境，以此减少或避免社会排斥，保证社会和谐，促进"每个人的全面自由发展"，是社会包容的出发点和归宿所在。在国际事务上，中国向世界发出的"建设多极化世界""建设人类命运共同体"的倡议，就体现了这种社会包容及"全球包容"的精神，亦即体现了

---

❶ 王立业. 社会排斥理论研究综述［J］. 重庆工商大学学报（社会科学版），2008（3）：79-83.

❷ 同❶.

❸ 石彤. 性别排挤研究的理论意义［J］. 妇女研究论丛，2002（4）：17-25.

"包容性发展"理念。包容性发展提倡的是普惠和共同发展,提倡共商、共建、共享精神,而反对的是霸权、霸道、霸凌行径。

可见,社会包容的核心精神是公正(justice)基础上的宽容(tolerance)。社会公正的主要内容是制度公正。制度公正要求一个社会的制度设计和安排必须最大限度地保障公民的自由、平等和全面发展的权利。而为了实现这种制度公正,社会制度本身必须体现宽容相待包容对象(如异己者、少数者、弱势者等)并消除身份歧视的社会包容精神。"宽容是指一个人虽然具有必要的权力和知识,但是对自己不赞成的行为也不进行阻止、妨碍或干涉的审慎选择。宽容是个人、机构和社会的共同属性。所谓不赞成既可以是道义上的,也可以是与道义无关的(即不喜欢)。"❶ 宽容是指在多样性情境中,行动者认为有力量去干涉而不去干涉他者及其行为的一种有意识、有原则的克制。❷ 宽容既是一种态度,也是一种力量,它能产生团结的力量、和谐的力量、和平的力量。而维护宽容局面,减少或避免社会排斥,正是社会包容的旨趣所在。

2. 图书馆与社会包容

图书馆一向被认为是最具社会包容、最少社会排斥的社会场所。人们之所以愿意走进图书馆,不仅是因为图书馆所具有的书香氛围和文化气息令人向往,同时也是因为图书馆服务所体现的包容精神令人不惧、不厌。博尔赫斯所言"天堂应该是图书馆的模样"一语,应该说是对图书馆社会包容精神的极度赞美,因为如果图书馆的环境和服务不能体现社会包容精神,就不能将其与"天堂"相提并论。

早在 19 世纪中叶,英国的爱德华兹(Edwards)就指出,"公共图书馆必须拥有大量对没有受过教育的人或教育程度较低的人有吸引力的图书,以及对牧师、商人、政客、学者的研究和学习有帮助的图书",他坚信图书馆对社会成员具有开启智慧、愉悦心灵的作用。❸ 显然,爱德华兹表达了公共图书馆应该广泛吸引和包纳各类人的思想。

---

❶ 米勒,波格丹诺. 布莱克维尔政治学百科全书 [M]. 邓正来,等译. 北京:中国政法大学出版社,2002:820.

❷ 刘曙辉. 宽容:历史、理论与实践 [J]. 哲学动态,2007(7):41-46.

❸ 于良芝,图书馆学导论 [M]. 北京:科学出版社,2003:170.

著名的《麦克考文报告》强调,"服务是图书馆存在的理由,而服务就意味着不加质疑、不带偏见、不予限制地给予。图书馆是这样一种工具:促进读者的所有或任何活动,因此,它必须是宽容和无所不包的"[1]。这里的"不加质疑、不带偏见、不予限制",充分地表达了公共图书馆服务的包容性特征。当然,这里所言"不加质疑""不予限制"必须以读者的遵纪守法为前提。

谢拉认为,图书馆事业是一种人文事业,图书馆的目标是通过帮助个人理解自我、理解世界来改善社会,图书馆具有很强的包容和聚合功能,从而成为社会分化和分裂的抵抗力量。他指出,"在社会走向分化、分裂的时代,图书馆与它所处的整个社会交流系统一样,可以成为一个巨大的、对社会发展至关重要的聚合力量。……到图书馆来的人们,都是为了他们个人的目的,以他们特有的方式来寻求真理的。在图书馆里,用户不会被告知他们需要思考什么,什么时候思考,而是独立地发现他人的思想和观点,自主地理解这些思想和观点。因此,图书馆必须在社会的对立、分化、冲突中发挥促进理解、促进凝聚的作用,而不是成为一种同化力量"[2]。无独有偶,美国学者伯德萨尔(Birdsall)也指出,"作为场所的图书馆"应当是连接个人主义和共同体主义之间的桥梁与媒介,是培养个人的共同意识和社会凝聚力从而获得社会全体生活意义的具有"凝聚结构"性质的场所。[3]

英国的公共图书馆事业主管部门——文化、媒体和体育部于2003年发表了《未来框架:新十年的图书馆、学习和信息》报告。该报告指出,未来十年英国公共图书馆的主要使命是"促进阅读和学习、帮助获取数字技能和服务、促进社会和谐和公民权利"。其中"促进社会和谐和公民权利"的主要内容是:为社区提供安全、温馨、面向所有人的空间,充当社区的公共港湾,主动为非用户提供服务,为弱势群体提供信息保障,帮助建立

---

[1] 李晓新等. 公共图书馆社会和谐使命的再认识[J]. 图书与情报,2008(5):28-33.

[2] 于良芝. 图书馆学导论[M]. 北京:科学出版社,2003:175.

[3] 黄纯元. 黄纯元图书馆学情报学论文集[M]. 上海:上海科学技术文献出版社,2001:164-170.

社区身份意识、减少社会排斥。❶ 公共图书馆的这种平等、包容精神，一直是西方发达国家支持和重视公共图书馆事业的基本依据。例如，英国新工党就把社会包容确定为核心执政目标，而且把公共图书馆视为重要的"社会稳定器"，因而是政府实现和谐社会的重要伙伴。为此，文化、媒体和体育部专门发布了《所有人的图书馆——社会包容政策指南》，其这样评价图书馆与社会包容的关系："如果社区的信息流量降低到某个关键水平以下，则本地的信息生态就会变脆弱，'信息停滞'就会产生。人口中相互觉得面熟的比例就会降低，信息交换和共享就会停止……邻里环境就会萎缩。在这种背景下，重要的是帮助社区建立起健康的非正式交流条件，让信息交换繁荣起来。这时，让社区居民有一个像公共图书馆这样方便的、临近的、亲切的去处就变得十分重要。"❷

在网络化时代，数字鸿沟（Digital Divide）问题受到人们的广泛关注。数字鸿沟问题实际上是社会排斥问题。数字鸿沟"是指一种包含三方面典型特征的现象：全球鸿沟，指的是发达社会与发展中社会之间在进入网络方面的差距；社会鸿沟，涉及每个国家中信息富足者与信息贫困者之间的差距；民主鸿沟，指的是那些使用和不使用数字资源去从事、动员或参与公共生活的人们之间的差别"。❸

1995年，美国国家电信和信息管理局（National Telecommunications and Information Administration，NTIA）发表了题为《在网络中落伍：对美国农村和城镇"信息匮乏者"的调查》的报告。其后，又分别于1998年、1999年、2000年连续发表副标题为《数字鸿沟中的新数据》《定义数字鸿沟》《走向数字化》的报告。这一系列报告的推出，引起了全球范围的数字鸿沟问题热议。值得注意的是，这一系列报告都提到了图书馆在弥合数字鸿沟中的重要作用。隶属于ALA的信息技术政策办公室（OITP）随即宣布"提升图书馆作为消除数字鸿沟的关键性机构的地位"作为自己的核心任务。同

---

❶ 于良芝. 公共图书馆存在的理由：来自图书馆使命的注解 [J]. 图书与情报，2007（1）：1-9. 其中"非用户"指的是没有办理正式借阅证的居民以及非本辖区居民.

❷ 于良芝. 图书馆学导论 [M]. 北京：科学出版社，2003：194-195.

❸ 诺里斯. 公民参与、信息贫困与互联网络 [J]. 莫非，编译. 马克思主义与现实，2001（6）：31-35.

时，信息技术政策办公室在定义"数字鸿沟"的文件中指出，"图书馆是解决数字鸿沟的中心，因为数字鸿沟意味着接入计算机的不公正。图书馆作为信息'富有'与信息'贫困'之间的桥梁的工作已超过100年"❶。IFLA对数字鸿沟问题也迅速作出了反应，2002年通过的《IFLA因特网宣言》指出，"全球因特网使全世界的所有个人和社区，不论是最小和最偏远的村庄，还是最大的城市，都拥有了平等机会去获得信息，……图书馆和信息服务机构提供了上因特网的主要途径。对一些人来说，图书馆和信息服务机构给予他们方便、指导和帮助；而对另一些人来说，这里是他们上网的唯一地方。它们提供了一种机制，以克服因资源、技术和培训的差异而带来的障碍"。可以说，数字鸿沟是社会排斥在数字化环境中的表现，因此，弥合数字鸿沟的过程就是增强社会包容的过程。毋庸置疑，弥合数字鸿沟是图书馆在网络化时代必须予以重视的一项任务。

在图书馆服务及其管理工作中，避免不正当的社会排斥，就是社会包容的根本表现。具体说，图书馆服务及其管理工作应该避免如下几个方面的社会排斥：

其一，人格排斥。避免人格排斥，就是尊重人的人格权。人格权是指为民事主体所固有而由法律直接赋予民事主体所享有的各种人身权利。人格权是一种非财产权，因而与财产权相区别。人格权是一种支配权，因而具有排他的效力。人格权是一种绝对权，因而任何他人都不得妨碍其行使。最后，人格权还是一种专属权，即他人不得代替行使。人格权是人权的重要组成部分。尊重人的尊严是尊重人格的根本表现。每个人都有自己的人格尊严，每个人都有维护自己人格尊严的权利。尊重人格尊严，包括尊重人的价值、尊重人的差异（包括民族或者种族差异、性别差异、年龄差异、个性差异和观念差异），还包括尊重人的性格、兴趣、爱好、习惯的权利。

在图书馆服务中，尊重读者的人格权，主要表现为尊重读者的个体差异，即尊重读者的民族、种族、性别、年龄差别及身体、语言、兴趣、爱好、习惯、着装、相貌等差异，不得有基于这种差别或差异的歧视性言行。尤其要注意尊重老年人、妇女、儿童、残障人士等人群的人格尊严。

---

❶ 邬友倩，范并思. 数字鸿沟与网络时代公共图书馆的职能 [J]. 新世纪图书馆，2004（5）：7-10, 49.

其二，设施排斥。设施排斥，是指在图书馆设施的设计、布局、配置上对利用者的阅读、行动产生障碍的现象。如在馆舍选址上，距离大多数利用者遥远、交通不方便；在建筑设计上，没有设计轮椅通道；卫生间、电梯等处没有配备专供残障人士使用的设备及其标识；在资源或设备配置上，没有收藏盲文资料，没有备置眼镜、放大镜等阅读辅助工具；儿童阅览室没有配备与儿童身高相宜的书架、桌椅；服务设施区域布局不科学，标识不健全、不清楚；必要的抄写、复印、上网等工具设备不具备；室内采光不适宜，通风不良，温度不宜，卫生设施不健全、不方便；人身安全及突发事件应急措施不健全等，均可能产生设施排斥的不良结果。

设施排斥属于社会排斥范畴吗？也许有人提出这样的质疑。设施排斥虽然不是图书馆主动或有意所致，但图书馆作为社会公共设施，如果其利用者利用图书馆设施普遍感到不方便、不舒适、不愉快，就必然产生自己的需求和权利没有得到充分尊重的心理感受，这种感受实际上就是一种被排斥的感受。

其三，制度性排斥。所谓制度性排斥，主要是指图书馆执行国家或地方的有关政策、法规不当，或者内部规章制定不当或执行不当所造成的对利用者产生的不当限制情况。在图书馆立法较健全的情况下，制度性排斥主要表现为图书馆内部规章对利用者行为的不正当限制，如不具有政策或法律依据的限制阅读规定；图书馆自定的过于严厉的违规惩罚规定；过于刚性而缺乏人性化的规章内容及其语言；不与时俱进或者过于频繁变更的有关规定；内涵不明确或监督不力致使"潜规则"泛滥的制度执行等，均可能产生制度性排斥的结果。为了避免制度性排斥，在图书馆管理制度上严格依法管理、依法治馆是极其必要的。严格依法管理、依法治馆有利于图书馆克服"人治"的诸多弊端，有利于更加全面地保障读者的正当权益。这就是图书馆实行法治化管理制度的必要性所在。

三、开放共享理念

《中华人民共和国公共图书馆法》第三十三条规定："公共图书馆应当按照平等、开放、共享的要求向社会公众提供服务。"可见，开放、共享是图书馆服务必须遵循的原则与要求。"开放"是针对读者（利用者）而言的，即对读者开放，而"共享"主要指资源共享，即指读者之间及馆际的资源互补与共用。在"资源共享"中已经包含了"资源开放"的意涵,因为开放是共享的前提,若不开放,共享便是一句空话。无论是开放还是共享,其最终受益者都是读者。

对图书馆而言,"开放"包括时间开放、空间开放、设施开放、信息公开等。下面重点论述时间开放、信息公开和免费开放的内容及其意义。

所谓时间开放,指图书馆的开馆时间应充分满足社会公众利用图书馆的时间需求。对此,2011年,我国国家质量监督检验检疫总局、国家标准化管理委员会批准发布的《公共图书馆服务规范》(GB/T 28220—2011)对我国公共图书馆的开放时间作出了规定:"公共图书馆应有固定的开放时间,双休日应对外开放。其中省级馆每周开放时间不少于64小时;地级馆每周开放时间不少于60小时;县级馆每周开放时间不少于56小时。各级独立建制的少年儿童图书馆每周开放时间不少于40小时。"

图书馆的信息公开,主要指按照国家法律法规和事业单位登记管理机关的规定,真实、完整、及时地公开或披露相关重要信息。信息公开的目的是自觉、主动地接受公众(包括读者)和社会的监督,规范权力的行使,规范管理和服务行为,保障利益相关者的切身利益,以此建立良好的社会信用基础和合法性基础。在实行图书馆理事会制度的前提下,必须明确信息公开事项,其内容一般包括:图书馆章程;图书馆发展规划、重大决策;图书馆年度计划、年度工作报告;年度经费预算、年度经费使用情况;其他与公众利益紧密相关的事情等。

馆务公开,是图书馆信息公开的重要内容,对此我国的《公共图书馆服务规范》作出了如下规定:"公共图书馆的服务范围、服务内容、服务时间、服务公约、读者须知、借阅(使用)规则、服务承诺等基本服务政策应在馆内醒目位置和图书馆网站的相关栏目向读者公示,其他服务政策及各类服务信息等应通过各种途径方便读者获取。因故须暂时闭馆,须向上级文化行政主管部门报告并经其同意后,提前一周向读者公告。如遇公共安全、网络安全等突发事件须临时闭馆或关闭部分区域、暂停部分服务的,应及时向读者公告。公共图书馆应在馆舍显著位置设立读者意见箱(簿),公开监督电话,开设网上投诉通道,建立馆长接待日制度,组建社会监督员队伍,定期召开读者座谈会。认真对待并正确处理来自读者的意见或投诉,在五个工作日内回复并整改落实。"

开放,意味着降低服务门槛,即最大限度地降低公众利用图书馆的门槛。其中,免费开放是极其重要和必要的。为此,我国的《公共图书馆服务规范》规定"公共图书馆的基本服务是保障和满足公众的基本文化需求的服务,包括为读者免费提供多语种、多种载体的文献的借阅服务和一般性的咨询服务,组织各类读者活动以及其他公益性服务"。为了落实图书馆的免费开放政策,我国于2011年专门发出了《文化部、财政部关于推进全国美术馆公共图书馆文化馆(站)免费开放工作的意见》(文财务发〔2011〕5号)。该《意见》在论述免费开放政策的意义时指出,公共图书馆是政府举办的公益性文化事业单位,是开展公共文化服务的重要场所,是保障人民群众基本文化权益的重要阵地;推动公共图书馆免费开放是党的十七大关于社会主义文化大发展大繁荣的具体实践,是加强社会主义核心价值体系建设和公民思想道德建设的有效手段,是进一步提高政府为全社会提供公共文化服务水平的重要举措,是实现和保障人民群众基本文化权益的积极行动;对于提高广大人民群众思想道德和科学文化素质,保障广大人民群众基本权益,促进社会和谐稳定具有重要意义。同时,该《意见》明确指出了公共图书馆免费开放的具体内容,包括一般阅览室、少年儿童阅览室、多媒体阅览室(电子阅览室)、报告厅(培训室、综合活动室)、自修室等公共空间设施场地免费开放;文献资源借阅、检索与咨询、公益性讲座和展览、基层辅导、流动服务等基本文化服务项目健全并免费提供;为保障基本职能实现的一些辅助性服务如办证、验证及存包等全部免费。

开放意味着不加限制或少加限制,因此开放也意味着某种程度的自由。所谓不加限制或少加限制,意味着强制的不存在或强制被减至最小限度。哈耶克(Hayek)在《自由秩序原理》一书中指出,"本书乃是对一种状态的探究;在此状态中,一些人对另一些人所施以的强制(coercion),在社会中被减至最小可能之限度。在本书中,我们将把此一状态称之为自由(liberty or freedom)的状态。……一个人不受制于另一个人或另一些人因专断意志而产生的强制状态,亦常被称为'个人'自由或'人身'自由的状态"❶。哈耶克这里所言"强制被减至最小限度"的状态，也就是不加限制或少加限制的状态，就是自由。对图书馆读者而言，不加限制或少加限制意味着最大程度的自由。西方国家图书馆界普遍奉行的知识自由理念，就体现了开放、自由理念。

1. 知识自由理念

ALA所界定的知识自由的内涵是："每个人享有的不受限制地寻求与接受包含各种观点的信息的权利""知识自由包括以下三个方面：知识持有的自由、知识接受的自由与知识发布（传播）的自由"。IFLA对知识自由的表述是："知识自由是每个人享有的持有与表达意见、寻求与接受信息的权利。知识自由是民主的基础。知识自由是图书馆理念的核心。"❷

知识自由是指个人或组织应该享有的获取知识和传播知识的自由权利。可见，知识自由中包含着"获取知识的自由"和"传播知识的自由"两个环节。

获取知识和传播知识的自由权利，其主体有两类：一是个体意义上的人，一是相关的社会组织（如图书馆）。读者个体意义上的获取和理解知识的自由权利，一般称为"读者权利"，而以图书馆为主体的收藏信息资源和传播知识信息的自由权利，则称为"图书馆权利"。

在图书馆活动领域，获取知识的自由的主体既包括图书馆也包括读者；传播知识的自由的主体亦既包括图书馆也包括读者，但一般情况下首先指图书馆。

个体意义上的获取知识的自由是指个人获取知识并通过理解和诠释过程形成自己思想观点的自由；传播知识的自由是把自己所掌握的知识用特定的方式传递给他者的自由，这种自由一般称之为"表达自由"。对人的思维活动来说，"获取"和"表达"是互为条件的思维操作活动。这里所言互为条件是指：没有获取者，表达就无意义，即没有获取者的表达如同对牛弹琴一样没有意义；没有表达，则无以获取，如同没有教授者便无以

---

❶ 哈耶克. 自由秩序原理（上）[M]. 邓正来，译. 北京：生活·读书·新知三联书店，1997：3-4.

❷ 张靖，吴顺明. 从世界图书馆员职业道德规范看知识自由与图书馆[J]. 图书馆建设，2004（5）：9-11

受教一样。

传播知识的主体,既可以是个体人,也可以是特定的社会组织(如图书馆)。图书馆收集、整理知识的目的就是为了传播知识。图书馆与读者的关系就是"传播—获取"的关系,即传播方为图书馆,获取方为读者。图书馆传播知识的自由权利应服务和服从于读者的获取知识的自由权利,亦即图书馆权利服务和服从于读者权利。

综观美国联邦政府的图书馆法案、各州的图书馆法及 ALA 的政策体系,我们可以说,美国的图书馆政策与法规几乎都是围绕知识自由而制定的。也就是说,维护知识自由是支撑和推动美国图书馆事业发展的核心理念,因此 ALA 已形成有较完备的知识自由政策体系。ALA 的知识自由政策体系由以下几部分构成:《图书馆权利法案》及其阐释,《道德规范》《阅读自由声明》《观赏自由声明》《图书馆:美国的价值》,其他有关知识自由的决议、声明等。❶

可以说,知识自由理念在国外图书馆界已成为比较普遍遵行的基本理念。但是,各国由于政治制度、社会价值观和历史文化传统的不同,必然采取不同的知识自由政策。ALA 的知识自由政策,绝不是"放之四海皆准"的标准。各国所实行的知识自由政策,必须是符合各国国情的知识自由政策,而不应照搬他国的政策。就我国而言,应该形成合乎我国国情的知识自由政策。中华民族是追求自由的民族,"自由、平等、公正、法治"被确认为社会主义核心价值观,就证明了这一点。然而,我们要知道,自由不等于自由主义,"自由"是尊重人的价值、人的尊严意义上的道德取向的概念,而"自由主义"则是政治意识形态意义上的概念,以个人主义为价值归宿。因此,我国图书馆领域的知识自由政策应该是符合我国政治法律制度的尊重人的价值和尊严的人文关怀意义上的政策,而不应该是自由主义、个人主义价值取向的知识自由政策。也就是说,在我国图书馆领域也可以、也应该实行知识自由政策,但我国的知识自由政策应该是以社会主义核心价值观为指导的、适合我国国情的知识自由政策,以此有别于美国等其他国家实行的知识自由政策。中国图书馆学会发布的《中国图书馆员职业道

---

❶ 程焕文,张靖. 图书馆权利与道德 [M]. 桂林:广西师范大学出版社,2007:500-514.

德准则（试行）》》（2003）和《图书馆服务宣言》（2008），可以说是符合我国国情的图书馆知识自由政策。

在我国图书馆领域，能否建立起适合我国国情的知识自由政策体系，关键是要把握好"无限制收藏与有限制提供"之间的统一问题。图书馆作为保存人类文化遗产的社会记忆机制，在文献收藏政策上，应该允许"无限制收藏"；但是在文献提供政策上，必须遵循合法合规原则，采取"有限制提供"政策。这是因为我国坚持的是社会主义制度和社会主义核心价值观，因而必然要求图书馆对那些被政策法规界定为有悖于公序良德的读物采取限制提供的措施。

仅就图书馆领域有可能涉及的传播淫秽物品问题来说，我国现行《刑法》第三百六十四条规定："传播淫秽的书刊、影片、音像、图片或者其他淫秽物品，情节严重的，处二年以下有期徒刑、拘役或者管制"，"向不满十八周岁的未成年人传播淫秽物品的，从重处罚"。第三百六十七条规定："本法所称淫秽物品，是指具体描绘性行为或者露骨宣扬色情的诲淫性的书刊、影片、录像带、录音带、图片及其他淫秽物品。有关人体生理、医学知识的科学著作不是淫秽物品。包含有色情内容的有艺术价值的文学、艺术作品不视为淫秽物品。"这里已经明确指出了"淫秽物品"的范围及其类型。《刑法》的这一规定当然是从个人犯罪角度立意的，那么作为非个人的图书馆如果涉及传播淫秽物品的问题时，应如何处置？对此，《中华人民共和国公共图书馆法》第三十七条规定，"公共图书馆向社会公众提供文献信息，应当遵守有关法律、行政法规的规定，不得向未成年人提供内容不适宜的文献信息"；第五十条规定，"公共图书馆及其工作人员有下列行为之一的，由文化主管部门责令改正，没收违法所得"，其中所涉的行为包括"向社会公众提供文献信息违反有关法律、行政法规的规定，或者向未成年人提供内容不适宜的文献信息"的行为。显然，如果图书馆向读者尤其是向未成年人提供淫秽书刊，属于违法行为，因而淫秽书刊应属于限制提供的范畴。

这里需要注意的是，将某种文献信息列入限制提供范围时，必须具有法律法规依据，而不能由图书馆或图书馆员擅自决定其是否属于限制提供范围。也就是说，图书馆或图书馆员绝不能擅自扩大限制提供的范围。对图书馆和图书馆员而言，应该以"无限制收藏为常态，有限制提供为特例"

为原则来把握开放与限制的关系问题。

应该说，国外图书馆界普遍遵循的知识自由理念，不宜直接适用于我国。但这不意味着我国不尊重图书馆的知识传播的自由权利和读者的知识获取的自由权利，只不过这种自由是有限度的自由，因为任何自由都是有限度的自由，世界上不存在绝对的、毫无限度的自由。还应该说，在我国图书馆界，读者的知识自由权利也是普遍得到尊重和维护的，只不过这种尊重和维护是适合我国现实国情的尊重和维护，而且已经形成了适用于我国图书馆界的语汇表达，这一语汇表达就是目前流行于我国图书馆界的"阅读自由""阅读权利""阅读推广""全民阅读"等。对此，范并思有以下论述：

> 图书馆学必须将社会阅读与阅读推广作为自己的核心研究领域，更深入地介入公众的阅读行为，研究阅读的社会机制对图书馆服务的需要，研究图书馆推动社会阅读的服务模式。这就要求图书馆学对于阅读的研究应该体现现代图书馆学的理念与方法。具体地说：在理念上，图书馆学必须关注阅读公平和阅读自由，维护公民的阅读权利；在使命与核心价值研究中，应该关注图书馆所承担的促进社会阅读的使命，研究图书馆如何通过制度的、文化的、技术的各种手段消除公众的阅读障碍；阅读研究的重点对象，应该是阅读困难人群，包括识读困难人群、低幼儿童、残障人士、经济困难人群，等等。❶

有一点需要指出的是，有的人因言论自由在现实生活中引起的不良影响，否定或质疑知识自由的价值，是不妥当的。这种以反面事例否定知识自由的价值，有可能造成"洗澡水和孩子一起泼出去"的结果。其实，包括知识自由在内的任何自由都有两重性，任何自由权利的行使，既有可能产生正面结果，也有可能产生负面结果，而且往往造成权利之间的冲突。如一个人行使歌唱的自由权利（属于言论自由范畴），有可能与他人同样值得珍视的睡觉的自由权利（属于休息权范畴）发生冲突。这表明，一个人在行使自己的自由权利时，一定要遵循这样一种约束性条件：你的自由不应该阻碍或剥夺他人的自由；在珍视自己的自由的同时一定要尊重他人同

---

❶ 范并思. 图书馆学与阅读研究 [J]. 图书与情报，2010（2）：1-4.

样值得珍视的自由。这才是真正的自由的意涵所在。自由绝不是为所欲为，更不是侵犯他人自由的自由。在此我们必须要区分的是：自由本身所具有的客观价值是一回事，行使某种自由权利可能产生的不良结果又是一回事。在一个法治社会和道德社会，如果一个人行使某种自由权利，产生的是促进公序良德的结果，那么这种行使行为就应该得到鼓励和支持；相反，如果一个人行使某种自由权利，产生的是破坏公序良德的后果，那么这种行使行为就应该被制止，甚至被惩罚。当然，这里所言"公序良德"是一个历史概念，不同的国家、不同的民族、不同的阶级或阶层、不同信仰的族群在不同的历史时期会有不同的界定和阐释。

在我国图书馆界，知识自由理念的接受度并不高，其主要原因在于人们总是习惯性地、先入为主地信从"读坏书，变坏人"的逻辑。其实国外崇尚知识自由理念的人们也不是不担忧"读坏书，变坏人"情况的出现，但是他们仍然坚信知识自由的正当性。对此，ALA 所做的解释可能对我们有所启发："我们不是怀着认为人们读什么书无关紧要的轻松心态来声明这些主张。我们相信人们读什么书是非常重要的，相信有些观点可能是危险的，但也相信压制这些观点只会导致民主社会的终结。自由本身是一种危险的生活方式，但它属于我们的权利。"❶

我们知道，在现实生活中，所谓"读书变坏"的现象确实有，如读书成呆、因移情而失去理性、把虚构当作真实、把诱使当作教导、因膜拜书中人物而走火入魔等，但我们绝不能因此而否定或质疑阅读的价值本身，更不应对阅读行为施以全面的干预和强制。汉语成语中的"因噎废食""投鼠忌器"就很好地喻指了人们对待知识自由的矛盾心态。我们应该看到，知识自由具有最大限度地传播知识信息的价值，进而具有促进民主、促进社会的公序良德、促进个人和社会发展的价值，同时它也是一种"危险的生活方式"，但我们不应该以它可能成为"危险的生活方式"而全面否定或质疑知识自由本身的价值。

2. 资源共享理念

众所周知，任何一个图书馆的资源收藏能力和供给能力都是有限的，

---

❶ 张靖. IFLA 知识自由政策之知识自由声明分析［J］. 图书馆，2005（5）：15-18，14.

而读者需求是多种多样的、无限的。用有限的资源满足无限的需求，这是任何一个图书馆都会面临的主要矛盾之一。面对这种矛盾，人们自然能够想起一种解决之策：图书馆之间进行合作，以互通有无、互补短缺、互用其成的办法，最大限度地缓解有限资源与无限需求之间的矛盾。这种互通有无、互补短缺、互用其成的办法，其实就是资源共享的办法。

（1）中国古代图书馆的资源共享

中国古代藏书家之间曾多有资源共享之举。生活在明末清初时期的曹溶就曾撰有资源共享之倡议书《流通古书约》，其曰：

> 予今酌一简便法，彼此藏书家，各就观目录，标出所缺者，先经注，次史逸，次文集，次杂说。视所著门类同，时代先后同，卷帙多寡同，约定有无相易，则主人自命门下之役，精工缮写，校对无误，一两月间，各赍所抄互换。此法数善：好书不出户庭也；有功于古人也；己所藏日以富也；楚南燕北皆可行也。❶

曹溶此法，实际上是藏书家之间"有无相易"的文献交换办法❷，而非把藏书开放于社会公众之法。以往一些人仅据《流通古书约》中的"流通"二字把曹溶的此法纳入藏书开放思想的范畴，其实不甚确切。曹溶所谓"流通"，仅指互抄形式的文献交换，而且仅在藏书家之间进行，所以其"流通"范围是极其有限的。不过，这种"有无相易"之法，尽管范围有限，但在客观上起到了文献"流通"的作用，其表现有两方面：一是从狭义而言，实现了藏书家之间的实时文献交换（通过互抄），亦实现了特定范围内的文献流通；二是从广义而言，互抄即为复制，亦为互传，这种复制性互传不仅可以实现文献的实时交换，还为文献的历时传递提高了可能性。也就是说，以互抄法实现的"有无相易"，在客观上具有特定的文献流通之义。应该指出的是，曹溶本人并未意识到这一"客观意义"，至少他没有明确指出。

曹溶的以互抄法实现的"有无相易"，还有两个重要的"客观意义"。一是他在方法上所采用的"约法"形式。这一形式，首创了中国古代以

---

❶ 祁承爜，等. 藏书记［M］. 扬州：广陵书社，2010：97-98.

❷ 这里所谓文献交换办法，当然不是指直接换易文献本身，而是互抄，所以曹溶此法亦可谓"互抄法"。

"民间立法"形式解决文献"有无相易"问题的方法。可以说,曹溶的《流通古书约》是一部面向藏书家提出的"有无相易"倡议书。这就是《流通古书约》在客观上所具有的"民间图书馆立法"价值所在。二是互抄所具有的复制、互传性质,在客观上又具有了基于互抄法的"馆际互借"和"资源共享"的意义。由此我们可以说,现代图书馆所重视的馆际互借和资源共享思想,在中国古代已有其肇端。

其实,在中国古代,藏书家之间的互借、互抄之事是比较普遍的,如王世贞与范钦之间,钱曾与叶林宗之间,黄丕烈、袁廷梼、周锡瓒、顾之逵"藏书四友"之间,都曾有互借、互抄之事。但由于这种互借、互抄是建立于相互之间的友谊与信任之上,所以大多不必签订正式协议。然亦有例外,清代的丁雄飞与黄虞稷之间就签署有"有无相易"的正式协议,称《古欢社约》。《古欢社约》共有八条内容,全文如下:

> 每月十三日丁至黄,二十六日黄至丁。为日已定,先期不约。
> 要务有妨则预辞。
> 不入他友,恐涉应酬,兼妨检阅。
> 到时果核六器,茶不计。
> 午后饭,一荤一蔬,不及酒,逾额者夺异书示罚。
> 舆徒每名给钱三十文,不过三人。
> 借书不得逾半月。
> 还书不得托人转致。❶

显然,《古欢社约》具有典型的"君子协议"性质。相比较而言,《古欢社约》与《流通古书约》都属于契约性的"民间图书馆立法";如果说《流通古书约》只是提出了"有无相易"的倡议及其基本思路,那么《古欢社约》则把这种倡议和基本思路具体化,并落实为实际行动方案;《流通古书约》是面向不确定藏书家而提出的资源共享倡议书,而《古欢社约》是仅适用于丁雄飞与黄虞稷两位藏书家之间的资源共享协议。

---

❶ 李希泌,张椒华. 中国古代藏书与近代图书馆史料(春秋至五四前后)[M]. 北京:中华书局,1982:45.

(2) 资源共享的理论基础：公共物品理论

现代意义上的图书馆资源共享，是指图书馆在自愿、平等、互惠的基础上，通过建立图书馆与图书馆之间和图书馆与其他相关机构之间的各种合作、协作、协调关系，利用各种技术、方法和途径，共同揭示、共同建设和共同利用信息资源，以最大限度地满足用户信息资源需求的全部活动。❶美国图书馆学者肯特（Kent）认为："'资源共享'最确切的意义是指互惠（reciprocity），意即一种每个成员都拥有一些可以贡献给其他成员的有用事物，并且每个成员都愿意和能够在其他成员需要时提供这些事物的伙伴关系。"肯特还特别指出，"开展资源共享的唯一途径是拥有可供共享的资源、具有共享资源的意愿和实施资源共享的计划，否则资源共享就是一个空洞无物的概念，因为非此则不能按需提供帮助"❷。肯特在这里实际上提出了图书馆资源共享的三个要件：资源、意愿和计划。

图书馆资源共享的合理性与必要性，可从公共物品理论中得到解释。可以说，图书馆资源共享理念的理论基础是公共物品理论。正因如此，2004年ALA第二次发布图书馆核心价值范畴时，把"公共物品"列入核心价值范畴之中。为了更好地理解图书馆资源共享的合理性与必要性，下面简述公共物品的基本原理。

我们知道，社会物品可分为两大类：公共物品（public goods）和私人物品（private goods）。私人物品是由个人独自消费的物品，而公共物品则是可以被一个以上的消费者共同消费或共同享用的物品。

古典经济学鼻祖亚当·斯密（A. Smith）认为，君主或国家必须负有三大职责：安全、司法、公共机关和公共工程。他的原话是，"君主的义务，首在保护本国社会的安全，使之不受其他独立社会的暴行与侵略"，"君主的第二义务，为保护人民不使社会中任何人受其他人的欺侮或压迫，换言之，就是设立一个严正的司法行政机构"，"君主或国家的第三种义务就是建立并维持某些公共机关和公共工程"❸。亚当·斯密所确认的上述国家的

---

❶ 程焕文，潘燕桃. 信息资源共享 [M]. 北京：高等教育出版社，2004：15.
❷ 同❶：14-15.
❸ 亚当·斯密. 国民财富的性质和原因的研究（下卷）[M]. 郭大力，王亚南，译. 北京：商务印书馆，1996：254，272，284.

三大职责，其实都属于公共物品范畴。

在亚当·斯密看来，国家安全和司法制度必须要由中央政府统一提供，而公共机关和公共工程则不一定要由中央政府直接提供，因为有些公共设施或公共工程由地方政府提供更有效率。对此他指出，"一项公共工程，如不能由其自身的收入维持，而其便利又只限于某特定地方或某特定区域，那么，把它放在国家行政当局管理之下，由国家一般收入维持，总不如把它放在地方行政当局管理之下，由地方收入维持，来得妥当"❶。可见，在亚当·斯密那里已经有了全国性公共物品和地方性公共物品的区分。

下面的一段话，很好地解释了公共物品的基本性质及其类型表现：

> 国防、法律和秩序，灯塔、街道和街道照明是公共物品的几个例子，它们之所以被称为"公共的"，是因为它们如果不能使每个人都得到就不能被供给到任何人，而且不能使它们的单个使用者支付其费用。首先，有些物品，它们可以但却很少向每一个使用者收费，如公路、桥梁、天气预报、公共图书馆、国家公园。其次，有些物品，如教育、医疗服务、公共运输，它们能很好地按市场方式供给，但是许多政府选择免费或者以低费用供给部分公民或全体公民。出于分析的目的，经济学家把那些不能在任何使用者支付基础上被供给的物品，例如灯塔，定义为"公共物品"。……我们将把所有那些其供给不是由个人的市场需求而是由集体的政治选择决定的物品，即把任何由政府决定免费或以低费用供给其使用者的物品和服务，看作公共物品。❷

公共物品具有非排他性和非竞争性两种特性。

非排他性（non-excludability），是指在一定范围内，公共物品只能集体共同消费而不能排除其中一个人或部分人同时消费的属性。公共物品之所以具有非排他性，主要是因为：①公共物品在技术上难以把不付费的人排除在外；②虽然在技术上可以排他，但是为此要付出高昂的成本，以至不

---

❶ 亚当·斯密. 国民财富的性质和原因的研究（下卷）[M]. 郭大力, 王亚南, 译. 北京: 商务印书馆, 1996: 292.

❷ 史卓顿, 奥查德. 公共物品、公共企业和公共选择[M]. 费朝晖, 等译. 北京: 经济科学出版社, 2000: 68.

合算；③如果排他，在道义上不具有正当性，即不应该排他。萨缪尔森（Samuelson）指出，公共物品"是指那种不论个人是否愿意购买，都能使整个社会每一成员获益的物品。私人物品恰恰相反，是那些可以分割、可以供不同人消费，并且对他人没有外部收益或成本的物品"❶。

非竞争性（non-rivalry），是指增加一个人的消费并不减少其他人的消费的属性。用萨缪尔森的话说就是：任何人消费这种物品不会导致他人对该物品消费的减少。公共物品的非竞争性特征，意味着增加一个消费者其边际成本为零。如路灯具有典型的非竞争性——增加一个行人或一部车辆并不会增加供电费用。

同时完全具备非排他性和非竞争性特性的公共物品，叫作"纯公共物品"。如义务教育制度就是一种纯公共物品。如果某种公共物品不同时完全具备非排他性和非竞争性特性，那么这种公共物品叫作"准公共物品"（quasi-pubic goods），也叫"俱乐部物品"（club goods）。现实中的大部分公共物品属于准公共物品，如图书馆、电影院、收费公路、会员制游泳池、夜总会等，就属于准公共物品。准公共物品一般都具有非竞争性，但不完全具有非排他性。非竞争性明显而非排他性极弱的公共物品，往往产生拥挤现象，产生拥挤成本。例如，城市里的免费娱乐场、免费博物馆等，就是此类公共物品。此类物品往往采取"定时排他"方法提供。

公共物品的生产和供给，往往涉及外部性问题。所谓外部性（externalities），又叫外在性、外部效应、溢出效应、外部影响性、外部不经济等，是指一个主体的活动给其他主体产生影响的现象。经济学家曼昆（Mankiw）认为，"外部性是一个人的行为对旁观者福利的影响"❷。诺贝尔经济学奖获得者斯蒂格利茨（Stiglitz）指出，"只要一个人或一家厂商实施某种直接影响其他人的行为，而且对此既不用赔偿、也不用得到赔偿的时候，就出现了外在性"❸。其实，外部性问题不仅仅出现在经济活动领域，在人类的其他活动领域也大量存在着外部性问题。外部性分为正外部性（positive

---

❶ 萨缪尔森，诺德豪斯. 经济学［M］. 16版. 萧琛，译. 北京：华夏出版社，1999：268.

❷ 曼昆. 经济学原理［M］. 梁小民，译. 北京：北京大学出版社，1999：208.

❸ 斯蒂格利茨. 经济学［M］. 姚开建，译. 北京：中国人民大学出版社，1997：146.

externalities）和负外部性（negative externalities）。简单地说，如果对他人造成的影响是有利的影响，就称为正外部性，也叫外部收益；如果对他人造成的影响是不利的影响，则称为负外部性。

任何社会成员的生存和发展都离不开对公共物品的消费。那么，公共物品由谁来提供呢？或者说，公共物品由谁来提供才能保证既公平又有效率呢？

传统观念认为，公共物品由于其非排他性和非竞争性特性，市场组织不愿提供而只能由政府提供。其实这是一种片面的认识。我们知道，人们对公共物品的需求是多样的，因此公共物品的供给主体也应该是多元化的。公共物品的供给主体主要有三类，即政府、市场、非营利组织（NPO，或称第三部门）。公共物品供给主体的多元化，能充分满足人们多样化的、异质性的公共物品需求。政府、市场、非营利组织作为公共物品的供给主体，各有各的优缺点。就其缺点而言，政府供给难免"政府失灵"，市场供给难免"市场失灵"，非营利组织供给难免"志愿者失灵"。市场和非营利组织可以放弃提供公共物品的责任，但政府绝不能放弃提供公共物品的责任。

政府是一种组织——最大的公共组织。任何公共组织的首要责任就是提供公共物品。政府的首要责任，概括地说也是提供公共物品。"如果不当资本所有者，政府的基本职能，说到底就是一句话，组织公共物品的供给"❶。世界银行1997年世界发展报告《变革世界中的政府》指出，政府的职责是做好五项基础性工作：建立法律基础；保持非扭曲性的政策环境，包括宏观经济的稳定；投资于基本的社会服务与基础设施；保护承受力差的阶层；保护环境。这五项基础性工作实际上都属于公共物品。提供公民满意的公共物品，是政府的合法性基础。❷ 奥尔森（Olson）曾经说道："组织的实质之一就是它提供了不可分的、普遍的利益。一般说来，提供公共或集体物品是组织的基本功能。一个国家首先是一个为其成员——公民提

---

❶ 樊纲. 作为公共机构的政府职能［C］//贺卫方，等. 市场逻辑与国家观念. 北京：生活·读书·新知三联书店，1995：10.

❷ "合法性"是多种学科中经常使用的一个专门术语，它不是"合乎法律"的意思，而是指某一组织获得该组织成员的认同和忠诚. 韦伯. 经济与社会（上卷）［M］. 林荣远，译. 北京：商务印书馆，1997：66-67.

供公共物品的组织，其他类型的组织也类似地为其成员提供集体物品。"❶由于政府是一种特殊的组织，所以不存在没有成员加入的问题。但是，如果政府不为其成员（人民）提供足够的公共物品，它就会面临合法性危机。总而言之，政府的首要责任是提供公共物品。

（3）图书馆服务的公共物品属性

公共图书馆属于公共物品，因为公共图书馆服务具有非排他性、非竞争性和正外部性属性。

图书馆服务的非排他性，主要源于以下三方面。

第一，馆藏信息资源的公共性。馆藏信息资源（包括虚拟馆藏资源）是人类的共同财富，从根本上说它不属于任何一个人而属于全体人类。馆藏信息资源的公共性决定了图书馆服务的共享性，任何人都不应被排除于图书馆服务之外。

第二，图书馆是群体需要的产物。从根本上说，图书馆能够延绵不断地生存和发展，绝不是某个人的个体需要使然，而是人们共同的需要使然——人们都需要获取知识和信息来满足自我发展的需要。既然是共同的需要，就应该共同享用，而不应将任何人排除其外，这是人类追求正义的表现。对此，意大利作家、符号学家翁托贝·艾柯（Umberto Eco）于2003年指出："数百年来，图书馆一直是保存我们集体智慧的最重要的方式。它们始终都是一种全人类的大脑，让我们得以从中寻回遗忘，发现未知。请允许我做如下比喻：图书馆是一种最可能被人类效仿的神的智慧，有了它，就可在同一时刻看到并理解整个宇宙。人可以将得自一座大图书馆的信息存入心中，这使他有可能去习得上帝智慧的某些方面。换句话说，我们之所以发明图书馆，是因为我们自知没有神的力量，但我们会竭力效仿。"❷

第三，排他性图书馆服务是一种非正义。人们通过利用图书馆来获取知识和信息，成为有知识修养的人、信息灵通的人，这对个人和社会发展都是利好的事情，是社会文明进步的表现。从图书馆的角度说，不加排斥地为任何人获取知识和信息提供公共渠道和社会化保障，是社会制度文明

---

❶ 奥尔森. 集体行动的逻辑[M]. 陈郁，等译. 上海：上海人民出版社，1995：13.

❷ 翁贝托·艾柯. 书的未来（上、下）[N]. 康慨，译. 中华读书报，2004-02-18；2004-03-17.

与正义的体现。对国家和政府来说,图书馆服务应该提供给全体国民享用,才能体现出国家及其政府的正义性与合法性。所以,无论从何种角度来说,非排他性地提供图书馆服务是一种正义的表现,反之则为非正义表现。

图书馆服务的非竞争性是显而易见的。一种物品或服务的非竞争性,其基本要义表现在两方面:一是边际生产成本为零,即增加一个消费者其边际生产成本为零(不增加额外成本);二是边际拥挤成本为零,即增加一个消费者其拥挤成本为零(在一定限度内不增加拥挤程度)。图书馆服务就是这样一种服务:每增加一个读者并不增加图书馆的运行成本,也不影响其他读者同时获得图书馆服务;每增加一个读者利用图书馆资源(包括空间资源)并不增加资源的拥挤程度。当然,就某一个具体的图书馆而言,其资源供给量永远是有限的,若利用者数量超过其供给能力极限时自然难免产生竞争性。这就是将图书馆置于俱乐部物品或准公共物品范畴的原因所在。但就全社会的图书馆事业整体而言,或者对图书馆的发展要求而言,这种竞争性是"发展中的问题",能够得到逐步缓解直至消除。这就说明,具体图书馆服务中存在的竞争性并不影响图书馆作为公共物品的根本性质。

图书馆服务的正外部性是毋庸置疑的。萨瓦斯(Savas)曾经指出,如果某种物品被强烈地认为是与人类福利相关的,则通过集体提供就更加符合道德和制度上的诉求。这一论断显然对于图书馆由集体行为提供具有很强的说服力。图书馆发展进入现代阶段之后,被认为是一类旨在提高人民知识素养和道德素养的重要的社会教育设施,对于增进人类的福利具有重要的意义。另外,图书馆服务具有较高的正外部性——任何人都可以利用图书馆来提高自身的道德修养和知识素养,从而使大家都受益。正如罗杰(Rodger)所指出的,图书馆是私人物品的分配者,但得到了公共资金,这是因为对它的利用不仅对个人有益而且对社会也有益。❶ 而且,由于图书馆服务能够同时提供给多个人消费,可以充分发挥其馆藏的多方面使用效应,例如,同样的一本书可以让多个读者使用,从而创造出尽可能多的社会和经济效益。因此,通过集体行为(如通过政府)提供图书馆服务,使其充分发挥正外部性作用,具有社会正义上的合理性与必要性。

---

❶ Rodger,Value and Vision[J]. American Libraries. 2002(11):50-54.

(4) 图书馆资源共享的组织形式：图书馆联盟

图书馆资源共享的目标可以概括为"五A理论"，即任何用户（any-user）、在任何时候（anytime）、任何地点（anywhere），均可以获得任何图书馆（any library）拥有的任何信息资源（any information resource）。❶ 显然，这五个"任何"是一种理想状态，但我们应该为之努力。

图书馆资源共享，必然表现为图书馆之间的合作。也就是说，图书馆合作是图书馆资源共享的组织基础和保证。图书馆合作指两个或两个以上的图书馆，为了改进服务或减少成本，本着互利原则而开展的文献、书目、服务、发展规划等的交换和共享活动。图书馆合作可以是非正式的、临时性的互帮互助和互通有无活动，也可以是按正式协议或合同组织的合作活动；合作时间可以是短期的，也可以是长期的；合作区域可以是地方性的、全国性的或国际性的。当多个图书馆按正式协议或合同组织合作时，其组织形式通常称为"图书馆网"或"图书馆联盟"。

图书馆联盟是以一定地域范围或学科领域为基础建立的，在一个中心机构的协调和管理下，协同执行一项或多项资源共享计划的正式图书馆合作组织。图书馆联盟可以是同一地区、同类型或多类型图书馆之间的联合模式，也可以是跨地域、跨类型图书馆之间的联合模式。2012年3月成立的我国"首都图书馆联盟"就是同一地区多类型图书馆之间的联合模式。首都图书馆联盟由位于北京行政区域内的国家图书馆、党校系统图书馆、科研院所图书馆、高等院校图书馆及医院、部队、中小学图书馆和北京市公共图书馆共110余家图书馆自愿联合发起成立。从此，首都市民可凭一张借阅卡来浏览百余家图书馆的文献资源。首都图书馆联盟在成立之时就宣称将提供如下十个方面的服务。

①在全市60家图书馆实现图书通借通还，使北京地区的图书文献无障碍流转，满足读者的阅读需求。

②在国家图书馆与首都图书馆之间实现读者证相互认证，实现授权数字资源的共享，逐步实现文献的通借通还，方便市民借阅图书。

③在高等院校图书馆逐步实现面向社会免费开放，通过办理借阅证使读者共享图书资源。

---

❶ 程焕文,潘燕桃. 信息资源共享［M］. 北京：高等教育出版社，2004：16.

④开通"首都图书馆联盟"网站,集中发布联盟资讯,加大对北京地区图书馆的统一宣传推介力度,让市民广泛深入了解图书馆服务信息。

⑤联盟成员之间开展网络互联,实现馆际授权数字资源的共享。搭建联合参考咨询服务平台,集合联盟成员专家人才优势,免费为读者进行实时咨询服务。

⑥联盟成员开展讲座、展览等文化惠民服务合作,方便市民参与公共文化活动,并开展针对外来务工人员的服务。

⑦联盟成员利用流动图书车等方式,深入社区、中小学、农村、工地,开展图书馆流动服务。

⑧联盟成员合作,每年举办一届市民图书交换活动,让市民家中的图书流动起来。

⑨联盟成员将部分复本图书集中起来共同建立调剂书库,基层图书馆可在调剂书库内挑选图书,补充文献资源。联盟选定若干家成员单位与出版发行机构合作,在图书馆设立新版图书展架,让读者优惠购买图书。

⑩联盟确定每年9月的第一周为"首都读者周"。读者周期间,联盟成员向市民讲解利用图书馆、计算机检索、图书馆功能、读者权益等知识,让市民走进图书馆,了解图书馆,利用图书馆。

(5) 图书馆资源共享的中国方案

2005年7月8日,在武汉大学举行的"中国大学图书馆馆长论坛"发布了《图书馆合作与信息资源共享武汉宣言》,该宣言专门设有"行动方向"一章,意在为当今图书馆资源共享指明行动的方向。现将其内容录于下:

◆把信息资源共建共享纳入国家信息资源开发利用的整体战略中去。呼吁国家要尽快制定《图书馆法》❶和其他保障信息资源公共获取的法律。

◆我们呼吁教育部、文化部、科技部等部委继续在促进文献信息资源共享方面发挥更大的作用。我们将促进教育、文化与科技、社科系统的数字化资源项目的合作及资源共享。

◆加大力度建设"中国高等教育文献保障系统(CALIS)"等各级各类文献资源共享系统,鼓励更多的高校系统图书馆在责、权、利协调的前提下参与上述项目的建设,鼓励非高校系统图书馆参与项目建设。

---

❶ 当时《中华人民共和国公共图书馆法》尚未颁布,故有此呼吁。

◆图书馆之间的合作、图书馆与其他相关机构之间的合作，是实现信息资源共享的重要途径。要建立不同类型的图书馆联盟。不仅要建立系统内的图书馆联盟，而且要促进同一地区跨系统图书馆联盟的建立。坚持平等自愿、互利互惠的原则，使每一个联盟成员都能享受到信息资源共享带来的利益。

◆鼓励经济发达地区的图书馆帮助欠发达地区的图书馆，大型图书馆帮助中小型图书馆，以逐步缩小图书馆之间的"信息鸿沟"。

◆大学图书馆的资源应在满足本校读者需求的前提下，努力向社会开放。

◆建设特色馆藏，开展特色服务。建立一批特色学术机构库（institutional depository）。

◆开放存取（open access）是网络环境下学术信息交流的新模式，是信息资源共享的新形式。我们鼓励并积极参与学术信息的开放存取。

◆现代信息技术在信息资源共建、共知和共享中发挥着关键性的作用。只有建立在数字化和网络化基础之上，信息资源共享才能真正得以实现。

◆标准化是信息社会的基石之一，是信息资源共享的重要前提。我们要特别重视标准的制定和采用；要紧跟新技术的发展和信息载体的变化，及时制定在网络环境下实现信息资源共享涉及的专业和技术标准，使之适应信息环境的变化；要加大标准的推广与执行力度。

◆充分理解知识产权制度对于鼓励知识创新的重要性，尊重和保护知识产权。我们认为知识产权制度的最终目的，仍然是保障和促进知识的交流、传播和利用。它与信息资源共享的最终目的是一致的。为此，我们呼吁知识生产者（著作者、出版者）与知识组织、传播者（图书情报工作者）加强合作，寻求有效机制，以维系知识产权保护与信息资源共享之间的平衡，维系知识产权人利益与公共利益之间的平衡。

在数字时代，图书馆资源共享的意义何在？对此，《图书馆合作与信息资源共享武汉宣言》，亦设有"数字时代图书馆合作更加必要"一章，内容如下：

◆在数字时代，读者来图书馆将不再仅是为了查找本馆馆藏。

◆在数字时代，单一图书馆仅利用本馆馆藏将不再能满足读者的信息需求。

◆在数字时代，单一图书馆独立建设馆藏的方式已经不再适用。

◆在数字时代,图书馆合作是国际趋势。

◆在数字时代,信息资源共享是时代的要求。图书馆代表的是公共利益,信息资源共享的目的是使社会公众获益。信息资源共享是图书馆为解决信息数量的急剧增长及用户对信息资源的无限需求与图书馆对信息载体有限的收集和处理能力之间的矛盾,而作出的理性选择。

◆在数字时代,大学图书馆的合作比以往任何时候都更为必要。大学图书馆应该在信息资源共享中发挥更为重要的作用。

◆我们高度评价教育部和图书馆界同仁为实现信息资源共享这一目标所进行的卓有成效的工作。"中国高等教育文献保障系统(CALIS)"等建设项目是实现信息资源共享的成功范例。这些项目极大地改善了我国图书馆的资源状况,扩大了期刊的品种覆盖面,节省了文献资源建设的成本,实现了资源建设与开发利用的机制创新,受到了社会各界的一致好评,产生了不可估量的社会效益。

四、社会责任理念

1. 责任与图书馆社会责任的概念

为了更好地理解和定位"图书馆社会责任"的内涵,我们有必要先了解一下责任、责任与义务、责任与权利、责任与职责、组织的社会责任等概念或范畴。

关于责任的含义,我国《汉语大词典》对"责任"一词的释义是:①使人担当起某种职务和职责;②分内应做的事;③做不好分内应做的事,因而应该承担的过失。法学家张文显对"责任"的解释得到学界的广泛认同,他认为,①"责任"即为分内应做的事,如"岗位责任""尽职尽责"等;②特定的人对特定事项的发生、发展、变化及其后果负有积极的助长义务,如"担保责任""举证责任"等;③因没有做好分内之事(没有履行角色义务)或没有履行助长义务而应承担的不利后果或强制性义务,如"违约责任""侵权责任"等。❶ 综观人们对责任的理解,责任的含义至少应包含两方面:一是分内应做的事,即我们日常所讲的"应尽的责任";二是指没有做好分内应做的事而必须承担的过失责任,也就是我们通常所讲的"应追

---

❶ 张文显. 法学基本范畴研究[M]. 北京:中国政法大学出版社,1993:184.

究的责任"。

责任与义务是一对范畴。在对"义务"内涵的界定上，有一种观点被称为"付出说"。这种观点认为，义务是权力所要求的付出，或者说是被某种权威（包括道德权威）所要求的必须且应该付出的利益。❶ 这种利益付出，若被法律规定，即为法定义务；若被道德规范所约定，则为道德义务。义务既有"应该性"，也有"必须性"，当必须性被特别强调时，义务就有可能被转化为责任。如当一种义务被义务人违反时，该义务人便成为责任人，而他所违反的义务，便成为他的责任。所以有人说，"责任者，义务人违反其义务时，在法律上应有之负担也"。❷ 责任与义务的区别，"就在于义务偏重强调外在的客观要求，责任偏重强调这种外在的客观要求内化为主体道德自觉意识。义务是责任的外在形式，责任是自觉意识到的义务"。❸

责任与权利也是一对范畴。众所周知，责任与权利是一对孪生兄弟——负责任须要有相应的权利，有权利须负责任。"权利总是与责任联系在一起的，正是在人类的自主性权利意识空前高涨与强烈的历史条件下，人们才有可能同时感受到'人必须为他的行为的（可预见的）结果负责'，甚至还要为'不可预测的后果负责'。他不可能将责任推给另外一个什么主管"。❹ 这段话说的是"有权利须负相应责任"的意思。反过来，有责任就应该有相应的权利，这似乎是理所当然的事情，然而，并不是什么责任都被赋予权利。我们知道，责任分为完全责任和不完全责任。❺ 完全责任即为"分内应做的事"，这种责任必须赋予其主体以相应的权利；而不完全责任则指"分外"的责任，其主体可以选择履行也可以选择不履行，如"行善"就是一种不完全责任。这种责任的履行或不履行不需要以拥有权利为前提，即"在不完全责任的义务的基础上不可能有人提出一项相应的权利"❻。这说明，

---

❶ 王海明. 公正·平等·人道：社会治理的道德原则体系 [M]. 北京：北京大学出版社，2000：26.

❷ 李肇伟. 法理学 [M]. 台北：中兴大学出版社，1979：271.

❸ 陈玉川. 伦理学教程 [M]. 北京：警官教育出版社，1994：131.

❹ 甘绍平. 应用伦理学前沿问题研究 [M]. 南昌：江西人民出版社，2002：102.

❺ 谢军. 责任论 [M]. 上海：上海人民出版社，2007：134.

❻ 彼切姆. 哲学的伦理学 [M]. 雷克勤，等译. 北京：中国社会科学出版社，1990：302.

责任与权利之间并不总是存在对等关系,这意味着有些责任(如不完全责任)不具有与权利之间的对称性,即"责任是一种非交互的关系,即非对等的关系;责任并非奠定在对等、相互的关系之上,所谓担负责任是指:为某人或某事负责而并不要求有所回报"❶。

职责(obligations)是责任的一种重要表现形式。职责就是职务上应尽的义务、职务范围内应做的事情。费因伯格(Feinberg)说:"当我们谈论公职或职务的义务时,……我建议使用'职责'一词代替'义务'一词。被某个组织所赋予的任务或职务是有责任履行的。"❷ 职责包括职业团体的责任和从业者的责任两个方面。❸ 无论是团体的职责,还是从业者的职责,都属于"分内应做的事"。

图书馆的社会责任,属于"组织的社会责任"范畴。组织是社会生活中的单位实体,是以特定目标、功能和资源来回应社会的特定需求的开放系统。德鲁克(Drucker)把组织的责任分为内部责任和外部责任,内部责任指组织对其员工和业绩等负有的责任,外部责任指组织对组织以外的社区和社会负有的责任。❹ 其实,德鲁克所说的内部责任就是指组织"分内应做的事",而外部责任则指组织的社会责任——维护和增进社会公益的义务。依此而论,企业的社会责任,是指企业在谋求股东利益最大化之外所负有的维护和增进社会公益的义务。❺ 可见,组织的社会责任超越了组织的自身发展目标的限度,增加了一种道德诉求,明确了组织只做有益于社会的事情而不做有害于社会的事情。

1969年,ALA成立了"社会责任圆桌会议"(Social Responsibilities Round Table,SRRT)。SRRT声称"图书馆与图书馆员必须了解和帮助解决社会问题及社会不公正,以实现其为公共利益服务和维护民主的使命"❻。当初提议设立"社会责任圆桌会议"的邦迪克斯(Bendix)等人的表述更

---

❶ 甘绍平. 应用伦理学前沿问题研究[M]. 南昌:江西人民出版社,2002:116.
❷ 彼切姆. 哲学的伦理学[M]. 雷克勤,等译. 北京:中国社会科学出版社,1990:226.
❸ 谢军. 责任论[M]. 上海:上海人民出版社,2007:41.
❹ 德鲁克. 功能社会[M]. 曾琳,译. 北京:机械工业出版社,2007:98.
❺ 崔开华. 组织的社会责任[M]. 济南:山东人民出版社,2008:139.
❻ 韩宇. 关于图书馆社会责任的调查与思考[J]. 图书馆建设,2010(7):3-6.

为明确:"我们应提供这样一个论坛,论坛内容针对当代的主要问题(包括战争与和平、竞争、机会与正义的不均等、公民权利、暴力),讨论图书馆在这些问题上的责任;审查当前图书馆在这些问题上的行动;为图书馆提供行动建议,以增进其对社会责任问题的理解;推进随之而来的关键问题的解决。"同时,邦迪克斯等人还强调"建立'社会责任圆桌会议'并不是要 ALA 在这些社会问题的解决上取得一个特殊的地位,而是要 ALA 承认这些问题是图书馆问题(library issues)";不仅如此,ALA 于 2004 年把"社会责任"列入其认定的图书馆核心价值范畴体系。❶

在我国,进入 21 世纪以后人们才开始逐渐重视图书馆社会责任问题。关于图书馆的社会责任,范并思认为"它主要指一些传统图书馆服务之外的'分外之事'"❷。于良芝则认为,"图书馆的社会责任包括图书馆对自身行为的社会效果的责任(如以信息自由的名义拒绝对儿童接触的网上信息进行审查,由此产生的后果就是图书馆不得不考虑的社会责任),也包括图书馆通过自己的活动积极影响社会问题的责任(如通过平等服务影响性别和种族歧视的责任)"。❸ 可见,目前国内学者们对图书馆社会责任的内涵的理解不尽一致。

综合上述认识,我们可以对图书馆社会责任作出这样的定义:图书馆社会责任,是指图书馆在全力完成自身的职业使命任务的同时,适时倾听社会公众(利益相关者)的有关建议和批评,不断改进自身的职业行为,积极为人们关注的社会问题的解决表明正义立场并提供相关服务的责任。这一定义包含如下几方面的含义:①图书馆社会责任属于"组织的社会责任"范畴,因为图书馆无疑是一种社会组织,作为一种组织,图书馆不仅要完成社会所赋予的基本职能(分内责任),还有必要履行社会所期待的有益于增进社会公益的"分外责任"。②图书馆社会责任既包含消极责任内容,也包含积极责任内容,如当图书馆发现自身行为违反了应然角色义务(基本服务收费、出租馆舍赚取利润等),就应承担停止行为或消除该行为后果的责任,此为消极责任;当图书馆发现某种行为有助于增进社会的公

---

❶ 俞传正. 核心价值:我们共同的基石[J]. 图书馆建设,2007(3):20-23.

❷ 范并思. 图书馆社会责任专栏导语[J]. 图书馆建设,2010(7):1.

❸ 于良芝,等. 如何理解"图书馆社会责任研究"[J]. 图书馆建设,2010(7):2.

益（如于良芝所说的"通过平等服务影响性别和种族歧视"的行为），就有责任积极地采取行动，增进此类公益，此为积极责任。③从图书馆行为可能引起的客观结果或社会反映而言，图书馆社会责任可以理解为：不做可能带来"负外部性"（negative externalities）结果的行为的义务（不作为的义务）和去做可能带来"正外部性"（positive externalities）结果的行为的义务（作为的义务）。

2. 图书馆承担社会责任的依据

图书馆为什么要承担相应的社会责任？这就是图书馆承担社会责任的依据是什么的问题。图书馆承担社会责任的依据主要有以下两方面：

第一，"义务论"依据。在伦理学中有两大理论范式：一为"义务论"，认为行为的正当与否不取决于行为的目的与效果，而是取决于这种行为本身的性质，在性质上被认定为"善"的行为，无论其客观结果如何都应该去做；二为"目的论"，认为目的可以解释和证明手段，极端的目的论甚至认为为了达到目的可以不择手段。"义务论"可以为图书馆社会责任提供伦理学依据，即图书馆有义务考量自身行为是否具有正当性。也就是说，图书馆的某种行为无论出于什么目的，都要考虑是否具有正当性的问题。如于良芝所说的"以信息自由的名义拒绝对儿童接触的网上信息进行审查，由此产生的后果就是图书馆不得不考虑的社会责任"，就是在这个意义上说的。当然，"对儿童接触的网上信息进行审查"是否具有正当性，对此图书馆职业人员和其他人的立场观点可能不一致，甚至可能完全对立，但无论如何图书馆都有审慎选择自身行为的义务，亦即图书馆必须审慎考虑如何把一些人认为的"负外部性"影响降低到最低限度的问题。而当某一权威性组织（如法院、政府等）对此作出了判定，即使这一判定不符合图书馆的立场观点，图书馆也有义务执行这一判定❶，当然，这一判定必须具有相关法律依据。伦理学中的"义务论"虽然针对的是个人的伦理价值取向，

---

❶ 如2000年，美国国会通过了《儿童互联网保护法》，要求全国的公共图书馆为联网计算机安装色情信息过滤软件，否则图书馆将无法获得政府提供的技术补助资金。对此，ALA和其他一些民权组织提出了抗议，认为该法违反宪法第一修正案。2003年6月23日，美国联邦最高法院就宾夕法尼亚州3名法官组成的委员会裁定《儿童互联网保护法》违宪一案进行投票，最终以6票对3票裁定该法案不违宪。后来，美国所有学校和公共图书馆的电脑里都按规定安装了色情信息过滤软件。

但也可以适用于法人意义上的图书馆行为。

第二,"图书馆公民"依据。国外理论界在讨论企业社会责任问题时,提出了"企业公民"(corporate citizenship)这一概念。美国波士顿学院"企业公民研究中心"的学者们认为,企业公民是指一个公司的社会基本价值与日常商业实践、运作和政策相结合的行为方式。❶ 企业公民理论认为,公司的成功与社会的健康和福利密切相关,因此,它会全面考虑公司对所有利益相关人的影响,包括雇员、客户、社区、供应商和自然环境。英国的"企业公民会社"概括出了企业公民的四方面内涵:a 企业是社会的一个组成部分;b 企业是国家的公民之一;c 企业有权利,也有责任;d 企业有责任为社会的发展作出贡献。❷ 显然,图书馆也是社会的一个组成部分;图书馆也是国家的公民之一;图书馆有责任为增进社会的公益作出贡献。总之,作为国家公民之一的图书馆,在享有"公民权利"的同时,必须履行"公民义务"——不做可能带来"负外部性"结果的行为、去做可能带来"正外部性"结果的行为。

3. 图书馆社会责任的内容

图书馆承担社会责任的内容,大体可分为消极责任和积极责任两方面。❸

(1) 消极责任

倾听社会公众的建议与批评的责任。图书馆职业行为面对的是社会公众,图书馆职业的正当性及其程度取决于社会公众的感受与评价,而社会公众对图书馆的期待始终处于不断变化之中,这就要求图书馆必须适时了解和掌握社会公众对图书馆服务的切身感受及其评价信息,以此作为改进工作的首要依据。通过各种形式和途径,及时广泛收集社会公众的意见(主要内容为有关建议和批评),以"有则改之,无则加勉"的态度,及时

---

❶ 赵琼. 国外企业社会责任理论述评 [J]. 广东社会科学, 2007 (4): 172-177.
❷ 崔开华. 组织的社会责任 [M]. 济南: 山东人民出版社, 2008: 148.
❸ 把图书馆社会责任区分为消极责任和积极责任两方面,这种区分方法显然借用了英国哲学家以赛亚·伯林(Isaiah Berlin)把自由区分为消极自由(negative liberty)和积极自由(positive liberty)的区分方法。图书馆社会责任中的"消极责任"和"积极责任",都是在褒义上使用的概念(尤其是其中的"消极"一词,并无贬义)。其中的"消极"和"积极",指承担责任的两种方式,前者指被动承担,后者指主动承担。

回应社会公众的关切,这是检验并提升图书馆职业行为的合法性的根本措施。如2000年,美国《华尔街日报》撰文指责ALA默许青少年在图书馆网络中心观看色情文献,由此引发了图书馆界关于维护信息/知识自由原则与承担教育、保护青少年的社会责任之间关系的激烈争论;为此ALA的"图书馆儿童服务委员会"(Association for library Service to Children,ALSC)通过了《图书馆承诺在技术时代为儿童提供良好服务的声明》,承认并接受青少年应该远离那些不合适的资料的建议和批评,图书馆界应对以往维护信息/知识自由的政策和做法作出一定的调整。❶ ALA的这种倾听社会公众的批评之声,及时回应并调整有关政策的做法,是承担社会责任的表现。当然,这是一种"事后纠错"的负责行为,所以是"消极责任"的承担行为。

(2) 积极责任

主动关切社会事务并多做善行的责任。图书馆的生存和发展离不开所处的社会环境,即图书馆无法生存于世外桃源之中。因此,社会公众普遍期待图书馆能够积极主动地关切社会事务(尤其是社会热点事务),并表达图书馆的正义立场,以此助推有关社会问题的解决,使我们生存于其中的社会更加公正、和谐。也就是说,图书馆应该主动承担维护所处社会普遍遵循的"共同善""社会良知"和"公序良德"的责任,而不是机械地固守所谓的中立立场,不闻不问社会事务而自绝于社会。图书馆所应关注的社会问题,因所处社会和时代不同而不同,如1969年ALA成立的"社会责任圆桌会议",其关注的社会问题包括反对性别歧视、种族歧视,关注战争与和平问题,呼吁环境保护,帮助解决青少年问题,帮助失业及贫困人员等。与此同时,图书馆还应承担"社会良知"主体的义务性责任,其主要表现是多做一些助人的善行。在欧美国家的大多数公共图书馆,允许无家可归者进馆"借宿",经常性地开展环保知识宣传、家庭理财讲座、音乐欣赏讲座、老年人上网技能培训,代写税单、保险单、个人履历、诉状,提供就业信息、职业技能培训信息、旅游信息、择偶信息等,是承担善行责任的表现。无论是关切社会事务还是助人善举,都是积极主动之举,因而都是"积极责任"的承担行为。

---

❶ 于斌斌,于良芝. 美国图书馆社会责任之争的缘起、发展及其职业遗产[J]. 图书馆建设,2012(3):14-18.

4. 图书馆承担社会责任应遵循的原则

毋庸置疑，图书馆应该承担一定的社会责任，但只能承担有限的社会责任，而不可能、也不应该承担无限的社会责任。那么，图书馆社会责任的界限如何界定？就具体的图书馆而言，遵循"职责优先原则""量力而行原则"和"积极担当原则"应该成为准确把握图书馆社会责任的界限的基本思路。

（1）职责优先原则

职责优先原则是在首先能够完成职责的前提下考虑承担社会责任问题。它的反题是：不能因为履行社会责任而影响自身基本职责的完成，或者说，履行社会责任不应该成为不完成职责的理由。对此，德鲁克说过："我们应该坚持，各种机构及其管理都要局限于一些特殊的任务，唯有完成这些任务才能证明其存在及其权力的正当性，此外一切都是篡夺。"❶ 德鲁克的意思是说，如果一个机构不专注于自身承担的"特殊的任务"而去关注其他机构应做的事情，等于是"篡夺"其他机构的职责。其实，专注于"特殊的任务"本身就是一个组织对社会负责的表现，因为一个组织只有当它专注于特定有限的任务，才能集中精力、高效地完成社会赋予它的主要使命和任务。对图书馆来说也如此，图书馆必须首先全力完成自身的职责（分内责任），在此前提下考虑承担一定的社会责任。

（2）量力而行原则

量力而行原则为图书馆在承担社会责任时应该考虑自身能力的限度问题，亦即选择承担那些自身能力所及的社会责任，以避免"助人不成反害己"情况的发生。对此，德鲁克也说过："当组织关注它们自己力所不能及的'社会问题'时，它们的行为是'不负社会责任'。当它们由于专注于它们自己的特定工作而满足了社会的需要时，它们的行为便是'负社会责任的'。当它们把公众的需要转变为它们自己的创业成就时，它们的行为是最负责任的。"❷ 就图书馆而言，由于历史和所处环境不同，图书馆之间的"力量"肯定不相等，每个具体的图书馆只应该承担与其"力量"相称的社会责任。

---

❶ 彼得·德鲁克. 功能社会 [M]. 曾琳，译. 北京：机械工业出版社，2007：91.
❷ 彼得·德鲁克. 功能社会 [M]. 曾琳，译. 北京：机械工业出版社，2007：88.

(3) 积极担当原则

如果说职责优先原则和量力而行原则体现的是消极责任意识，那么积极担当原则则体现了积极责任意识。一方面，当图书馆面临可承担亦可不承担某种社会责任情况时，应该尽量选择承担，能承担多少就承担多少，并付诸实际行动，而不选择回避或沉默，这就是积极担当社会责任的表现。另一方面，当图书馆遇到某种应当且有能力承担的社会责任情况时，应该当机立断，勇于担当，并付诸实际行动，而不是推脱、观望或等待，这是积极担当社会责任的表现。积极担当，也就是积极作为。从一般意义上说，图书馆积极担当社会责任要体现"勿以善小而不为"的精神，只要是正义之举、符合图书馆使命之举，图书馆都应去积极担当、积极作为。

五、树立和践行职业责任理念的意义

综上所述，本章从平等服务理念、社会包容理念、开放共享理念、社会责任理念四个方面论述了图书馆职业责任理念的主要内容。总之，图书馆职业责任理念，体现的是"我当如此"的责任担当精神，它是图书馆人"不忘初心，方得始终"的精神动力所在。毋庸置疑，图书馆人树立和践行职业责任理念，对明确图书馆职业的社会正义性、提升图书馆职业的社会公认度，具有极其重要的意义。

第一，树立和践行职业责任理念，是图书馆功能发挥的思想基础和实践指南。本书所讲社会记忆功能、社会教育功能、促进阅读功能能否充分发挥，都依赖于图书馆人在职业实践中能否树立和践行平等服务、社会包容、开放共享、社会责任等理念。如果图书馆人对自己的职业不负责任，或者说，如果图书馆人对自己的职业不尽职尽责，那么图书馆功能的充分发挥及图书馆人自己的一切美好职业理想目标都将成为空中楼阁，无以实现。也就是说，职业责任及其践行是职业理想、职业价值、职业目标实现的思想基础和实践指南。

第二，树立和践行职业责任理念，是图书馆人履职尽责的精神动力所在。所谓图书馆人的职业责任理念，简单地说就是图书馆人的职业认同感和职业自豪感。一个人对自己所从事的职业，具有认同感和自豪感，才能从内心深处深刻把握职业的根本性质和特点，才能自觉领受履职的要求，才能始终保持尽责的精神动力。"我履职尽责，故我在"，应该成为图书馆人的职业座右铭;"我在,故图书馆在",应该成为图书馆人的职业宣言书。这种职业座右铭和职业宣言书,能够为图书馆人的履职尽责提供源源不断的精神动力。

第三,树立和践行职业责任理念,才能保证图书馆和图书馆人赢得良好的社会声誉。图书馆及图书馆职业的社会价值,不仅需要图书馆和图书馆人的自我认同和肯定,更需要社会的认同和肯定。显然,一个不提供平等服务、不体现社会包容精神、不采取开放共享措施、不履行社会责任的图书馆是不可能得到社会的认同和肯定的。同理,一个对自己所从事的职业不敬畏、不尽责的图书馆人是不可能得到同事乃至社会的认同和肯定的。图书馆职业是一种正义的职业、善良的职业,而这种正义和善良只有在图书馆人履职尽责的实践过程中得以彰显和弘扬。当图书馆职业的正义性与善良性充分彰显和弘扬时,相应的社会声誉将如期而至,图书馆的良好社会形象由此得以树立。

附录

附录一 中华人民共和国公共图书馆法

(第十二届全国人大常委会第三十次会议于2017年11月4日通过)

第一章 总 则

第一条 为了促进公共图书馆事业发展,发挥公共图书馆功能,保障公民基本文化权益,提高公民科学文化素质和社会文明程度,传承人类文明,坚定文化自信,制定本法。

第二条 本法所称公共图书馆,是指向社会公众免费开放,收集、整理、保存文献信息并提供查询、借阅及相关服务,开展社会教育的公共文化设施。

前款规定的文献信息包括图书报刊、音像制品、缩微制品、数字资源等。

第三条 公共图书馆是社会主义公共文化服务体系的重要组成部分,应当将推动、引导、服务全民阅读作为重要任务。

公共图书馆应当坚持社会主义先进文化前进方向,坚持以人民为中心,坚持以社会主义核心价值观为引领,传承发展中华优秀传统文化,继承革命文化,发展社会主义先进文化。

第四条 县级以上人民政府应当将公共图书馆事业纳入本级国民经济和社会发展规划,将公共图书馆建设纳入城乡规划和土地利用总体规划,加大对政府设立的公共图书馆的投入,将所需经费列入本级政府预算,并及时、足额拨付。

国家鼓励公民、法人和其他组织自筹资金设立公共图书馆。县级以上人民政府应当积极调动社会力量参与公共图书馆建设，并按照国家有关规定给予政策扶持。

第五条　国务院文化主管部门负责全国公共图书馆的管理工作。国务院其他有关部门在各自职责范围内负责与公共图书馆管理有关的工作。

县级以上地方人民政府文化主管部门负责本行政区域内公共图书馆的管理工作。县级以上地方人民政府其他有关部门在各自职责范围内负责本行政区域内与公共图书馆管理有关的工作。

第六条　国家鼓励公民、法人和其他组织依法向公共图书馆捐赠，并依法给予税收优惠。

境外自然人、法人和其他组织可以依照有关法律、行政法规的规定，通过捐赠方式参与境内公共图书馆建设。

第七条　国家扶持革命老区、民族地区、边疆地区和贫困地区公共图书馆事业的发展。

第八条　国家鼓励和支持发挥科技在公共图书馆建设、管理和服务中的作用，推动运用现代信息技术和传播技术，提高公共图书馆的服务效能。

第九条　国家鼓励和支持在公共图书馆领域开展国际交流与合作。

第十条　公共图书馆应当遵守有关知识产权保护的法律、行政法规规定，依法保护和使用文献信息。

馆藏文献信息属于文物、档案或者国家秘密的，公共图书馆应当遵守有关文物保护、档案管理或者保守国家秘密的法律、行政法规规定。

第十一条　公共图书馆行业组织应当依法制定行业规范，加强行业自律，维护会员合法权益，指导、督促会员提高服务质量。

第十二条　对在公共图书馆事业发展中作出突出贡献的组织和个人，按照国家有关规定给予表彰和奖励。

第二章　设　立

第十三条　国家建立覆盖城乡、便捷实用的公共图书馆服务网络。公共图书馆服务网络建设坚持政府主导，鼓励社会参与。

县级以上地方人民政府应当根据本行政区域内人口数量、人口分布、环境和交通条件等因素，因地制宜确定公共图书馆的数量、规模、结构和分布，加强固定馆舍和流动服务设施、自助服务设施建设。

第十四条　县级以上人民政府应当设立公共图书馆。

地方人民政府应当充分利用乡镇（街道）和村（社区）的综合服务设施设立图书室，服务城乡居民。

第十五条　设立公共图书馆应当具备下列条件：

（一）章程；

（二）固定的馆址；

（三）与其功能相适应的馆舍面积、阅览座席、文献信息和设施设备；

（四）与其功能、馆藏规模等相适应的工作人员；

（五）必要的办馆资金和稳定的运行经费来源；

（六）安全保障设施、制度及应急预案。

第十六条　公共图书馆章程应当包括名称、馆址、办馆宗旨、业务范围、管理制度及有关规则、终止程序和剩余财产的处理方案等事项。

第十七条　公共图书馆的设立、变更、终止应当按照国家有关规定办理登记手续。

第十八条　省、自治区、直辖市人民政府文化主管部门应当在其网站上及时公布本行政区域内公共图书馆的名称、馆址、联系方式、馆藏文献信息概况、主要服务内容和方式等信息。

第十九条　政府设立的公共图书馆馆长应当具备相应的文化水平、专业知识和组织管理能力。

公共图书馆应当根据其功能、馆藏规模、馆舍面积、服务范围及服务人口等因素配备相应的工作人员。公共图书馆工作人员应当具备相应的专业知识与技能，其中专业技术人员可以按照国家有关规定评定专业技术职称。

第二十条　公共图书馆可以以捐赠者姓名、名称命名文献信息专藏或者专题活动。

公民、法人和其他组织设立的公共图书馆，可以以捐赠者的姓名、名称命名公共图书馆、公共图书馆馆舍或者其他设施。

以捐赠者姓名、名称命名应当遵守有关法律、行政法规的规定，符合国家利益和社会公共利益，遵循公序良俗。

第二十一条　公共图书馆终止的，应当依照有关法律、行政法规的规定处理其剩余财产。

第二十二条　国家设立国家图书馆，主要承担国家文献信息战略保存、国家书目和联合目录编制、为国家立法和决策服务、组织全国古籍保护、开展图书馆发展研究和国际交流、为其他图书馆提供业务指导和技术支持等职能。国家图书馆同时具有本法规定的公共图书馆的功能。

第三章　运　行

第二十三条　国家推动公共图书馆建立健全法人治理结构，吸收有关方面代表、专业人士和社会公众参与管理。

第二十四条　公共图书馆应当根据办馆宗旨和服务对象的需求，广泛收集文献信息；政府设立的公共图书馆还应当系统收集地方文献信息，保存和传承地方文化。

文献信息的收集应当遵守有关法律、行政法规的规定。

第二十五条　公共图书馆可以通过采购、接受交存或者捐赠等合法方式收集文献信息。

第二十六条　出版单位应当按照国家有关规定向国家图书馆和所在地省级公共图书馆交存正式出版物。

第二十七条　公共图书馆应当按照国家公布的标准、规范对馆藏文献信息进行整理，建立馆藏文献信息目录，并依法通过其网站或者其他方式向社会公开。

第二十八条　公共图书馆应当妥善保存馆藏文献信息，不得随意处置；确需处置的，应当遵守国务院文化主管部门有关处置文献信息的规定。

公共图书馆应当配备防火、防盗等设施，并按照国家有关规定和标准对古籍和其他珍贵、易损文献信息采取专门的保护措施，确保安全。

第二十九条　公共图书馆应当定期对其设施设备进行检查维护，确保正常运行。

公共图书馆的设施设备场地不得用于与其服务无关的商业经营活动。

第三十条　公共图书馆应当加强馆际交流与合作。国家支持公共图书馆开展联合采购、联合编目、联合服务，实现文献信息的共建共享，促进文献信息的有效利用。

第三十一条　县级人民政府应当因地制宜建立符合当地特点的以县级公共图书馆为总馆，乡镇（街道）综合文化站、村（社区）图书室等为分馆或者基层服务点的总分馆制，完善数字化、网络化服务体系和配送体系，实现通借通还，促进公共图书馆服务向城乡基层延伸。总馆应当加强对分馆和基层服务点的业务指导。

第三十二条　公共图书馆馆藏文献信息属于档案、文物的，公共图书馆可以与档案馆、博物馆、纪念馆等单位相互交换重复件、复制件或者目录，联合举办展览，共同编辑出版有关史料或者进行史料研究。

第四章　服　务

第三十三条　公共图书馆应当按照平等、开放、共享的要求向社会公众提供服务。

公共图书馆应当免费向社会公众提供下列服务：

（一）文献信息查询、借阅；

（二）阅览室、自习室等公共空间设施场地开放；

（三）公益性讲座、阅读推广、培训、展览；

（四）国家规定的其他免费服务项目。

第三十四条　政府设立的公共图书馆应当设置少年儿童阅览区域，根据少年儿童的特点配备相应的专业人员，开展面向少年儿童的阅读指导和社会教育活动，并为学校开展有关课外活动提供支持。有条件的地区可以单独设立少年儿童图书馆。

政府设立的公共图书馆应当考虑老年人、残疾人等群体的特点，积极创造条件，提供适合其需要的文献信息、无障碍设施设备和服务等。

第三十五条　政府设立的公共图书馆应当根据自身条件，为国家机关制定法律、法规、政策和开展有关问题研究，提供文献信息和相关咨询服务。

第三十六条　公共图书馆应当通过开展阅读指导、读书交流、演讲诵读、图书互换共享等活动，推广全民阅读。

第三十七条　公共图书馆向社会公众提供文献信息，应当遵守有关法律、行政法规的规定，不得向未成年人提供内容不适宜的文献信息。

公共图书馆不得从事或者允许其他组织、个人在馆内从事危害国家安全、损害社会公共利益和其他违反法律法规的活动。

第三十八条　公共图书馆应当通过其网站或者其他方式向社会公告本馆的服务内容、开放时间、借阅规则等；因故闭馆或者更改开放时间的，除遇不可抗力外，应当提前公告。

公共图书馆在公休日应当开放，在国家法定节假日应当有开放时间。

第三十九条　政府设立的公共图书馆应当通过流动服务设施、自助服务设施等为社会公众提供便捷服务。

第四十条　国家构建标准统一、互联互通的公共图书馆数字服务网络，支持数字阅读产品开发和数字资源保存技术研究，推动公共图书馆利用数字化、网络化技术向社会公众提供便捷服务。

政府设立的公共图书馆应当加强数字资源建设、配备相应的设施设备，建立线上线下相结合的文献信息共享平台，为社会公众提供优质服务。

第四十一条　政府设立的公共图书馆应当加强馆内古籍的保护，根据自身条件采用数字化、影印或者缩微技术等推进古籍的整理、出版和研究利用，并通过巡回展览、公益性讲座、善本再造、创意产品开发等方式，加强古籍宣传，传承发展中华优秀传统文化。

第四十二条　公共图书馆应当改善服务条件、提高服务水平，定期公告服务开展情况，听取读者意见，建立投诉渠道，完善反馈机制，接受社会监督。

第四十三条　公共图书馆应当妥善保护读者的个人信息、借阅信息以及其他可能涉及读者隐私的信息，不得出售或者以其他方式非法向他人提供。

第四十四条　读者应当遵守公共图书馆的相关规定，自觉维护公共图书馆秩序，爱护公共图书馆的文献信息、设施设备，合法利用文献信息；借阅文献信息的，应当按照规定时限归还。

对破坏公共图书馆文献信息、设施设备，或者扰乱公共图书馆秩序的，公共图书馆工作人员有权予以劝阻、制止；经劝阻、制止无效的，公共图书馆可以停止为其提供服务。

第四十五条　国家采取政府购买服务等措施，对公民、法人和其他组织设立的公共图书馆提供服务给予扶持。

第四十六条　国家鼓励公民参与公共图书馆志愿服务。县级以上人民政府文化主管部门应当对公共图书馆志愿服务给予必要的指导和支持。

第四十七条　国务院文化主管部门和省、自治区、直辖市人民政府文化主管部门应当制定公共图书馆服务规范，对公共图书馆的服务质量和水平进行考核。考核应当吸收社会公众参与。考核结果应当向社会公布，并作为对公共图书馆给予补贴或者奖励等的依据。

第四十八条　国家支持公共图书馆加强与学校图书馆、科研机构图书馆以及其他类型图书馆的交流与合作，开展联合服务。

国家支持学校图书馆、科研机构图书馆以及其他类型图书馆向社会公众开放。

第五章　法律责任

第四十九条　公共图书馆从事或者允许其他组织、个人在馆内从事危害国家安全、损害社会公共利益活动的，由文化主管部门责令改正，没收违法所得；情节严重的，可以责令停业整顿、关闭；对直接负责的主管人员和其他直接责任人员依法追究法律责任。

第五十条　公共图书馆及其工作人员有下列行为之一的，由文化主管部门责令改正，没收违法所得：

（一）违规处置文献信息；

（二）出售或者以其他方式非法向他人提供读者的个人信息、借阅信息以及其他可能涉及读者隐私的信息；

（三）向社会公众提供文献信息违反有关法律、行政法规的规定，或者向未成年人提供内容不适宜的文献信息；

（四）将设施设备场地用于与公共图书馆服务无关的商业经营活动；

（五）其他不履行本法规定的公共图书馆服务要求的行为。

公共图书馆及其工作人员对应当免费提供的服务收费或者变相收费的，由价格主管部门依照前款规定给予处罚。

公共图书馆及其工作人员有前两款规定行为的，对直接负责的主管人员和其他直接责任人员依法追究法律责任。

第五十一条　出版单位未按照国家有关规定交存正式出版物的，由出版行政主管部门依照有关出版管理的法律、行政法规规定给予处罚。

第五十二条　文化主管部门或者其他有关部门及其工作人员在公共图书馆管理工作中滥用职权、玩忽职守、徇私舞弊的，对直接负责的主管人员和其他直接责任人员依法给予处分。

第五十三条　损坏公共图书馆的文献信息、设施设备或者未按照规定时限归还所借文献信息，造成财产损失或者其他损害的，依法承担民事责任。

第五十四条　违反本法规定，构成违反治安管理行为的，依法给予治安管理处罚；构成犯罪的，依法追究刑事责任。

第六章　附　则

第五十五条　本法自 2018 年 1 月 1 日起施行。

附录二 全民阅读促进条例（征求意见稿）

(2017年6月国务院法制办办务会审议并原则通过)

第一章 总则

第一条 为促进全民阅读，保障公民的基本阅读权利，提高公民的思想道德素质和科学文化素质，培育和践行社会主义核心价值观，传承中华优秀传统文化，推动社会文明程度显著提高，根据宪法和有关法律，制定本条例。

第二条 国家促进全民阅读，应当遵循公益性、基本性、均等性、便利性的原则，培养公民阅读习惯，提高公民阅读能力，提升公民阅读质量，传播有益于公民全面发展和社会文明进步的科学文化知识。

国务院和地方各级人民政府应当依法保障公民参加全民阅读活动的权利。

第三条 县级以上人民政府应当将全民阅读纳入本级国民经济和社会发展规划，将全民阅读工作所需相关经费按规定纳入本级财政预算，将全民阅读设施建设纳入本级城乡建设规划。

第四条 国家重点扶持边远地区、贫困地区、少数民族地区的全民阅读工作，重点保障未成年人尤其是农村留守儿童等群体的基本阅读需求，加大对城市社区、农村地区等基层出版物发行网点、阅读设施建设和服务的投入，促进全民阅读均衡协调发展。

第五条 国家建立全国全民阅读工作协调机制，负责统筹各部门、各单位、各社会团体和各种社会力量的协调合作，共同促进全民阅读。

县级以上地方人民政府应当建立本级全民阅读工作协调机制，统筹协调本行政区域内的全民阅读工作。

第六条 国务院新闻出版广电行政部门负责全国的全民阅读工作，制定全民阅读规划及实施方案。国务院教育、文化、发展改革、财政、税务、民政、国土资源、住房和城乡建设等有关部门，在各自职责范围内负责有关的全民阅读工作。

县级以上地方人民政府新闻出版广电行政部门负责本行政区域内的全民阅读工作，制定本行政区域的全民阅读规划和实施方案。县级以上地方人民政府其他有关部门在各自职责范围内负责有关的全民阅读工作。

工会、共青团、妇联以及残联、科协、文联、作协、社科联及其他相关社会团体应当结合自身特点开展全民阅读工作。

第七条　国家鼓励和支持高等院校、科研机构和社会组织开展阅读理论研究，促进阅读的新技术、新载体、新设施的开发与应用。

第八条　各级人民政府对在全民阅读工作中作出突出贡献的组织和个人，给予表彰。

第二章　全民阅读服务

第九条　国家应当建立和完善精品出版物、原创出版物的创作生产引导机制，鼓励和支持各种优秀出版物的出版。

各级人民政府应当鼓励和支持各类优秀作品的创作、传播。

国务院新闻出版广电、教育等行政部门和省级人民政府新闻出版广电、教育等行政部门应当定期推荐面向不同读者群体的优秀出版物。各级人民政府应当将上述推荐的优秀出版物优先纳入各类全民阅读设施的采购目录。

国家加强民文出版译制工作，支持民汉出版物互译、民汉双语出版物和民文出版物的出版、推荐工作。

第十条　国家应当加强和完善出版物发行网点的规划和建设，各级人民政府应当通过各种方式，鼓励和支持实体书店、书报亭等发行单位在促进全民阅读工作中发挥作用，参与提供全民阅读服务，满足公民多元阅读需求。

第十一条　国家应当科学规划、合理布局，有计划地建设覆盖城乡、实用便利、服务高效的各类全民阅读设施，支持和保障全民阅读设施的免费开放和运营、阅读指导和服务使用。

各级人民政府应当加强公共图书馆、中小学图书馆（室）、农家书屋、职工书屋、社区书屋、流动站点、公共阅报栏（屏）以及基层综合文化中心等全民阅读设施建设并健全管理服务制度，加强居民生活区、外来务工人员居住相对集中的区域阅读设施配套建设，加强数字化阅读平台建设，逐步建立健全阅读资源共建共享机制，采取多种形式为城乡居民提供方便快捷的阅读服务。

全民阅读设施主管单位应当将全民阅读工作纳入年度工作计划，推动各类全民阅读设施标准化、资源正规化建设，保证阅读资源的定期流转、补充和更新，加强阅读推广工作，对工作人员进行定期培训和指导，开展阅读流动服务，不断提高阅读服务效能。

第十二条　公共图书馆、中小学图书馆（室）、农家书屋、职工书屋、社区书屋、基层综合文化中心、公共阅报栏（屏）等全民阅读设施管理单位应当保障和满足公众的基本阅读需求，有条件的，应当提供多语种、多种载体的文献借阅服务和一般性的咨询服务，组织开展阅读活动和指导培训。

全民阅读设施应当规范挂牌及标识使用，公告服务项目和开放时间，明确服务标准，建立健全服务规范。在节假日、公休日期间，全民阅读设施应当适当延长开放时段。

全民阅读设施的使用、管理和保护，应当执行相关规定。管理单位应当明确日常管理和维护责任人。

农家书屋的管理单位为所在村（社区）党支部、村委会。

第十三条　国家鼓励国家机关、企业事业单位在内部设立阅读室、公共书架或其他阅读设施，并鼓励向社会开放。鼓励和支持车站、机场、码头、游客中心、宾馆、银行、医院、青少年阅读活动场所等公共服务机构和场所，以及列车、地铁等公共交通工具，设立向公众开放的阅读设施，提供阅读服务，并明确管理和维护责任人。

国家鼓励和支持学校图书馆（室）、科学与专业图书馆、民办非企业阅读场所及其他阅读设施承担或者参与全民阅读服务。

第十四条　广播电台、电视台、报刊出版单位、互联网信息服务提供者和通信运营商应当积极宣传报道全民阅读活动，并以开辟专栏、推介优秀读物、普及阅读知识、刊播全民阅读公益广告等方式提供全民阅读信息服务，营造全民阅读氛围。

第十五条　国务院新闻出版广电等有关行政部门、全国性社会团体应当结合自身情况定期举办全国性的全民阅读活动。

省级人民政府和其他有条件的地方人民政府应当充分利用各种书展、书市、文博会等相关文化活动，组织开展全民阅读活动，培育和巩固各类书香品牌。

地方各级人民政府应当每年至少举办一次全民阅读活动。居民委员会和村民委员会应当定期组织开展各种形式的全民阅读活动。

国家机关、企业事业单位和其他社会组织可以根据自身需要和特点，组织开展全民阅读活动。

第十六条　各级人民政府应当建立阅读推广人队伍，鼓励和支持教师、公务员、大学生、新闻出版工作者等志愿者加入阅读推广人队伍，组织开展面向各类读者群体的专业阅读辅导和推广服务。

第十七条　国家鼓励和支持文化团体、教育机构和其他社会组织发展专业阅读推广机构并提供公益阅读服务。

国家鼓励和支持有条件的自然人、法人和其他组织在确保出版物和设施质量的基础上对全民阅读给予捐赠、赞助，并提供全民阅读服务。

第十八条　各级人民政府及有关部门应当在每年4月23日"世界读书日"、9月28日"孔子诞辰日"及其他重要节庆日期间组织开展全民阅读活动。

国家鼓励社会组织和新闻媒体在"世界读书日""孔子诞辰日"及其他重要节庆日期间开展群众性阅读推广活动。

全民阅读设施管理单位应当在"世界读书日""孔子诞辰日"及其他重要节庆日期间组织开展全民阅读活动和免费阅读指导服务。

第三章　重点群体阅读保障

第十九条　国务院新闻出版广电行政部门和国务院教育行政部门应当根据未成年人身心发展状况和实际情况，制定未成年人阅读促进计划、实施方案和未成年人阅读分类指导目录。

国务院教育行政部门在推进实施素质教育的过程中，应当根据未成年人身心发展状况和实际情况，加强培养其阅读兴趣、阅读习惯和阅读能力。

第二十条　未成年人的父母或者其他监护人应当在保障未成年人基本阅读权利方面发挥重要和积极作用，保证其获得必要的阅读资源和指导。

各级人民政府可以为未成年人的父母或者其他监护人、教师等提供阅读指导服务。

第二十一条　国家鼓励学龄前儿童的父母或者其他监护人积极开展家庭阅读、亲子阅读等，营造良好的家庭阅读氛围。

国家鼓励幼儿园开展与学龄前儿童的年龄和心理状况相适应的阅读活动，着力培养阅读兴趣。

国家鼓励有条件的公共图书馆等社会公共服务机构通过设立学龄前儿童阅读室为开展亲子阅读等活动提供便利条件。

第二十二条　国家鼓励中小学加强书香校园文化建设，加强校园阅读设施建设，完善相关建设标准，鼓励教师开展阅读指导，有针对性地开展教师培训，开设必要的阅读课程，开展多种形式的校园阅读活动。

中小学应积极与高等学校图书馆、公共图书馆特别是少年儿童图书馆、农家书屋、职工书屋、社区书屋、基层综合文化中心以及青少年活动中心、少年宫等青少年活动场所加强合作，支持和帮助学生参加校外阅读活动。

第二十三条　国家重点保障农村留守儿童、低收入家庭儿童、福利院儿童等特殊儿童群体的基本阅读需求，鼓励学校、全民阅读设施管理单位及阅读推广人对其进行定期阅读指导和服务，提供必要的阅读资源，解决其阅读方面的特殊困难。有条件的地方人民政府可以积极探索开展农村地区学龄前儿童基础阅读促进工作。

县级以上地方人民政府应当将本行政区域内的外来务工人员及其随居子女纳入当地全民阅读服务保障范围。

第二十四条　各级人民政府应当根据需要和实际条件，在少数民族居民相对集中的区域，加强具有民族特点的双语阅读资源和全民阅读设施建设，组织开展全民阅读活动。

第二十五条　各级人民政府和有关部门应当有针对性地向视听障碍人士提供特殊阅读资源、设施与服务，提供盲文出版物、有声读物等，根据其不同特点和需要，鼓励、帮助其参加全民阅读活动。

各类全民阅读设施管理单位应当加强无障碍设施建设，为行动不便的残障人士提供便利服务。

第二十六条　地方人民政府和相关社会组织，应当建立和完善社会各界为重点群体阅读开展志愿者助读、发放购书券、组织出版物捐赠等捐助和服务的渠道，保障全民阅读重点群体的基本阅读需求。

第四章 促进措施

第二十七条 公民、法人和其他组织捐赠财产用于全民阅读服务的，依照相关法律规定享受相应的税收方面的优惠。

第二十八条 县级以上地方人民政府应当按照全民阅读设施所承担的职能、任务及所服务的人口规模，合理配置全民阅读服务从业人员，加强全民阅读工作人才队伍建设，提高从业人员素质。

县级以上地方人民政府新闻出版广电等行政部门应当建立阅读推广人信息库，为其提供相关知识和技能培训。

第二十九条 各级人民政府和相关部门应当在城乡建设和文化建设规划中，按照国家相关标准规范保障全民阅读设施用地及出版物发行网点建设，方便群众就近参加阅读活动。

第三十条 任何单位和个人不得擅自拆除全民阅读设施、出版物发行网点或改变其功能、用途。

因城乡建设确需拆除全民阅读设施、出版物发行网点或改变其功能、用途的，应当坚持先建设后拆除或者建设拆除同时进行的原则，重建应当符合规划要求，按照有关规定就近、定额还建，一般不得小于原有规模，选址科学合理。

第三十一条 国家定期开展全民阅读状况调查，调查结果作为修订全民阅读规划、完善全民阅读服务的重要参考依据。

各级人民政府应当加强对全民阅读重大项目资金使用、实施效果、服务效能方面的监督和评估。

第三十二条 各级人民政府应当建立全民阅读需求征询制度和公民参与的全民阅读服务评价制度，健全民意表达和监督机制，引导城市社区居民和村民参与全民阅读服务项目规划、建设、管理和监督。

第五章 法律责任

第三十三条 各级人民政府、有关行政部门及其工作人员拒不履行责任，没有开展第十六条所规定应开展的全民阅读活动的，由上级政府和上级部门予以责令改正。

第三十四条　各级人民政府、有关行政部门及其工作人员违反本条例规定，侵占、挪用全民阅读资产及资金，或者有其他玩忽职守、滥用职权、徇私舞弊行为的，依法给予处分；构成犯罪的，依法追究刑事责任。

对于自然人、法人和其他组织对全民阅读的捐赠和赞助资金，受赠单位应当专款专用，对受赠的出版物、设备、场所承担相应的管理、维护责任，并接受社会监督。

第三十五条　全民阅读设施管理单位有下列行为之一的，由有关行政部门责令限期改正；逾期不改正，造成严重后果的，对负有责任的行政人员和直接责任人员给予行政处分：

（一）侵占或者改变全民阅读设施用途的；

（二）不履行全民阅读设施管理保护责任的；

（三）不制定服务规范、不按照规定标准向公众开放的；

（四）侵占、挪用全民阅读工作经费、基金的。

第三十六条　侵占全民阅读设施的建设用地或者改变其用途的，由土地行政部门、城乡规划行政部门按照各自职责责令限期改正；逾期不改正的，由作出决定的机关依法申请人民法院强制执行。

第六章　附则

第三十七条　本条例自　　年　月　日起施行。

附录三　国际图联和联合国教科文组织《公共图书馆宣言》(1994)

社会和个人的自由、繁荣与发展是人类的基本价值。人类基本价值的实现取决于信息灵通的公民在社会中行使民主权利和发挥积极作用的能力。人们的建设性参与和民主社会的发展有赖于令人满意的教育和自由与无限制地利用知识、思想、文化和信息。

公共图书馆，作为各地通向知识的门径，为个人和社会群体提供了终身学习、独立决策和文化发展的基本条件。

本宣言声明：联合国教科文组织坚信公共图书馆是教育、文化和信息的有生力量，是透过人们的心灵促进和平和精神幸福的基本力量。

因此，联合国教科文组织鼓励各国政府和地方政府支持并积极参与公共图书馆的发展。

公共图书馆

公共图书馆是地方的信息中心，用户可以随时得到各种知识和信息。

公共图书馆应该在人人享有平等利用权利的基础上，不分年龄、种族、性别、宗教信仰、国籍、语言或社会地位，向所有的人提供服务。公共图书馆必须为那些因各种原因不能利用普通服务的用户，例如小语种民族、伤残人员、住院人员或被监禁人员，提供特殊的服务和资料。

所有年龄的群体都必须得到与其需要相应的资料。公共图书馆的馆藏和服务必须包括各种类型的适当媒体和现代技术以及传统资料。高质量和切合地方的需求与条件是公共图书馆馆藏与服务的基础。馆藏资料必须反映当前的潮流和社会的演变，以及人类努力和想象的历史。

馆藏和服务不应受制于任何形式的思想、政治或宗教审查制度，也不应受制于商业压力。

公共图书馆的使命

下列与信息、识字、教育和文化有关的主要使命应该是公共图书馆服务的核心：

1. 从小培养和加强儿童的阅读习惯；

2. 支持个人教育和自学教育，以及各级正规教育；

3. 提供个人创造力发展的机会；

4. 激发儿童和青年的想象力和创造力；

5. 促进文化遗产意识、艺术欣赏意识、科学成就意识和科技创新意识；

6. 提供各种表演艺术的文化表达途径；

7. 促进文化间的对话，并支持文化的多样性；

8. 支持口述传统；

9. 保证民众获取各种社区信息；

10. 为地方企业、社团和兴趣团体提供充足的信息服务；

11. 促进信息能力和计算机使用技能的发展；

12. 支持和参与各年龄群体的识字活动和计划，在必要时，组织发起此类活动。

拨款、立法和网络

公共图书馆原则上应该是免费服务。公共图书馆是国家和地方当局的责任。必须制定专门的法规支持公共图书馆，国家和地方政府必须为公共图书馆筹措经费。公共图书馆必须是各种长期的文化、信息供应，识字和教育战略的一个基本组成部分。

为保证全国范围的图书馆协调与合作，各国的法规和战略计划还必须明确规定和提倡基于统一服务标准的国家图书馆网络。

公共图书馆网络必须建立与国家图书馆、地方图书馆、研究图书馆、和专业图书馆，以及大中小学图书馆之间的联系。

运作与管理

必须制定明确的政策，确定与社区需求相关的目标、重点和服务。必须有效地组织公共图书馆并保持运作的专业水准。

必须确保与各有关伙伴的合作，例如地方、区域、国家以及国际的各级用户团体和其他专业人员。

必须使社区的所有成员都能够获得图书馆的有形服务。这需要有地理位置优良的图书馆馆舍、良好的阅读和学习设施，以及方便用户的相关技术与充足的开馆时间。这同样包括为那些不能到馆的用户提供延伸服务。

图书馆服务必须适应乡村和城市社区的不同需要。

图书馆员是图书馆用户和馆藏资源之间的积极中介。图书馆员的专业教育和继续教育是保证充分服务所必需的措施。

必须开展延伸教育计划和用户教育计划以帮助用户从各种馆藏资源中获益。

宣言的实施

联合国教科文组织特此强烈要求世界各个国家和地方的决策者和整个图书馆界实施本宣言中所阐述的各项原则。

附录四　IFLA 图书馆与知识自由声明（1999）

国际图书馆协会联合会（IFLA）支持、捍卫和促进《联合国世界人权宣言》中确立的知识自由。

IFLA 声明：人类享有获取知识表达、创造性思维和智力活动，以及公开表达观点的基本权利。

IFLA 相信：知情权和表达自由是同一原则的两个方面。知情权是思想和意识自由的要求；而思想和表达的自由则是获取信息自由的必要条件。

IFLA 承诺：知识自由是图书馆和信息同行的核心责任。

因此，IFLA 呼吁图书馆和图书馆员坚持知识自由、不受限制地获取信息和表达自由的原则，承认图书馆用户的隐私权。

IFLA 极力主张所有 IFLA 成员积极地促进上述原则的接受和实现。为此，IFLA 断言：

图书馆提供获取信息、观念和想象作品的服务。图书馆是通向知识、思想和文化的大门。

图书馆为个人与团体的终身学习、独立决策和文化发展提供基本支持。

图书馆应尽力发展和保护知识自由，帮助维护基本的民主价值和普遍的公民权利。

图书馆有责任保证和提供知识表达和知识活动的途径。为此，图书馆应该收集、保存和提供最多样化的文献资料，反映社会的多元化和多样性。

图书馆应保证按照专业的考虑，不按照政治、道德、宗教的观点，管理图书馆资料与服务的选择和利用。

图书馆应自由地收集、组织和传播信息，反对任何形式的审查。

图书馆应为所有的用户平等地提供资料、设备和服务。不应该有任何种族、宗教信仰、性别、年龄或其他因素的歧视。

图书馆用户应该享有个人的隐私权和匿名权。图书馆员及其从业人员不得向第三方泄露图书馆用户的身份或者图书馆用户使用资料的情况。

图书馆的经费来自公共资源，公众有权利用其资源，图书馆应该坚持知识自由的原则。

图书馆员和图书馆的其他雇员有责任坚持上述原则。

图书馆员和其他图书馆专业人员应该履行对其雇主和用户的双重责任。当二者发上冲突时,应优先履行对用户的责任。

附录五　IFLA 图书馆、信息服务机构与知识自由格拉斯哥宣言（2002）

值此国际图联成立 75 周年之际，国际图联宣告：国际图联强调自由获取和传播信息是人类的基本权利。国际图联及其全世界的图联会员支持、捍卫和促进信息自由这一点在联合国所颁布的《世界人权宣言》中也有表述。

信息自由包括人类知识、见解、创造性思维和智力活动。国际图联强调促进信息自由是世界范围内图书馆和信息服务机构的主要职责，这一点应通过图书馆行业规范的制定和图书馆的实践活动来予以证明。

图书馆和信息服务机构向用户提供获取各种媒介和各国信息、见解及富有想象力作品的渠道。

◆图书馆和信息服务机构是通向思想和文化的大门，为个人和团体的独立决策、文化发展、研究及终身学习提供必要的支持。

◆图书馆和信息服务机构为信息自由的发展和维护，民主价值和世界人权的捍卫起着重要的作用。因此，图书馆和信息服务机构应为用户提供自由获取相关信息和服务的渠道，反对任何形式的审查。

◆图书馆和信息服务机构应获取和保存各种各类反映社会广泛性和多样性的信息。馆藏资料的选择和图书馆的服务应从专业角度考虑和管理，而不是从政治、伦理和宗教的角度。

◆图书馆和信息服务机构应将他们所有的信息资料、设备和服务平等地提供给所有用户使用。不论他们国籍或种族、性别、年龄、伤残情况、宗教、政治信仰等都必须平等对待。

◆图书馆和信息服务机构应保护每个用户寻求、接受、咨询、借阅、获得和传递信息的隐私权。

国际图联特此号召图书馆和信息服务机构及其所有工作人员应支持和促进信息自由原则的贯彻，提供自由获取信息的渠道。

2002 年 3 月国际图联管理委员会在荷兰海牙通过，2002 年 8 月 19 日国际图联理事会在英国格拉斯哥公布。

附录六 IFLA 图书馆与可持续发展声明（2002）

适逢成立 75 周年之际，国际图书馆协会联合会（以下简称 IFLA）在格拉斯哥年会上：

◆宣告，拥有符合其健康和幸福要求的环境，是人类享有的基本权利。

◆承认，对可持续发展承诺的重要性，即应在不危机未来能力的前提下满足人类的当前需求。

◆坚持，图书馆和信息服务机构通过确保利用信息的自由，促进可持续发展。

IFLA 进一步肯定：

◆国际图书馆和信息团体形成网络，将发展中国家和发达国家连接在一起，支持全球范围内图书馆和信息服务机构的发展，确保这些服务机构尊重平等、尊重所有人的普遍生活质量、尊重自然环境。

◆图书馆和信息专业人员承认各种不同形式的教育的对所有人的重要性。图书馆和信息服务机构是通往知识和文化的入口。他们提供不同形式的信息、思想和想象力作品的利用途径，以支持所有年龄层次的个人发展，支持人们对社会和决策过程的积极参与。

◆图书馆和信息服务机构为所有人提供终身学习、独立决策和文化发展的基本支持，依靠大量的馆藏和多样的媒体，为人们提供指导和学习机会。图书馆和信息服务机构帮助人们提高教育和社会技能，这些对于身处信息社会和持续参与民主的人们来说必不可少。图书馆培养阅读习惯、信息素养，加强教育、公共意识和培训。

◆图书馆和信息服务机构致力于知识自由的发展和维护，捍卫基本的民主价值和普遍的人权。他们无区别地尊重用户本身、尊重用户的独立选择和决策、尊重用户的隐私。

◆为实现这一目标，图书馆和信息服务机构获取、保存并无区别地为所有用户提供最广泛的资料，以反映社会的多元性、文化的多样性以及环境的丰富性。

◆图书馆和信息服务机构有助于解决不断拉大的信息差距和数字鸿沟

所反映的信息不平等。通过其网络服务，研究和创新的信息可以为人们所获取，以实现可持续发展和人类幸福。

IFLA因此呼吁图书馆和信息服务机构及其工作人员支持并促进可持续发展原则。

（张靖于2007年根据IFLA网站上的"Statement on Libraries and Sustainable Development"英文版翻译。）

附录七　IFLA因特网宣言（2002）

不受阻碍地获得信息对实现自由、平等、全球相互理解及和平至关重要。因此，国际图书馆员协会和图书馆联合会坚信：

智力自由是每个人应该享有的持有及表达主张，以及寻求并接受信息的权利；它是民主的基础；而且是图书馆服务的核心。

不论通过何种媒介，不论属于哪个国家，自由获取信息是图书馆和信息行业的中心职责。

图书馆和信息服务行业提供不受阻碍地进入互联网，这可以帮助社区和个人获得自由、繁荣和发展。

阻碍信息流通的因素应该被清除，尤其是那些带来不平等、贫困和绝望的因素。

获取信息、上网及使用图书馆和信息服务的自由

图书馆和信息服务机构是充满活力的机构，将人们与所需求的全球信息资源、思想和创造性成果联系起来。图书馆和信息服务机构让人们得到来自所有媒体的，丰富的人类表达和多样性文化。

全球因特网使全世界的所有个人和社区，不论是最小和最偏远的村庄，还是最大的城市，都拥有了平等机会去获得信息，以实现个人发展、接受教育、接触外界刺激、丰富文化生活、参与经济活动，以及在了解情况的基础上参与民主进程。所有人都可以展示出自己的兴趣、知识和文化，供世人前来了解。

图书馆和信息服务机构提供了上因特网的主要途径。对一些人来说，图书馆和信息服务机构给予他们方便、指导和帮助，而对另一些人来说，这里是他们上网的唯一地方。它们提供了一种机制，以克服因资源、技术和培训的差异而带来的障碍。

通过因特网自由获得信息的原则

实现上网以及利用网上所有资源应与联合国国际人权宣言，尤其是第十九条一致：人人有权享有意见和发表意见的自由；此项权利包括持有意见而不受干涉的自由，以及通过任何媒介和不论国界去寻求、接受和传递消息和思想的自由。

因特网提供了全球范围内相互连接的媒介，所有人都有权享用。所以，使用因特网不应该受到来自意识形态、政治或宗教的新闻检查的影响，也不应受到经济困难因素的影响。

图书馆和信息服务机构同时也有责任服务于社区所有成员，不应受到年龄、种族、国籍、宗教、文化、政治派别、身体的或其他残障、性别或性别取向，或其他任何状况的影响。

图书馆和信息服务机构应支持使用者按照自己的选择寻找信息。

图书馆和信息服务机构应尊重使用者的隐私，并认可他们使用的资源应该保密。

图书馆和信息服务机构有责任帮助并促进公众获得高质量信息和传播服务。使用者应该得到必要的技术辅助，有适合的环境，可以自由地、信任地使用他们所选择的信息资源和服务。

在因特网上除了可以获得大量有价值的资源外，还有一些不正确的、有错误导向的，以及可能造成冒犯的内容。图书管理员应该为图书馆使用者提供信息和资源，使他们学会有效地，高效率地使用因特网和电子信息。他们应争取预先采取行动，帮助所有使用者，包括儿童和青年，以负责任的态度去获得高质量的网络信息。

同所有其他核心服务项目一样，在图书馆和信息服务机构上网应该享受免费。

实施宣言

IFLA 鼓励国际社会支持在世界范围内，尤其是在发展中国家，开发因特网的使用，以使因特网信息造福所有使用因特网的人。

IFLA 鼓励各国政府发展国家信息基础设施，以实现全民有机会使用因特网。

IFLA 鼓励所有政府支持通过图书馆和信息服务机构实现不受阻碍的因特网信息流通，并反对任何企图对使用因特网进行新闻检查和禁止的行为。

IFLA 敦促国家和地区一级的图书馆团体和决策者制定战略、政策和规划，来实施本宣言中所表达的原则。

本宣言由 IFLA/信息获取自由与表达自由委员会编写

2002 年 3 月 27 日由 IFLA 董事会于荷兰海牙通过。2002 年 5 月 1 日由

IFLA宣布。2002年8月23日在格拉斯哥由IFLA理事会会议全体通过。

IFLA是代表图书馆和信息服务机构,以及用户利益的主要国际机构。它是图书馆和信息行业在全球的声音。本宣言符合IFLA/联合国教科文组织公共图书馆宣言和IFLA/教科文组织学校图书馆宣言的原则,原则中包括用户上网应该享受免费。

附录八 IFLA 图书馆员及其他信息工作者的伦理准则（2012）

绪 言：

本伦理和行业操守准则提出了一系列有关职业伦理的建议，为图书馆员及其他信息工作者提供指导，并为图书馆和信息机构制订或修订其自身准则提供借鉴。

本准则的功能：

◆鼓励图书馆员和其他信息工作者在制定政策和处理问题时考虑并遵守这些原则；

◆改进对职业的自我认知；

◆提高本行业对于用户和社会公众的透明度。

本准则无意取代现有的各种准则，也无意免除行业协会在制订自身的准则时所必须经过的调研、咨询和合作起草的程序。各行业协会制定自身的准则也无须与本准则完全符合。

本准则表达了如下的信念：

图书馆职业在本质上是一种伦理活动，体现着一种以信息为专业工作增值的方式。

共享观念和信息的需求随着近几个世纪以来社会的日益复杂化而显得更加重要，从而成为图书馆及图书馆职业存在的理论依据。

在现代社会，信息机构及其专业人员（包括图书馆和图书馆员）的作用是优化对信息的记录和再现，并提供对信息的获取。

图书馆职业的核心价值是为公众提供有利于社会、文化和经济健康发展的信息服务，因此，图书馆员具有很大的社会责任。

此外，对人类共享信息和观念必要性的推崇意味着对信息权利的承认。人权的理念，尤其是联合国《世界人权宣言》（1948）所表达的人权理念，要求每个人都要认识并承认他人的人性，尊重他人的权利。该宣言第19条特别提出全人类都享有观点自由、表达自由和信息获取自由的权利。

第19条明确规定的"通过任何媒介和不论国界查找、接收和传递信息和观念"的权利,是图书馆和图书馆员为公众提供现代化的先进的信息服务的无可辩驳的理论依据。国际图联以其无以计数的声明、宣言、政策及技术文档拓展了对信息工作的理解。

本准则所隐含的是信息权利的观念,以及这个观念对图书馆职业和社会公众的意义。对信息权利的强调反过来又促使图书馆员以及其他信息工作者以此为原则批判地看待有关法律,随时提出建议,并且在适当的时候,推动这些法律在内容上和实施上加以改进。

本准则以序言中所列出的核心原则为基础,为专业人员的行为提供了一整套建议。国际图联认为这些核心原则也应当成为任何其他专业准则的核心,但不同的准则的细节则需要根据各自特定的社会、社区或者虚拟社区的实践而异。制订行业准则是行业协会的基本职能,恰如任何职业都有相应的职业道德一样。为此,国际图联向其所有协会会员和机构会员、每个图书馆员以及信息工作者推荐这一准则。

国际图联保有随时修订本准则的权利。

1 信息获取

图书馆员和其他信息工作者的核心使命是确保所有人可以获取所需信息,无论获取信息的目的是个人发展、教育、文化生活、休闲、经济活动,还是对于民主的知情、参与和建设。

图书馆员和其他信息工作者应反对任何阻拦和限制公众获取信息和观念的行为,特别是国家、政府、宗教团体或社会团体的审查机制。

向公众提供服务的图书馆员和其他信息工作者应当尽可能地免费向用户提供其馆藏和服务。如果会员费或管理费用不可避免,则应尽可能将费用降至最低,并建立实际的解决方案,以保障社会弱势群体不会被拒之门外。

图书馆员和其他信息工作者应推广和宣传其馆藏和服务,使现有用户和潜在用户知道这些馆藏和服务的存在及可获得性。

图书馆员和其他信息工作者应当采取最有效的方式使其资源对所有人开放。为此,他们要设法保证图书馆和其他信息机构的网站遵循可访问性的国际标准,访问这些网站不应受到限制。

2 面向个人和社会的责任

为了实现包容和消除歧视,图书馆员和其他信息工作者应当确保每个人获取信息的权利并为他们提供公正的服务,无论用户的年龄、公民身份、政治信仰、身心障碍、性别认同、教育、收入、移民及难民身份、婚姻状况、出生地、种族、宗教、性取向等。

图书馆员和其他信息工作者应尊重所在国家的小语种族群，保障他们以自己的语言获取信息的权利。

图书馆员和其他信息工作者在组织和再现馆藏内容的方式上应当方便用户自主查找所需信息。图书馆员应当为用户提供信息搜索方面的帮助和支持。

图书馆员和其他信息工作者应当提供增强人们阅读技能的服务。他们应提高用户信息素养，包括发现、定位、评估、组织、创造、使用和交流信息的能力。他们应向用户提倡信息使用过程中的伦理道德，以帮助杜绝剽窃或其他形式的信息滥用。

图书馆员和其他信息工作者应尊重对未成年人的保护，同时确保这不会影响成人获取信息的权利。

3 隐私、安全和透明

图书馆员和其他信息工作者应在机构和个人信息共享的过程中尊重个人隐私、保护个人数据。

图书馆和用户之间的关系是一种保密性的关系，图书馆员和其他信息工作者应采取适当措施，以确保用户的数据不被用于非图书馆业务。

图书馆员和其他信息工作者应支持并参与信息公开，以便让公众能够监督政府部门、管理机构和商业公司的运作。

图书馆员和其他信息工作者还应认识到，揭露不当行为、腐败和犯罪是符合公众利益的，可以通过"保护告密者"条款来保护因此而违反信息保密法规者。

4 开放获取与知识产权

图书馆员和其他信息工作者的职责是为图书馆用户提供获取任何媒介和任何格式的信息与观点的最大可能性。这包括支持开放信息获取、开源和开放许可的原则。

图书馆员和其他信息工作者的目标是为用户提供公平、快捷、经济而且有效的信息获取。

图书馆员和其他信息工作者具有倡导减少针对图书馆的版权例外和限制的专业责任。

图书馆员和其他信息工作者是受版权保护作品的作者、出版者和其他创作者的合作伙伴。图书馆员和其他信息工作者承认作者和其他创作者的知识产权，并寻求确保其权利得到尊重。

图书馆员和其他信息工作者应当代表其用户与作者谈判协商允许用户获取知识作品的最佳条款，并确保用户获取知识作品的权利不会因知识产权法的管理方式而遭遇不必要的阻碍，同时确保这些条款与国家立法中包含的对图书馆的例外不相冲突。

图书馆员和其他信息工作者应促进各国政府建立知识产权制度，该制度应维持权利所有人、个人和服务于个人的机构（比如图书馆）之间的利益平衡。

图书馆员和其他信息工作者也应倡导版权保护的期限性，超过保护期限的信息应对公众公开和免费。

5　中立、个人操守和专业技能

在馆藏发展、信息获取和服务等方面，图书馆员和其他信息工作者应当严守中立和无偏见的立场。中立才能建设最为平衡的馆藏，并为公众提供最为平衡的信息获取渠道。

图书馆员和其他信息工作者应制订并公开其选择、组织、保存、提供和传播信息的政策。

图书馆员和其他信息工作者应区分其个人信仰和专业职责。他们不应因为私人利益和个人信仰而损害其职业的中立性。

图书馆员和其他信息工作者拥有在工作场所自由言论的权利，只要它不违反对用户的中立性原则。

图书馆员和其他信息工作者应反对直接影响到图书馆职业的腐败，比如在采购和提供资源、任命图书馆员以及管理图书馆合约和财政事务中的腐败。

图书馆员和其他信息工作者应努力追求卓越，不断提高专业知识和技能。他们应着眼于最高标准的服务质量，进而提升本行业的声誉。

6　同事及雇主/员工关系

图书馆员和其他信息工作者应公平相处并互相尊重。

图书馆员和其他信息工作者应反对因为年龄、国籍、政治信仰、身心障碍、性别、婚姻状况、籍贯、种族、宗教、性取向或者性别认同等原因，在聘用人员时有任何方面的歧视。

图书馆员和其他信息工作者应推动男女员工同工同酬同福利。

图书馆员和其他信息工作者应当与同事共享专业经验,应当帮助和指导年轻的专业人员进入专业领域并提高其能力。他们应当为专业协会的活动作出贡献,并且参与专业问题的研究与出版。

图书馆员和其他信息工作者应努力凭借敬业精神和高尚品德,而非使用不正当的竞争手段,来获得个人荣誉。(朱强、束漫翻译)

作为图书馆学基础教程,其论述范围和核心内容应主要限于"图书馆学基础理论"范畴。2003年,范并思先生曾向中国图书馆学界提出了改变图书馆学基础理论研究方向的倡议——研究观念而非概念,研究制度而非机构。其后,范并思先生又进一步指出,现代图书馆学教育必须以传授和培养先进的图书馆理念为目标,因为"只有接触到了现代图书馆理念,能够理解图书馆在社会的民主、繁荣或现代化建设中的终极价值,这样的图书馆人,才可能在图书馆的管理、服务与学术研究中,成为图书馆事业的栋梁之材";"图书馆学教育的目标不是训练能够从事图书馆实务的'工匠',也不是引导人们追问'什么是图书馆学',而是培训具备现代图书馆理念的人"。

我们非常赞同范并思先生的上述观点。可以说,我们编写和修订本书始终以范并思先生的上述观点为引领,所以还可以说,本书是对范并思先生观点的进一步论证和阐释的产物。这也是本书以现代图书馆基本理念作为基本旨趣和重点内容的立意所在。

在本书的编写过程中,除了借鉴范并思先生的思想观点外,还较多地借鉴和引述了于良芝、程焕文、吴建中、王子舟、李国新、张靖等学者的相关著述。当然,还不可避免地大量引述了已故的古今中外学者们的相关思想观点。朱熹说"问渠那得清如许?为有源头活水来"。如果没有前人和今人的"源头活水",何以有我们现在的"清渠之水"?在此向所有的给予我们"源头活水"滋润的人们表示由衷的敬意和感谢!